高等职业院校教学改革教材

产品销售

洪玉花 主 编
江国全 主 审

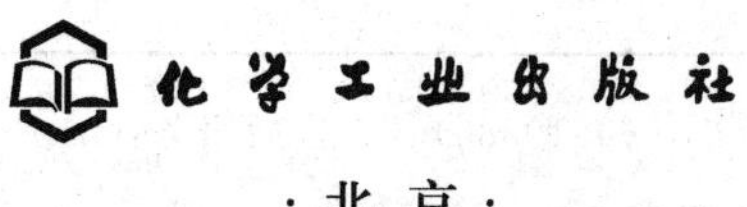

化学工业出版社
·北京·

本书依据市场营销专业岗位职业核心能力要求，以人员销售工作过程为主线，以实际销售工作任务为载体，以培养销售岗位人员综合的职业素质为目标，设计出3个学习情境：柜台销售，上门销售，会议销售。让学生获得与情境相关的、以实践为导向的学习，将产品销售技巧、服务沟通技巧、市场营销知识，市场调查与分析能力等有机地结合，从而构建本门课程的内容体系。在课程设计上注意与教学实践活动紧密结合，理论和实践同步，方便了学生的学习和教师的教学，具有一定的可操作性和指导性。

图书在版编目（CIP）数据

产品销售/洪玉花主编．—北京：化学工业出版社，2015.8
高等职业院校教学改革教材
ISBN 978-7-122-24435-2

Ⅰ.①产… Ⅱ.①洪… Ⅲ.①产品销售 Ⅳ.①F713.3

中国版本图书馆CIP数据核字（2015）第140681号

责任编辑：王 可 蔡洪伟 于 卉　　装帧设计：尹琳琳
责任校对：宋 玮

出版发行：化学工业出版社（北京市东城区青年湖南街13号 邮政编码100011）
印　　装：高教社（天津）印务有限公司
787mm×1092mm 1/16 印张12½ 字数304千字 2015年9月北京第1版第1次印刷

购书咨询：010-64518888（传真：010-64519686） 售后服务：010-64518899
网　　址：http://www.cip.com.cn
凡购买本书，如有缺损质量问题，本社销售中心负责调换。

定　　价：30.00元

前言

本教材依据市场营销岗位职业核心能力要求，以满足高等职业院校工学结合为人才培养模式的市场营销专业的教学目标，以人员销售工作过程为主线，以实际销售工作任务为载体，让学生获得与情境相关的、以实践为导向的学习，将产品销售技巧、服务沟通技巧、市场营销知识、市场调查与分析能力等有机地结合，以构建本门课程的内容体系。本课程经过多轮的教学实践，在课程设计上注意与教学实践活动紧密结合，理论和实践同步，方便了学生的学习和教师的教学，具有一定的可操作性和指导性。

本教材在课程体系设计上依据销售岗位的设置、销售能力培养的递进要求，以及销售岗位的工作过程，设计了3个学习情境：柜台销售，上门销售，会议销售。每个情境按照各自完成任务的工作程序进行分步骤的知识和能力的学习与训练，使学生在一个完整的工作过程中学习相应的知识技能，并达到品德品格修养的要求，以培养销售岗位人员综合的职业素质。

该课程在教学实施过程中，要求以学生为主体，教师为主导，教学过程采用“教师布置任务→学生设计实施方案→学生技能模拟实战演练→教师点评总结”四个步骤，努力实现教学做一体化教学。同时在教学操作上，建议将学生分组进行训练，发挥团队效应，培养学生的协作精神。

本教材为校企合作共同开发，由吉林工业职业技术学院洪玉花主编，郭宇环和吉林省飞翔电讯有限公司柴茂参编，编写分工为洪玉花负责学习情境1和学习情境2的编写，郭宇环负责学习情境3的编写，柴茂负责部分案例的编写，全书由江国全主审。本书在编写过程中，参阅了许多资料，并得到了有关企事业单位营销部门的大力支持和热情帮助，在此一并表示衷心的感谢。

限于编者的水平和实践经验，书中难免存在疏漏和不妥之处，敬请批评指正。

编　者

2015年1月

目录

学习情境 1
柜台销售

知识目标

（1）领会和掌握柜台销售工作中导购员的业务程序和工作职责。

（2）领会和掌握导购员的素质要求。

技能目标

（1）能够把握好顾客的心理，做好顾客的迎送工作。

（2）能够判断顾客的不同性格特征，并与顾客进行沟通，取得顾客的好感和信任，了解顾客的需求。

（3）能够做好产品的演示和推介工作。

（4）能够识别顾客异议的类型，并较好地处理异议。

（5）能够观察和识别顾客的成交信号，及时把握成交时机，促成交易。

素质目标

通过挖掘教学内容中的思想教育因素加强学生的社会公德、职业道德的教育；通过顾客接待服务设计、顾客接待及销售技巧演练提高学生的创新意识、服务意识及文字、语言表达能力；通过查询相关信息提高学生的信息获取能力；通过分组教学法提高学生的团队意识。

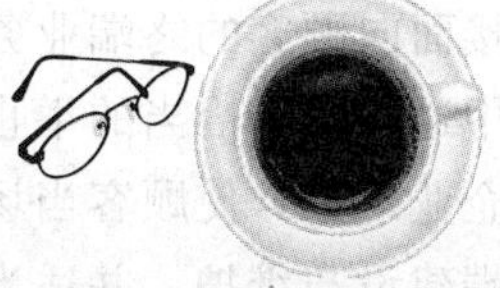

任务 1　售前准备

任务导入 ▸▸▸

【知识目标】

（1）了解导购的岗位任务；

（2）了解导购人员的素质要求；

（3）了解导购人员的基本礼仪；

（4）了解和掌握销售典型模式；

（5）了解顾客购买心理及行为阶段。

【技能目标】

培养谦虚的导购服务态度

1.1　任务内容

（1）岗位人员素质准备（心理方面）

（2）岗位人员素质准备（仪容仪表修饰方面）

（3）认识销售的相关理论

（4）营业现场环境和销售工具准备

1.2　任务组织

（1）将全部学生分组进行训练，3 人一组，其中一人饰演顾客，一人饰演导购，一人观察记录。

（2）小组成员选择一目标商品，根据所选商品进行售前准备训练，重点训练服务态度和礼仪规范。

1.3　任务实施

1.3.1　岗位人员素质准备（心理方面）

作为一名合格的销售人员，在接待顾客之前一定要做好充分的售前准备工作，要了解本职工作的任务、工作流程、工作人员素质要求等，才能提升业绩，并收到社会效益。

1.3.1.1　认识导购员

导购通常是一种长期行为，从某种意义上来讲，导购员是处于某一特殊环境的业务员，是直接面向顾客的终端业务员。他们有一定时期内（比如一年或两年）的稳定性，在具体的工作中通过现场恰当的举止和优质的服务，给顾客留下美好的印象，从而树立良好的品牌形象和企业形象，使顾客当场购买或在未来形成购买冲动；同时，导购员又通常负责所在卖场的终端建设与维护，并适当协调客情关系。

导购员产生的必然性。导购员的出现是“买方市场”和“渠道经济”的必然产物。“买方市场”方面是显而易见的，大家都知道，这里就不多说了，而“渠道经济”方面其实与“买方市场”也是一脉相连的：由于买方市场的形成，致使渠道终端经销商的“地位”日益“显赫”起来，于是终端商不但在价格、展台、POP 等资源上提出要求，还要在终端建设、出货能力等方面予以强调。而厂方往往出于维护终端形象和保障出货能力等因素的考虑，不得不屈从于终端商的“叫板”，另一方面，派驻导购员也往往成为厂方迫使终端商打款、结账和提供更好位置等条件的有效砝码。

导购工作是完成整个销售工作的重要环节，是实现商品与货币交换的过程，导购员正是实现这关键一跳的关键人物。让顾客从衣兜里掏出钱来购买公司的产品是一个艰难的过程，导购员必须有充足的理由让顾客愿意购买产品，并让顾客感到他所购买的产品是物超所值的。要做到这一点必须详细、耐心地讲解所售产品功能，并让顾客明白这种功能正是他需要的。做到这一点需要导购员在促销过程中运用大量的促销手段和促销技巧。

另外，导购员是顾客能接触到的唯一一个厂家人员，导购员体现着公司形象，顾客在未深入了解产品前，他对公司的感知直接来自于导购员给他的感觉和印象。导购员良好的导购服务可以为公司培养大批忠诚的顾客和提高品牌知名度，并且可以培育潜在的市场，因为良好的销售服务可以使顾客做到以下三点：顾客重复购买——顾客相关购买——顾客推荐购买。

导购员与传统售货员、促销员的区别如下。

传统售货员　属于计划经济的产物，他们往往仅以单纯销售为中心，机械性有余而主动性不足，对终端形象的建设和维护，以及与产品相关的品牌宣传涉及不多，服务意识也不是很强。

促销员　是一种特定活动时间内的短期行为，一般是做促销活动时临时聘请的，并且往往是活动一结束，人员自动解散，双方很难有系统的沟通。对这类情况，通常是厂方不愿投入太大资源去培训，而他们也往往不屑于去了解太多。

导购员　是一种长期行为，他们是处于某一特殊环境的业务员，是直接面向顾客的终端业务员。他们有一定时期内的稳定性，在具体的工作中通过现场恰当的举止和优质的服务，给顾客留下美好的印象，从而树立良好的品牌形象和企业形象，使顾客当场购买或在未来形成购买冲动；同时，导购员又通常负责所在卖场的终端建设与维护，并适当协调客情关系。

1.3.1.2 导购员的素质要求

商场导购人员的工作就是通过自己的知识和技能来提高商品的销量，任何一位导购人员的业绩都是由三个方面的因素来决定的，那就是态度、知识和技巧。如图 1-1 所示。

（1）销售人员的心态

一个人的心态在某种程度上能够决定一个人的事业能否成功，心态变，态度就变，态度变，事业就变，事业变，人生就变。作为一名销售人员，要想取得事业上的成功，也必须首先解决好心态问题。

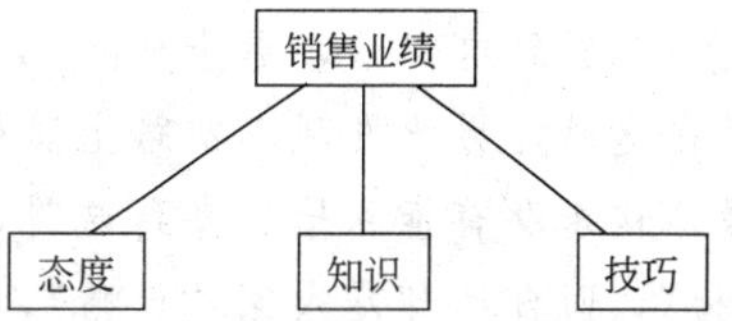

销售人员的心态是指销售人员在向顾客销售产品时的心理状态与态度，销售过程实际上是销售人员与顾客交往的过程，交往中双方彼此都会产生一定的印象和看法，形成各自不同的心理状况和态度。不同的销售人员

销售业绩
态度　知识　技巧

图 1-1　决定销售业绩的三个方面

对自己的工作可能持不同的态度，不同的顾客对自己的购买活动的态度也不相同。不同的态度带来不同的销售结果。

① 积极的心理态度

任何一个销售高手，其态度都是积极的。拔尖的销售人员都是非常快乐、乐观、积极、友善、轻松的，而且能完全掌握自己的生活。销售成功的80%来自态度。

美国经济学家威廉·詹姆士曾说过："我们这一代最大的革命就是发现每个人都可以凭借调整内部心态来改变外部的生活环境。"《大趋势》的作者约翰·奈斯比特说"个人试图改变社会之前，首先要学会改变自己。"我们应该不断地反省自己的一些价值观，比如，你有没有把自己变得更积极、乐观？而这一切均来自你的态度——自己是否愿意改变。调整好自己的心理态度，改变自我，使自己更加适应社会。

培养积极的心理态度有一个很好的方法，这就是自我概念，也可以称为自我心理概念。它包括以下三个方面：自我期许，决定人生方向；自我形象，评价和看待自身；自我肯定，喜欢自己的程度。

自我期许决定着人生方向，决定自己的目标并对目标做出慎重的承诺。"将来有一天我要成为销售部经理"，"一个月后我要完成什么样的业绩……"这些都是你的目标。

自我形象就是正确看待和评价自我，即你认为自己是一个什么样的人。

自我肯定就是对自己的喜欢程度，一个有着积极销售态度的销售人员，相信他每天早上起床都会面带微笑地对自己说："太棒了，今天又是美好的一天，我喜欢自己，我是最棒的"，"我的业绩永远是单位最棒的"……

必须强调的是，在培养积极心理态度的同时，一定要克服影响销售业绩的障碍，影响销售业绩进展的障碍有自卑感、无价值感、缺乏自信、消极的态度。

自卑感也就是低度的自我肯定，自我肯定是一个人对自己的喜欢程度，如果你连自己都不喜欢，你就会产生一种自卑感，无价值感，我不行，学历太低，没有学位，家里没有多少钱，没有读多少书，身体不好，个子太矮……如果你认为从事销售工作有一种屈居人下的感觉，好像是在求别人买你的东西，这是一种自卑感，一个自信的销售人员具有面对挫折敢于挑战的勇气，而一个消极的人永远在找借口、理由为自己开脱，自我肯定的程度非常低，特别在乎别人对自己的看法和想法，这些都是影响销售人员业绩的重要因素。所以我们要培养积极的态度，让自己更乐观，更有活力，才能在销售中更受人尊重。

"猪和母猪"

这件事发生在美国，有一天，一位男士开着一辆小汽车行驶在高速公路上，迎面开过来一辆红色跑车，开车的是一位女士，在两车相交之际，对面车上的女士冲这位男士喊了声"猪！"听到这句话，男士马上回敬了一句"母猪！"心想："你骂我是猪，我骂你是母猪。"正在这时，男士发现车前路上真的出现了一头猪。由于刚才急于回骂那位女士，车速有所减慢，这才没有撞到猪。直到这时，这位男士才明白，刚才那位女士是为了提醒自己才喊出了"猪"，而自己却骂人家"母猪"，这是多么狭隘的心理……

要做一名成功的销售人员，必须培养自己积极向上、乐观、友善、热情的心理，要从自卑、消极中走出来。请记住这样一句名言："良好的心理是一种发自内心的力量，让你不畏艰难挫折，勇往直前。"

② 正确的销售心态

态度、知识、技巧对于成功的销售哪个更重要？在销售中，心态决定了 80％的成功销售机会，只要改善自我心态并对自我能力给予肯定，就一定可以提高自己的销售业绩。实现成功的销售，态度比知识、技巧都重要。决定一个人命运的是态度，一个人的心态决定着一个人事业上是否能够成功。作为一个成功的销售人员应该具备以下态度。

a. 永远让自己做一个赢家

在激烈竞争的买方市场下，销售工作既是一项报酬率非常高的艰难工作，也是一项报酬率很低的轻松工作。你的态度决定了你的行动。销售的秘诀是热情、勤奋和勇气，成功要靠智慧和坚毅去实现。

把木梳卖给和尚

一家著名的跨国公司高薪招聘营销人员，应聘者众多，其中不乏硕士、博士，但是，当这些人来到公司考试后，却都面面相觑，不知所措。原来，公司要求每一位应聘者在十日内，尽可能地把木梳卖给和尚，为公司赚得利润。

绝大多数应聘者感到困惑不解，出家人剃度为僧，要木梳何用？岂不是拿人开涮？应聘者拂袖而去。最后只剩下 3 人：小赵、小李和小钱。

招聘工作的负责人对剩下的这 3 个应聘者约定10日为限。

10 日后，负责人问小赵："卖出多少？"答："一把。""怎么卖的？"小赵叙述了历尽的辛苦，以及受到众和尚的责骂和追打的委屈。好在下山途中遇到一个小和尚一边晒着太阳，一边使劲挠着又脏又厚的头皮。小赵灵机一动，赶忙递上了木梳，小和尚用后满心欢喜，于是买下一把。

负责人又问小李："卖出多少？"答："10 把。""怎么卖的？"小李说他去了一座名山古寺。由于山高风大，进香者的头发都被吹乱了。小李找到了寺院的住持说："蓬头垢面是对佛的不敬。应在每座庙的香案前放把木梳，供善男信女梳理鬓发。"住持采纳了小李的建议。那山共有 10 座庙，于是买下 10 把木梳。

负责人又问小钱："买出多少？"答："1000 把。"负责人惊问："怎么卖的？"小钱说他到一个颇具盛名、香火极旺的深山宝寺，朝圣者如云，施主络绎不绝。小钱对住持说："凡来进香朝拜者，多有一颗虔诚之心，宝寺应有所回赠，以做纪念，保佑其平安吉祥，鼓励其多做善事。我有一批木梳，您的书法超群，可先刻上'积善梳'三个字，然后便可做赠品。"住持大喜，立即买下 1000 把木梳。并请小钱小住几天，共同出席了首次赠送"积善梳"的仪式。得到"积善梳"的施主与香客，很是高兴，一传十，十传百，朝圣者更多，香火也更旺。住持还希望小钱再多卖一些不同档次的木梳，以便分层次地赠给各种类型的施主与香客。就这样，小钱在看来没有木梳市场的地方开创出很有潜力的市场。

这个事例告诉人们，若按常理，把木梳卖给和尚赚钱是根本不可能的。但小钱坚信自己是赢家，敢于挑战，善于动脑，这就充分说明了个人的心态在销售中的作用。成功的秘诀就在个人的头脑之中，归根到底取决于销售人员的信心和能力。有信心不一定会赢，但没信心就一定会输。

b. 心存感激

心存感激的人会珍惜许多事物，会珍惜自己的健康、家庭和工作，感谢公司为他提供的产品和服务。心存感激是一种积极的心态，在任何情况下，这种人永远会说出正面肯定的话语，即使面对最难缠的顾客，也会非常热情友善。所以，无论走到哪里都会大受欢迎，大家都乐意跟他做生意，他将有更多的朋友。

永远保持着心存感激的态度，感谢我们的父母，让我们长大成人；感谢我们的老师教导我们积极向上地健康成长。而作为一个销售人员，要学会感谢公司，感谢公司的领导，因为他提供给我们一个平台，让我们去发挥自己的能力。同时当我们有很多客户时，更要学会感谢这些顾客，若没有他们的支持，就不会有我们的成功。

c. 正直善良

一个诚实的销售人员，敢于面对自己和自己的极限，也只有那个时候，才能做到对别人真诚。销售人员的诚实是顾客在决定长期惠顾时最重要的品德。信任是所有人际关系的基础，正直对于建立自信也很重要，当你诚实善良地对待周围的人时，你会发现自己的感觉很好，你会对自己和自己的作为有高度的认同感。

d. 坚持忍耐

坚持是许多特质的浓缩组合，是对行动的一种约束，是你对自己的价值及能力的一种评价。困境中，你依然坚持忍耐，你就可以明确地了解自己的信心有多大。坚持和勇气不可分割，勇气一方面表现为面对不确定状况的能力，另一方面则表现为在不保障成功的情况下依然坚持。没有坚持，就不会成功。

改编自真实传记的电影故事《当幸福来敲门》

《当幸福来敲门》改编自美国著名黑人投资专家克里斯·加纳的同名自传。这是一个典型的美国式励志故事。作为一名单身父亲，加纳一度面临连自己的温饱也无法解决的困境。在最困难的时期，加纳只能将自己仅有的财产背在背上，一手提着尿布，一手推着婴儿车，与儿子一起前往无家可归者收容所。实在无处容身时，父子俩只能到公园、地铁卫生间这样的地方过夜。

为了养活儿子，穷困潦倒、无家可归的他从最底层的销售员做起，最后成为全美知名的金融投资家。回忆起自己的这段过去，克里斯·加纳表示："在我二十几岁的时候，我经历了人们可以想象到的各种艰难、黑暗、恐惧的时刻，不过我从来没有放弃过。"

20 来岁的加纳读书不多，任职医疗物资销售员，还要照顾女友和年幼的儿子。1981 年，他在旧金山一个停车场，看到一名驾着红色法拉利的男人正找车位，他回忆道："我对他说：'你可用我的车位，但我要你回答两个问题：你做什么工作和怎样做？'"对方自称是股票经纪人，月薪达 80000 美元，比加纳年薪多一倍。

加纳于是辞职转行，成功获得证券公司聘请，但还未上班，请他的人被解雇，新工作泡汤了。应征新工作前，他和女友吵架，惊动警员上门调停，加德纳被警方追讨1200美元的违例停车罚款，因为无力还钱，他被判入狱10天。但噩梦还未完，出狱后他发现女友同儿子都消失了，他变得一无所有。几个月后，女友再次现身，但不是想重修旧好，而是她不想带着儿子了。加德纳需要抚养孩子，不能再住单身宿舍，被迫流浪街头……廉价旅馆、公园、火车站厕所、办公室枱底，都成了两父子的栖身之所，一年后他才储够钱拥有自己的小窝。

加纳努力赚钱，当上股票经纪后，事业一帆风顺。1987年他在芝加哥开设经纪公司做老板，成为百万富翁，后来致力在南非扶贫。他出版了自传，就是《当幸福来敲门》(*The Pursuit of Happiness*)。

这个真实的故事告诉我们，如果你有梦想，那么请保护好它，用你的信念、坚持和忍耐，去实现它。作为年轻人，不仅要学好专业理论，更要重视自己毅力的培养，要树立这样一种信念：坚持就是胜利，永不放弃。

---

e. 积极正面的解释方式

应该对降临到身上的事采取积极的解释方式，把困难和挫折视为珍贵的教训或机会。不要让问题在心中挥之不去，或把它归咎于自己的无能。乐观的人习惯用积极的方式解释问题，悲观的人则会对问题做负面的解释；乐观的人会把问题引起的消极情绪抛诸脑后，悲观的人会认为问题是自身短处或是产品服务不良的正面；乐观的人会努力思考如何才能做得更好，而悲观的人往往停止在自己做错的地方，踌躇不前。

"每件事请的发生都有其原因，对我都会有帮助。不管发生什么，对我来讲都是一种考验，都有助于我的成长。"这就是一种积极的解释方式。成功总是要经过多次失败和练习。失败并不可怕，最可怕的是失败了却不能站起来，要学会对自己负责，错的，一定改，对的，一定要坚持。

(2) 知识

导购人员必备的知识包括：产品知识（了解公司现有产品特性，并运用到销售中）、顾客服务知识（优质的标准服务，做好公司的礼仪大使）、销售技巧知识等。

这里的知识是指导购人员对所售商品的专业知识。很多公司培训导购员时，一般都会涉及十分丰富的商品知识。例如商品的产地、结构、功能、给顾客带来的好处等，可以说每一个环节都经过了严格的培训。导购员对于商品的专业知识一般并不缺乏，在其知识体系中需要增加的是如何更好地站在顾客的角度上去思考、介绍商品、掌握顾客的心态和目的。

顾客去商店可能多半没有买任何东西，这时的目的并不是买商品，而是作为一种浏览，作为一种信息的收集，对各种商品产生一种最初的印象。导购人员要更多地关注顾客购买的知识。因此要求销售人员应该具备与顾客沟通需要的更为广泛的知识体系。

请注意

作为一名柜台销售人员，不仅要把产品卖给每一个顾客，更重要的是要给顾客留下一个非常好的印象。

① 社会常识

导购人员在接待客户时，“闲聊”是一项很重要的工作，它反映出一个导购人员的素质高低，如果你知识丰富而为人又风趣的话，那客户自然愿意跟你打交道、做朋友。适合闲聊的话题是多种多样的，例如：气候、季节、节假日、近况、爱好、同乡、同学、同行、新闻、旅行、食物、生日、经历、传说、天灾、电视、家庭、电影、戏剧、公司、汽车、健康、经济、艺术、技能、趣味、工作、时装、住房、家常等。

导购人员要选择对方感兴趣的话题，而不是导购人员自己感兴趣的话题。在闲聊时，如果是与业务无关的话题，你就可以放开一些，这样气氛也就调动起来了；如果你想回到业务方面的话题，就要慎重一些，不要说得太多，要在不经意间把业务问题提出来，让对方知道你所关心的问题。

② 产品知识

销售人员要了解所销售的商品的相关知识和详尽资料，熟悉竞争品牌和竞争产品，熟悉自己所售商品及品牌的优势，信任自己所销售的产品，熟悉产品宣传资料，成为产品专家，以便取得顾客的信任和为顾客提供更优质的服务。

a. 了解公司的情况

公司的形象、规模、实力、行业地位、声誉等都会使顾客产生联想，从而影响到顾客对产品的信任。导购员了解公司情况，既可以使说服顾客的工作更容易，也可以对公司有一种荣誉感、自豪感，从而增强销售信心。导购员要了解的公司情况包括：公司的历史（发展历程）、现状（规模、实力）、未来（发展规划、前景）、形象（经营理念、行业地位、荣誉、权威机构的评价）和公司领导（经历、荣誉）等。

b. 了解产品

产品知识就是推销力，产品技术含量越高，产品知识在销售中的重要性越大。导购员要成为产品专家，因为顾客喜欢从专家那里买东西。了解产品的基本内容包括以下几项。

产品名称。一个导购人员可能要负责几个、几十个甚至更多产品的销售，每个产品必然会有一个正式名称，有些产品还有简称，导购人员应该熟记这些名称。

产品内容。导购人员在销售产品过程中，应能回答客户对产品提出的一般性问题，如工作原理、功能、结构等。比如，你销售豆浆机，就要记住豆浆机的规格、结构、功能、保养方法、使用年限、注意事项等。

使用方法。导购人员必须熟知产品的使用方法，要像专家一样能指导顾客使用，特别是日用产品的销售，要能在商店向消费者提供现场指导。产品都有使用说明书，导购人员首先要掌握它的内容，特别是其中的使用注意事项。

产品特点。产品的特点也就是产品的卖点。比如，你是卖电视机的，现在国内市场上有很多家几百个品种，为什么消费者要买你的货，你就要把你产品的特点说出来，比如性能、品牌、售后服务等。如果连你自己都不了解自己产品的特点在哪里，顾客自然就不会买你的货。

售后服务。导购员一定要熟悉产品售后服务的内容，并把他们明白无误地告诉消费者，如果是销售合同，就要写进合同里，因为现实中很多合同纠纷都是因为售后服务内容的理解产生分歧而造成的。

价格与结算方式。公司一般会给导购人员一个标准销售价格和最低销售价，导购员根据客观的信用状况、购买量、竞争程度等因素对客户采取有弹性的价格政策。当然，对一些优质客户，除了有价格优惠，还可能有其他奖励。除了价格，结算条件也非常重要，如付款期限、付款方式、违约处理等。

产品的生产工艺。导购人员对产品的生产工艺和使用的材料都应有一定的了解，因为有些非常内行的用户在购买时，他们要了解这些信息。导购人员在说明这些比较专业的问题时，一定要用通俗易懂的语言来解答，如果你使用生涩深奥的专业术语，反而有可能让顾客更加糊涂。

相关产品。有些公司规模很大，生产的产品很多，而你只负责几种产品的销售。对于你不负责销售的那些产品，你也要掌握一些基本知识。比如，你是海尔集团的电冰箱导购员，而你在向客户销售电冰箱时，客户可能会问你空调或洗衣机的问题，你不能以“我不负责这个”等简单拒绝客户的问题，让双方都感到尴尬。

更进一步，导购员要在了解产品基础上做到以下几点。

找出产品的卖点及独特卖点。卖点即顾客买你产品的理由；独特卖点是顾客为什么要买你的产品而不买竞品的原因。导购员面对顾客不能说出三个以上顾客买你产品的理由，就无法打动顾客。

找出产品的优点与缺点，并制定相应对策。导购员要找出产品的优点，把它作为子弹打出去；找出缺点，则考虑如何将缺点转化为优点或给顾客一个合理的解释。实践中存在的问题是，一些导购员对产品了解得越多，就对产品的缺点认识得越透，而对产品的优点则熟视无睹，导购员的视线被缺点挡住了。

信赖产品。在了解产品知识的基础上，导购员要更进一步地欣赏自己的产品的优点，相信自己的产品是一个好产品，是一个能够为顾客带来好处的产品，一个值得顾客购买的产品。这种信赖会给导购员以信心，从而使说服顾客的能力更强。可以说，初级的导购员知道产品的基本知识，中级的导购员能进一步地了解产品的卖点及优缺点，并制定应对之策，高级的导购员则在了解产品的基础上信赖产品。

c. 了解竞争品牌情况

顾客常常会把导购员所推销的产品与竞争品牌的产品进行对比，并提出一些问题。导购员要了解竞争对手（类似品、替代品）的以下情况。

品种。竞争对手主营产品是什么？为招揽顾客而展示促销的产品怎么样？主要卖点是什么？质量、性能、特色是什么？价格如何？与本公司同类产品的价格差别？是否推出新产品？

陈列展示。竞争对手柜台展示的商品和展示特色是什么？POP 广告表现怎么样？

促销方式。包括促销内容（哪些商品减价？减价幅度如何?）和促销宣传（减价 POP 广告好不好?）。

导购员的销售技巧。竞品导购员的服装、外表好不好？接待顾客的举止正确与否？产品介绍是否有说服力？

顾客。竞品的顾客数量有多少？顾客层次怎么样？

导购员要从不同的角度把你的产品、你负责的柜台与竞争对手进行比较，力求比他们做得更好。谁能做得更好，谁才能更吸引顾客、赢得顾客。

导购员掌握产品知识的途径有：听——听专业人员介绍产品知识；看——亲自观察产

品；用——亲自使用产品；问——对疑问要找到答案；感受——仔细体会产品的优缺点；讲——自己明白和让别人明白是两个概念。

③ 市场营销常识

④ 心理学常识

a. 马斯洛需求层次理论

人类是在适应环境的条件下生存的，导购员也必须适应职场的工作环境。导购员每天都在与各式各样的客户打交道，所以，导购员适应工作环境的首要条件，就是要了解自己接触到的每一个对方，你才能考虑以什么方式销售和建立什么样的关系。

人是由于某种动机而做出具体行为的。如果没有动机，人就不会行动。形成动机的一个基本因素是“需求”。人类的需求一般分为五个阶段，即生理需求、安全需求、社会承认需求、尊重需求、自我实现需求。

人类的第一个需求当然是生理上的需求，即维持基本的衣食住行。这个层次的需求最强烈，因为人类只有先满足了这种最基本的需求之后才会产生其他层次的需求。有了稳定的工作和收入，解决了最基本的生理需求之后，人们自然会追求安全的需求。今天的衣食住行的需求得到了满足，但明天是不是还能得到满足呢？这种担忧就是人们对安全的需求。一般人在固定的工作中满足了这个层次的需求，于是第三个层次的需求，即被社会承认的需求就自然而然地产生了。因为人是社会性的，他们会在职场和其他场所交各种各样的朋友。只有当他们归属于各种各样的集团和组织，与其他人保持平等正常的关系，与所在的组织融为一体时，他的这种被社会承认的需求才得到满足。这个层次的需求一旦被满足，人们就会产生希望得到被人认可的愿望，这样第四个层次的需求也就随之出现，即人们不仅希望能成为这个组织的一员，而且还希望成为这个组织中的领导者，如被提拔为项目主管、部门经理甚至总经理，受人尊敬。如果人们满足了自尊需求，对第五个层次的需求，即实现人生的自我价值的需求也就会接踵而至。为了实现自我价值，追求成功，很多人会忘我工作，不计报酬。如图 1-2 所示。

b. 消费者购买行为

所谓消费者购买行为是指消费者为满足其个人或家庭生活需要而发生的购买上的决策或行动。消费者的行为是受动机支配的，因此要了解消费者的购买行为，就要分析消费者的动机和类型。

消费者的购买动机和类型如下。

消费者的购买动机。动机源于需要，当人产生某种需要而又未能得到满足时，人体内就会出现某种紧张状态，形成一种内在动力，促使人去采取满足需要的行动，这就是购买动机。动机是由需要产生的。人的需要多种多样，动机也就各不相同。一般来说，消费者的需要分生理需要和心理需要两类。比较常见的具体购买动机大致可归纳为求实心理动机、求廉心理动机、求名心理动机、求新心理动机、求美心理动机。

消费者购买行为类型。根据消费者行为的复杂程度和所购买商品本身的差异性大小分为复杂型、和谐型、习惯型和多变型四种。根据消费者的性格和购买心理不同，分为习惯型、理智型、冲动型、经济型、感情型、不定型六种。

影响消费者行为的基本因素如下。

个性心理。它包括消费者的需要、动机、兴趣、理想、信念、世界观等个性心理倾向以

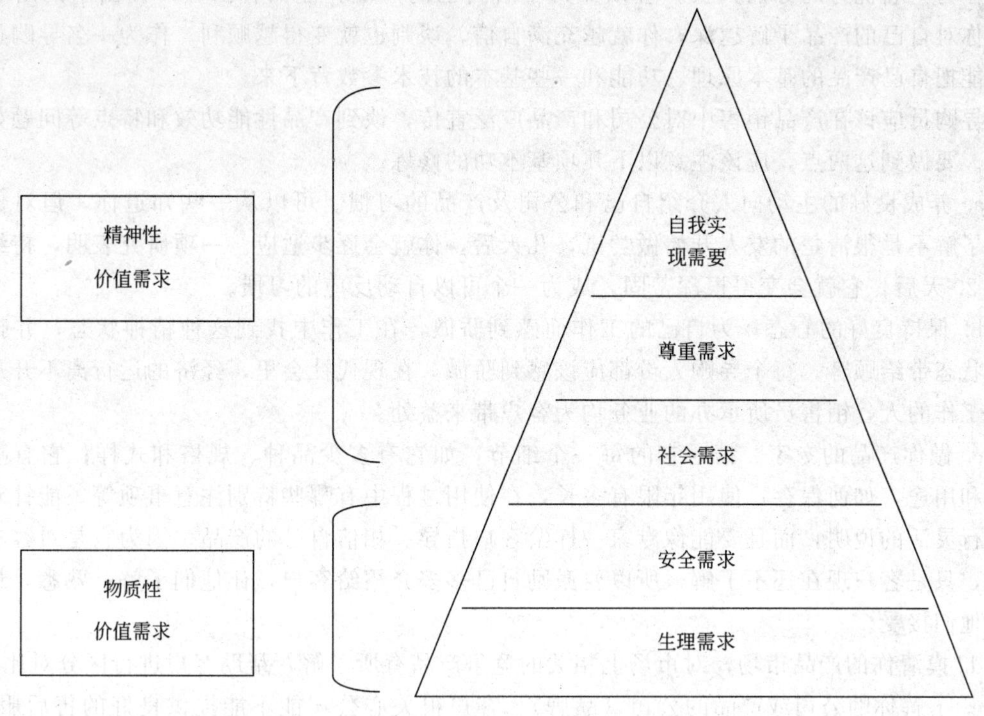

图 1-2　马斯洛需求层次

及能力、气质、性格等个性心理特征，是影响消费者行为的内置因素。

经济因素。概括地说，影响消费者购买行为最重要的经济因素有商品价格、消费者收入、商品信用。

社会因素。消费者行为总是不同程度地受到其自身所处的社会地位以及社会文化环境、社会阶层对消费者行为影响，主要表现在：第一，社会角色对消费者行为的影响。第二，社会阶层对消费者行为的影响。第三，社会文化对消费者行为的影响。第四，相关群体对消费者行为的影响。

购买者决策过程的阶段。购买者决策过程可分为五个阶段：引起需要、搜集信息、评估比较、决定购买、买后评价。

一个不懂得如何运用产品销售心理学来激发消费者购买欲望的导购人员不是一个优秀的销售人员。销售的状况千变万化，可能我们的一些预先计划会被打乱，因此，如何培养自己在销售过程中从容应对变化就显得格外重要，而学会产品销售心理学就是提高在实际销售过程中如何应变的一个重要技能。

⑤ 宣传服务技能知识

在销售过程中，导购员经常会遇到这些问题，如对自己的产品不是很熟悉，说不出自己产品的特点和功能；即使对产品有一定的了解，也只能机械地说出产品的特点，没有办法将这些特点与客户端需求联系起来；每一种产品都有不同的特点和功能，导购员不能针对不同的客户进行灵活的说明等。之所以会出现这类问题，主要还是导购员对自己所销售的产品没有认真地去了解。如果你不在产品方面下工夫，那你的销售技巧和经验也就发挥不出来。

作为一名优秀的导购人员，应该非常了解自己的产品，能回答出客户提出来的所有问题。你对自己的产品了解越深，你就越充满自信，谈判也就变得越顺利。作为一名导购员至少要能把自己产品的基本原理、功能和一些基本的技术参数背下来。

导购员应该在产品销售中对公司和产品广泛宣传，谈到产品性能功效和特点等问题如数家珍。要做到这两点，应该注意以下几项基本功的修炼。

a. 养成良好的主动向人介绍自己和公司及产品的习惯。可以从一些知道你，但对你的工作了解不是很清楚的友人开始做尝试，几天后，你就会逐步适应。一项研究表明，持续做某事 20 天后，它就会变得根深蒂固，成为一个可以自动反应的习惯。

b. 保持良好的心态，为自己的工作而感到骄傲，在工作中找到这种精神状态，并把激情的状态带给顾客。每个导购人员都应该感到骄傲，在现代社会里，经济的运行离不开从事销售工作的人，销售员所承办的业务均为客户带来益处。

c. 做你产品的专家。精通它的每一个细节，如它有多少品种、规格和式样；它有哪些功能和用途，如何保存，使用年限有多长，在使用过程中有哪些特别注意事项等。能针对客户进行灵活的说明，而且要能像专家一样给客户指导。相信自己的产品，因为它是对客户有用的，只是客户现在还不了解，所以要激励自己多多介绍给客户，让他们了解、熟悉，最终要让他们接受。

d. 摸清你的产品市场，对市场上相关的竞争产品有所了解，帮助客户进行区分对比。

e. 了解你的公司或产品的公司（品牌）。客户很关心公司能不能提供良好的售后服务，及公司的信誉等问题。把公司的经营方向和经营动态告诉客户，能有效增强客户信任。相信自己的公司，因为它是为客户服务、解决客户问题的。所以要激励自己每天把公司的理念告诉给很多人。

（3）技巧（实战技能、技巧）

很多商场导购人员往往注意了态度和知识，却忽略了技巧的提升。

技巧就是在生活或工作中表现出来的专业行为，是目前商场导购人员最欠缺的一项。对于众多直接面对顾客的商场导购人员来说，他们的一举一动都将给顾客留下非常深的印象。

给顾客留下不好印象的两种行为：

- 营业员在一边忙，没人理睬顾客。
- 营业员过于热情的介绍某种产品。

机场超市

一次出差小张到飞机场很早，离登机时间还有一小时，想去附近的小超市逛一下。当他提着包距离超市还有 10 米时，突然走来了 3 位销售人员，微笑并鞠躬说：“先生，欢迎光临。”小张当时的感觉是：“坏了，早知道有柜台人员我就不来了。”在柜台前，这几个销售人员拿出商品逐个地介绍，整个柜台只有 10 米，但对于小张来说那是非常漫长的 10 米。以后他再到机场看到超市时，首先确认的并不是要不要买东西，而是有没有柜台人员，“如果没有的话，我就去看一下，如果有的话肯定就不去了”。

对于商场导购人员来说，要想提高自己的业绩，最需要提升的就是专业行为，也就是专业的商场导购销售技巧。顾客只有在心情愉快、轻松的情况下才有可能购买商品，所以不要当顾客走近柜台还没有来得及选择他喜欢的商品时给他们太多的压力。

1.3.2 岗位人员素质准备（仪容仪表修饰方面）

1.3.2.1 导购员的工作流程

每位导购员应尽力地为自己的公司服务，在工作当中尽量发挥自己的才能。因为导购员的服务素质、工作效率是公司终端卖场形象的重要展示窗口，所以导购员不仅要有一定的商品知识，还要掌握销售技术，以及消费心理学来充实自己。经营效益离不开成功的管理与优质的服务，每位导购员的服务质量及其工作效率、责任加起来就是服务的效益，所以每位导购员必须树立起胸怀全局的思想观念。

导购员的工作流程及内容如下。

（1）出勤

导购员应比规定上班时间提早10分钟到店。

（2）营业前

① 清理卫生（卖场，仓库，卫生间）。

② 整理货品（陈列，进货，调货）。

③ 个人的服装仪容，做到整洁、清新。

a. 穿着整洁熨帖的制服，尺码合体，色彩搭配协调而统一；

b. 鞋袜必须保持整洁而干净；

c. 注意面部及双手常保持清洁，并不得留过长的指甲；

d. 头发保持洁净，梳理整齐，如有需要可把它扎起；

e. 导购小姐可佩戴自然而合适的饰物并施淡妆，不可夸张或过分浓妆艳抹。

（3）营业中

① 提供热情周到的服务。

② 接受并服从上级合理的工作安排。

③ 熟悉所售货品的特性、优点及售价。

④ 随时注意货品陈列，使其整洁规范，并补充货架之所缺货品。

⑤ 保持工作环境的清洁卫生。

⑥ 随时提高警惕，确保货品安全。

⑦ 认真开具销售小票，确保内容准确无误。

⑧ 随时掌握店铺内的货品缺货情况，以便及时上报。

⑨ 留意顾客对货品及公司意见，并向上级反映。

⑩ 协助处理顾客之特殊要求。

（4）营业后

① 清点货品做好进销存账目。

② 清理卖场卫生。

③ 检查电器设备，做好安全防范工作。

④ 下班后，背包主动给店长或保安检查。

1.3.2.2 恰当的职业仪表

仪表包括仪容、服装、服饰。被誉为“销售之神”的日本人原一平说过：“什么是魅力？它可能是指一个人具有声望与感化力，他可能不是一朝一夕之间可成，而是个人长期努力的结晶。妙就妙在它会首先显露在一个人的容貌上。”整洁的职业形象是对他人的尊重。作为销售人员，其外表给顾客的第一印象至关重要，因此人们不会给对方一个机会去改正已经留在他心中的不好印象。因此，作为一个导购人员，不管是哪种形式的工作岗位上，当你见到顾客的时候，首先要考虑的第一个问题，就是我会留给顾客什么样的第一印象，对方对我的第一感观会是什么。

一般来说，人们认为导购人员留给顾客的形象应该是亲切、自然、朴实、大方。整洁的仪表则会增强顾客的信赖感。所以，一个优秀的导购人员，应该从以下几个方面提升自己。

如果导购人员是男性，则不能留长头发或者以光头形象出现；如果是女孩子的话，发型、包括头饰需要有一个合适的长度，有一定的清洁度，一般不主张染头发，头发应保持本色。不能让人感觉很时尚、很张扬。因为导购人员需要给顾客一种可靠、可信赖的感觉。

此外，就是衣服和服饰。比如说皮鞋是不是擦得很干净、很亮，衣服是不是很干净、平展。经常见到有些导购人员，穿衬衫，但是不少人只有一件衬衫，脏了当晚洗完，第二天早上再穿上，可能衬衫会显得很不熨帖，无疑会给顾客留下不好的印象。

另外，还要注意一些个人的清洁习惯，像有些导购人员，手会在一个比较接近的距离内出现在顾客的视线里，一定要注意将手洗干净，并注重定时修剪指甲，不然顾客看到，感官印象就大打折扣了。

1.3.2.3 规范的导购服务礼仪

礼仪是企业获得市场形象，得到更多资源支持的一种态度。礼仪是帮助企业和企业中的个体对市场产生影响力的最有效的资源。每位企业个体都是企业形象的代表，员工的职场形象与交际中表现出来的礼仪直接影响到企业的形象。

什么是导购服务礼仪？就是导购人员在工作岗位上，通过言谈、举止、行为等，对客户表示尊重和友好的行为规范和惯例。简单地说，就是导购人员在工作场合使用的礼仪规范和工作艺术。导购服务礼仪是体现服务的具体过程和手段，是无形的服务有形化、规范化、系统化。能让导购人员在和顾客交往中赢得理解、好感和信任。恰当的交际礼仪是作为各类服务人员的必备品质之一。

导购人员与顾客打交道时，要塑造良好的交际形象，必须讲究礼貌礼节，为此，就必须注意自己的行为举止。举止礼仪是自我修养的表现，一个人的外在举止行为可直接表明它的态度。作为导购人员，一定要做到彬彬有礼、落落大方，遵守一般的进退礼节；尽量避免各种不礼貌、不文明习惯。

接待顾客时，导购人员要养成各种良好的习惯，克服各种不雅举止。导购人员不要当着顾客的面擤鼻涕、掏耳朵、剔牙齿、修指甲、打哈欠、打喷嚏，实在忍不住，要用手帕捂住口鼻，面朝一旁，尽量不要发出声音，不要乱丢果皮纸屑等。

随着科技的发展、信息的发达，企业的技术、产品、营销策略等很容易被竞争对手模仿，而由每位服务人员所表现出来的代表公司形象和服务理念的思想、意识是不可模仿的。也就是说，市场经济条件下，商品的竞争就是服务的竞争。

（1）标准的形体语言

在销售服务活动中，导购人员对客户的手势、表情、体姿甚至是位置、距离都会表达出特定的含义。美国著名的人类学家霍尔说过："一个成功的交际者，不但需要理解他人的有声语言，更重要的是能够观察他人的无声信号，并且能在不同场合正确使用这种这种信号。"因此，导购人员要将文明敬语与优美的体态成功地结合在一起，创造一种最佳的表达效果。

导购人员通过眉毛、眼神、嘴唇、脸色变化构成丰富的面部表情语言。俗语道"喜在眉梢"。服务人员要通过喜眉、扬眉、展眉给顾客以欢快和欣慰的感觉；通过明澈、坦荡的眼神给顾客以正直、热情的感觉；通过嘴唇的细腻变化给顾客以灵敏、轻松的感觉；通过笑容满面的面部表情给客户以舒服、安定的感觉。

手势语言是运用手段动作变化表达一种无声的语言。如果说眼睛是人心灵的窗户，手就是人心灵的触角，也可以说手是人的第二双眼睛。在顾客服务工作中恰当地运用手势，可以体现导购人员对顾客的热情。如伸出右臂，掌心向上，前倾 45 度欢迎顾客。另外，鼓掌表示欢迎和赞扬，以烘托热情的氛围。

优美的肢体语言是通过身体姿态表达情谊，是对有声语言的强化和补充，直接反映内心情绪的变化。导购人员站姿要庄重平稳，步态要轻盈适速，点头要自然适度，欠身要尊敬得体，从各方面给顾客留下举止文明高雅的印象。

导购人员在工作中要举止稳重、端庄，落落大方，姿态优雅。交谈中用手势协助表达，但要适度，避免指指点点；递接物品用双手；修饰应避人。语言、语气、神态、举止应和谐一致，否则言不由衷、表里不一，怎么能让顾客满意呢？

（2）积极的面部表情

在销售服务工作中，目光接触是最有效力的身体语言技巧之一。它被称作专心的技巧，因为它可以让客户了解对方正在饶有兴趣地、聚精会神地听客户说话，也愿意接受他的看法。目光接触可以使导购人员不仅听到顾客所说的话，也可以了解客户的感受。

和客户交谈时，导购人员把目光的焦点柔和地放置客户脸上，就能做到有效的目光接触。如：客户一走近，不管在做什么，要立即目不转睛地看着他的脸，同他目光接触。当谈话时，导购人员应该不时地移开目光，避免给人一种印象，认为导购人员正盯着他。

当客户接近时，导购人员要更加注意面部表情。在为客户服务过程中，一个微笑比一个鬼脸更加有效。客户经常根据他们接近销售人员时的表情来判断他们的情绪。

在实际工作中，要用积极的态度和温和的语气与顾客谈话，顾客谈话时，要认真听；回答时，以"是"为先；眼睛看着对方，不断注意对方的神情变化。

IBM 公司员工的服装

世界知名的 IBM 公司对于员工的服装要求是非常严格的，要求必须穿西服。可能有人会说这个没有什么新鲜的，很多公司都规定必须穿西服。但是 IBM 公司规定员工只能穿深色的西服，西服不能有格子或者条纹，而且 IBM 公司还规定员工的领带颜色只能是素色，不能够有花色，要和西服相匹配；衬衫的颜色也要有明确规定，只能穿白色衬衫；皮鞋只能穿黑色，而且必须系鞋带。

体育用品专卖店服务标准

某著名体育用品的专卖店，对服务人员的培训非常严格，因为这种面对面接触对顾客服务体验的影响往往是最大的，这时候，服务人员的一言一行都在顾客的注视下，举止稍有不当，就有可能给顾客带来不愉快的体验，影响店面的销售额。

当顾客进门时，服务人员给顾客打招呼的语气要轻松响亮，而且避免故作热情。顾客进店之后，要主动接近顾客，不让顾客受冷遇，但也最好不要让顾客感觉受到了监视，在有必要的时候，主动询问顾客的要求，明确顾客喜欢什么样的商品，向顾客推荐最适合的商品。拿商品给顾客看的时候，应该双手递上，表示诚意。

当顾客付款时，服务人员要面带微笑并说声：谢谢。收款时，唱收唱付，明确表达。把商品交给顾客时，要小心包装，双手递上。包装前仔细查看，在包装过程中向顾客提一下好的建议，借机增强与顾客的感情联络。目送顾客离开时，要说：“欢迎再来”。并送出店门。

1.3.2.4 导购服务态度要求

（1）主动热情，宾客至上

① 宾客至上、服务第一，以主人翁态度和责任感对待本职工作。记住客人永远是对的，即使客人在错的时候。

② 坚守岗位，遵守纪律，具有整体观念和团结协作精神。

③ 眼勤、口勤、手勤、腿勤、心勤，想客人之所想，急客人之所急，服务于客人开口之前。

④ 对顾客服务应面带笑容，热情饱满、和蔼可亲、精力旺盛、待客诚恳。以自己的工作和友好态度，使每位宾客愉快。

（2）耐心周到，体贴入微

① 对顾客服务应耐心，不急躁、不厌烦，操作要快速、敏捷，程序要准确无误。

② 对顾客服务始终如一，具有忍耐精神，不和客人争吵。

③ 服务细致周到、表里如一。

（3）服务礼貌，举止文雅

① 注重仪表，外表形象应给人庄重、大方、美观、舒适的感觉。

② 应掌握各国客人的风俗习惯、礼仪知识，礼貌修养良好。

③ 对顾客服务说话和气、语言亲切、称呼得当，使用敬语，语言运用准确得体。

④ 服务操作和日常坐、立、行、说，举止大方，动作规范，文明优雅。

（4）服务规范，迅速准确

① 账单至少要查对两遍，以防止差错。

② 若因结账问题而与客人发生的争吵应由主管或以上的领导出面解决。

③ 注意发现客人有意或无意的跑单。

④ 双手向客人递单和找钱、顾客买单要礼貌地致谢。

（5）助人为乐，照顾周详

① 对老弱病残客人主动照顾，服务细致。

② 对有困难的客人提供帮助，应准确及时。

1.3.3　认识销售的相关理论

1.3.3.1　销售方格理论

美国管理学家罗伯特·布莱尔教授在其“管理方格”理论的基础上，提出了“销售方格”理论。这种理论建立在行为科学的基础上，着重研究销售人员与顾客之间的人际关系和买卖关系。销售方格理论可以帮助销售人员更清楚地认识自己的销售能力，发现自己的优点和工作中存在的问题，找出自己努力的方向；有助于销售人员更深入地了解销售对象，掌握顾客的心理状况，从而恰当处理与顾客之间的关系，提高销售工作的效率。

（1）销售方格

销售人员在销售活动中有两个目标，一是尽力说服顾客购买以更好地完成销售任务；二是尽力迎合顾客的心理活动，赢得顾客满意，与顾客建立良好的人际关系。这两个目标的侧重点不同，前者关心“销售”，后者强调“顾客”。销售人员对这两个目标所持的态度不同，追求这两种目标的心理愿望的程度也就不同，最终导致销售人员的销售业绩。不同若把销售人员对这两个目标的追求用一个平面坐标系第一象限的图形表示，就形成了“销售方格”（见图 1-3）。

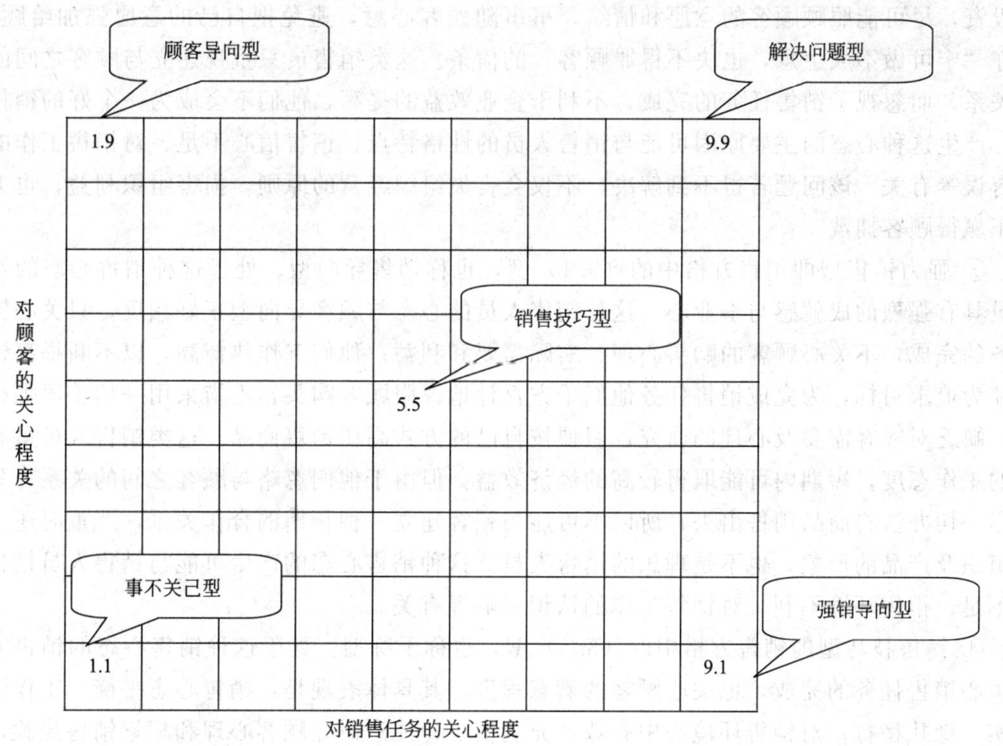

图 1-3　销售方格

图中纵坐标表示销售人员对顾客的关心程度，横坐标表示销售人员对销售任务的关心程度。横纵坐标各分为 9 等份，其坐标值都从 1 逐渐等值增大到 9，坐标值越大，表示关心的程度越高。方格代表各种销售人员不同的销售心理态度。销售方格理论形象地描绘出销售人员对顾客的关心程度和对完成销售任务的关心程度的 81 种有机组合，为有效地协调销售活动中销售人员与顾客既相互联系又相互制约的关系提供了一个形象而又明晰的框架。该理论作为研究销售人员销售心态和工作有效性的理论，对指导和培训销售人员养成良好的工作态度，提高销售工作的成效具有重要意义。

在众多的销售心态中，以下是 5 种典型的销售人员心态。即：事不关己型；顾客导向型；强销导向型；销售技巧型；解决问题型。

① 事不关己型即销售方格中的（1.1）型。处于这种心态的销售人员既不关心自己的销售任务能否完成，也不关心顾客的需求和利益是否得到满足。其具体表现是：没有明确的工作目的，工作态度冷漠，缺乏必要的责任心和成就感；他们对顾客缺乏热情，顾客是否购买商品与己无关，偶尔进行销售也是靠关系和回扣来维系，从不做销售调研和总结工作。这种类型的销售人员在顾客当中的形象很坏，对销售工作没有任何帮助。产生上述心态的主要原因可能是销售人员没有正确的人生观，缺乏进取心；工作中遭遇过挫折，有职业自卑感；公司管理制度不够健全，没有适当的激励和奖惩制度等。要改变这种销售心态就必须找出问题的根源，对症下药，对适合做销售工作的人员进行鼓励，调动其积极性：对不称职的销售人员一律进行撤换，以提高销售工作的效率。

② 顾客导向型即销售方格中的（1.9）型。处于这种销售心态的销售人员只关心顾客，不关心销售任务。其具体表现是：过分注重与顾客建立和保持良好的关系，关注对顾客的感情投资，尽可能照顾顾客的意愿和情绪，事事随顾客心意，避免把自己的意愿强加给顾客，恪守“宁可做不成生意，也决不得罪顾客”的信条。这类销售员只重视建立与顾客之间的良好关系，而忽视了销售任务的完成，不利于企业效益的提高，他们不会成为一个好的销售人员。产生这种心态的主要原因可能与销售人员的性格特点、销售信心不足、对销售工作的认识有误等有关。该问题若得不到解决，不仅会丧失组织经营的原则，损害组织利益，也无法真正赢得顾客拥戴。

③ 强力销售型即销售方格中的（9.1）型，也称销售导向型。处于这种销售心态的销售人员具有强烈的成就感与事业心。这种销售人员的心态与顾客导向型正好相反，只关心销售任务的完成，不关心顾客的购买心理、实际需要和利益；他们工作热情高，以不断提高销售业绩为追求目标，为完成销售任务他们千方百计地说服顾客购买，不惜采用一切手段强行销售，缺乏对顾客需要及心理的研究，习惯按自己的方式高压销售商品。这类销售人员虽有积极的工作态度，短期内可能取得较高的经济效益。但由于他们忽略与顾客之间的关系，只是想尽一切办法将商品销售出去，所以不可能与顾客建立一种长期的合作关系，严重时还会损害组织及产品的形象，也不是理想的销售人员。这种销售心态的产生可能与销售人员销售经验不足、销售环境不利、对销售工作的认识不够等有关。

④ 销售技巧型即销售方格中的（5.5）型，也称干练型。处于这种销售心态的销售人员既关心销售任务的完成，也关心顾客的满意程度，其具体表现是：销售心态平衡，工作踏踏实实，稳扎稳打；对销售环境心中有数，充满信心；注意研究顾客心理和积累销售经验，讲究运用销售技巧和艺术；在销售中一旦与顾客意见不一致，一般采取妥协，避免矛盾冲突。他们能够非常巧妙地说服一些顾客购买。从表面来看，这种销售人员是较理想的销售员，既不会丢掉生意也不会失去顾客。然而，这类销售人员虽然有较好的销售业绩，但实质上是在一种温和的气氛中巧妙地运用销售技巧达成交易，并不十分关心顾客的真正需要，对顾客的需求和利益考虑得很少，不符合现代销售观念的要求，在激烈竞争的现代市场中是很难取得

成功的。按现代销售观念，这类销售人员可能是一位业绩卓著的成功者，但不是理想的销售专家。他们往往只照顾了顾客的购买心理，而不考虑顾客的实际需要。从长远看，既损害了顾客的利益也影响了组织的利益，因此这类销售人员也不是理想的销售人员。

⑤ 解决问题型即销售方格中的（9.9）型，也称满足需求型。处于这种销售心态的销售人员对顾客的需要和满足以及对销售任务的完成都非常关心，他们的销售心态是极佳的。其具体表现是：有强烈的事业心和责任感，真诚关心和帮助顾客，工作积极主动，不强加于人；他们既了解自己，也了解顾客，既了解销售品，也了解销售环境和顾客的真正需要，积极寻求满足顾客和销售人员需求的最佳途径；他们注意研究整个销售过程，总是把销售的成功建立在满足顾客需求的基础上，针对顾客的问题提出解决的方法，最大限度地满足顾客的各种需求，同时取得最佳的销售效果。这种类型的销售人员能审时度势，在帮助顾客解决问题的同时完成自己的销售任务。满足顾客的真正需要是他们的中心，辉煌的销售业绩是他们的目标。他们力求在满足顾客和销售人员需求的过程中找到二者最好的结合点和经济利益的最大增长点。这种销售心态才是最佳的销售心态，处于该种心态的销售人员才是最佳的销售人员。培养具有这种心态的销售人员的关键是不断提高销售人员的自身素质，树立正确的销售观，真正认识到销售工作的实际意义和社会责任。

以上销售人员的典型特征分析如表 1-1 所示。

表 1-1　销售人员类型分析

类　型	销售人员类型分析
事不关己导向型(1.1 型)	我将产品放在顾客的面前，顾客是否需要、产品否能卖掉与我无关
顾客关系导向型(1.9 型)	我是顾客的朋友，我想了解他并对他的感情和利益作出反应，这样他就会喜欢我，正是这种人际关系促使他向我购买
强行销售导向型(9.1 型)	我负责想这些顾客销售，我会使用各种手段使顾客从我这里购买
销售技术导向型(5.5 型)	我有一个经过验证是有效的工作方法，能促使顾客从我这购买。它通过对顾客的研究和销售技巧的运用来达成交易
解决问题导向型(9.9 型)	我通过与顾客的沟通，了解到我销售的产品可以满足他的需要，我要帮助他作出一个正确的购买决策，从而使他获得预期的利益

（2）顾客方格

销售过程是销售人员与顾客的双向心理作用的过程。在销售活动中，销售人员的销售心态和顾客的购买心态都会对对方的心理活动产生一定的影响，从而影响其交易行为。因此，销售人员还必须深入研究分析顾客的购买心理，因人而异地开展销售活动。

顾客在与销售人员接触和购买的过程中，会产生对销售人员及其销售活动和对自身购买活动两方面的看法。这就使他们在购买商品时，头脑中都装有两个具体、明确的目标：一是希望通过自己的努力获得有利的购买条件，他们与销售人员谈判并讨价还价，力争以尽可能小的投入，获取尽可能大的收益，完成其购买任务；二是希望与销售人员建立良好的人际关系，为日后长期合作打好基础。这两个目标的侧重点有所不同，前者注重“购买”，后者注重“关系”。在具体的购买活动中，顾客的情况千差万别，每个顾客对这两个目标的重视程度和态度是不一样的，若把顾客对这两种目标的重视程度用一个平面坐标系中第一象限的图形表示出来就形成了“顾客方格”，如图 1-4 所示。

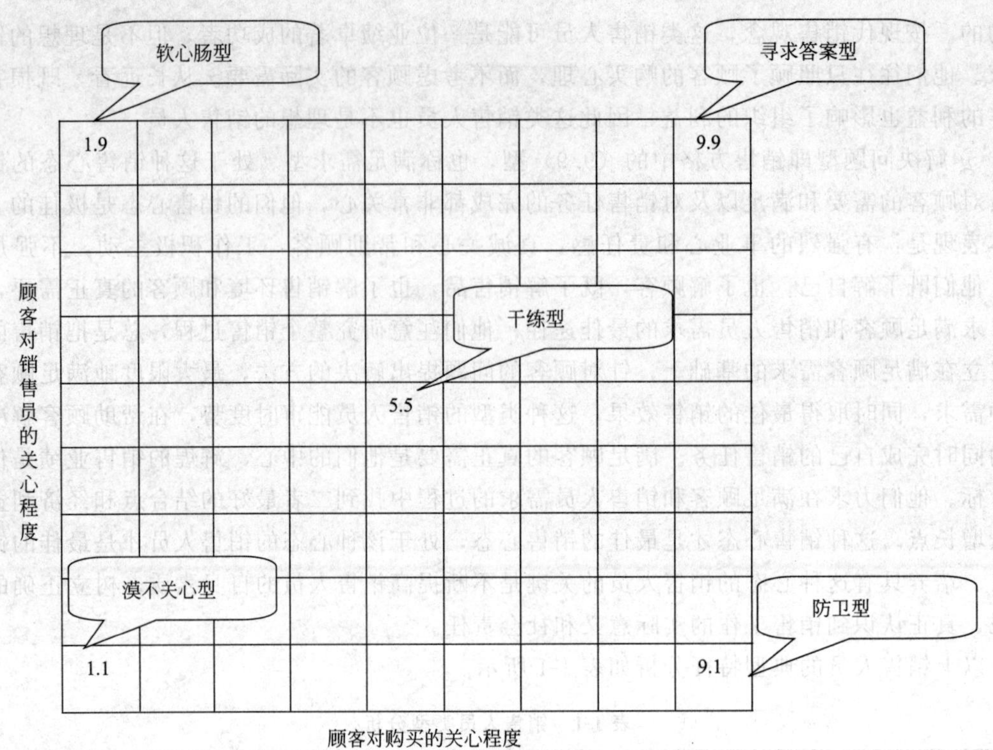

图 1-4 顾客方格

顾客方格图中的纵坐标表示顾客对销售人员的关心程度，横坐标表示顾客对购买的关心程度。纵、横坐标各分为 9 等份，其坐标值都是从 1 到 9 逐渐增大，坐标值越大，表示顾客对销售人员或购买的关心程度越高。顾客方格中的每个方格分别表示顾客各种不同类型的购买心态。顾客方格形象地描绘出顾客对销售人员及自身购买任务的关心程度的 81 种有机组合，它作为研究顾客购买行为和心态的理论，对销售人员了解顾客态度，与顾客实现最佳的配合，学会如何应付各种不同类型的顾客，争取销售工作的主动权，提高销售工作的效率具有重要意义。在众多的顾客心态中，其中具有代表性的有以下 5 种类型，即漠不关心型；软心肠型；防卫型：干练型；寻求答案型。

① 漠不关心型即顾客方格图中的（1.1）型。处于这种购买心态的顾客对上述两个目标的关注程度都非常低，既不关心自己与销售人员的关系，也不关心自己的购买行为及结果。他们当中有些人的购买活动有时是被动和不情愿的，购买决策权并不在自己手中。其具体表现是：受人之托或奉命购买，自身利益与购买行为无关，无决策权，缺乏热心及敬业精神，怕担责任，多一事不如少一事，往往把购买的决策权推给别人。这种心态的顾客把购买活动视为麻烦，充其量做到例行公事，对能否成交、成交的条件及销售人员及其所销售的产品等问题均漠然处之。这类顾客很难打交道，向这类顾客销售产品是非常困难的，销售成功率是相当低的。对此，销售人员应先从情感角度主动与顾客接触，了解顾客的情况，再用丰富的产品知识，结合顾客的切身利益引导其产生购买欲望和购买行为。

② 软心肠型即顾客方格图中的（1.9）型，也称情感型。处于这种购买心态的顾客非常同情销售人员，对自己的购买任务和行为却不关心。其具体表现是：这类顾客非常注重情感，不重视利益，容易冲动，容易被说服和打动；重视与销售人员的关系，重视交

易现场的气氛，缺乏必要的商品知识，独立性差等。当销售与购买发生冲突时，为了能与销售人员保持良好的关系，或者为了避免不必要的麻烦，他们很可能向销售人员作出让步，吃亏地买下自己不需要或不合算的销售品，宁肯花钱买销售人员的和气与热情。这种类型的顾客在现实生活中也并不少见，许多老年人和性格柔弱、羞怯的顾客都属于此类顾客。因此，销售人员要特别注意感情投资，努力营造良好的交易气氛，以情感人，顺利实现交易的成功。同时，销售员也应保护这类人的基本利益，否则容易损害组织和销售员个人的长远利益。

③ 防卫型即顾客方格图中的（9.1）型，也称购买利益导向型。处于这种购买心态的顾客恰好与软心肠型的顾客态度相反。处于这种心态的顾客只关注自己的购买行为和利益的实现，不关心销售人员，甚至对销售人员抱有敌视态度。他们不信任销售人员，本能地采取防卫的态度，担心受骗上当，怕吃亏。其具体表现是：处处小心谨慎，精打细算，讨价还价，对销售人员心存戒心，态度冷漠敌对，事事加以提防，绝不让销售人员得到什么好处。这类顾客的生意比较难做，即使最终成交，企业的盈利也微乎其微。这种购买心态的产生，可能与顾客的生性保守，优柔寡断，或传统偏见及受骗经历等有关。他们拒绝销售人员，完全是出于某种心理，而不是不需要销售品。对此，销售人员不能操之过急，而应先销售自己，以诚待人，以实际行动向顾客证明自己的人格，赢得顾客对自己的信任，消除顾客的偏见，然后再转向推荐销售品，努力达成交易。

④ 干练型即顾客方格图中的（5.5）型，也称公正型。处于这种购买心态的顾客既关心自己的购买行为，又关心销售人员的销售工作。他们购买时头脑冷静，既重理智又重感情，考虑问题周到，他们一般都具有一定的商品知识和购买经验，购买决策时非常慎重。其具体表现是：乐于听取销售人员的意见，自主作出购买决策，购买理智、冷静、自信心强，购买决策客观而慎重。这类顾客有时会与销售人员达成圆满的交易，买到自己满意的商品。这是一种比较合理的购买心理。具有该种心态的顾客一般都很自信，甚至具有较强的虚荣心。他们有自己的主见，有自尊心，不愿轻信别人，更不会受别人的左右。对此，销售人员应设法用科学的证据和客观的事实说服顾客或让其自己去作判断决策，若能在顾客采取购买行动时再赞赏几句，会收到很好的销售效果。

⑤ 寻求答案型即顾客方格中的（9.9）型，也称专家型。处于这类购买心态的顾客既高度关心自己的购买行动，又高度关心销售人员的销售工作。他们在考虑购买商品之前，能够非常理智地对商品进行广泛的调查分析，既了解商品质量、规格、性能，又熟知商品的行情，对自己所要购买商品的意图十分明确：他们对商品采购有自己的独特见解，不会轻易受别人左右，但他们也十分愿意听取销售人员提供的观点和建议，对这些观点和建议进行分析判断，善决策又不独断专行。这种购买心态的顾客是最成熟、最值得称道的顾客。他们充分考虑销售人员的利益，尊重和理解他们的工作，不给销售人员出难题或提出无理要求；他们把销售人员看成是自己的合作伙伴，最终达到买卖双方都满意的目的。对这类顾客，销售人员应设法成为顾客的参谋，了解顾客的需求所在，主动为顾客提供各种服务，加强双方合作，尽最大努力帮助他们解决问题，实现买卖双方的最大收益。

以上五种类型顾客的典型特征分析如表 1-2 所示。

表 1-2 顾客类型分析

类 型	表 现
漠不关心型(1.1型)	对购买工作既不负责,也不热心,敷衍了事,把购买决策推给上级主管或其他人员
软心肠型(1.9型)	碍于情面,易被说服打动,关心销售员胜过关心购买行为
干练型(5.5型)	冷静客观,根据自己的知识和他人的建议选择品牌和商品,决定购买数量;尊重销售人员,但不轻信,愿意通过双方让步来达成协议
防卫型(9.1型)	对购买行为极为关心,对销售人员不关心,采取提防和怀疑的态度,小心谨慎,不让自己吃亏
寻求答案型(9.9型)	十分理智,根据自己的需要决定购买行为,独立判断,并积极与销售人员合作

(3) 销售方格与顾客方格的关系

销售的成功与失败，不仅取决于销售人员的工作态度。布莱克教授总结出销售人员方格与顾客方格的关系。从前面介绍的销售方格和顾客方格可知，销售人员与顾客的心态多种多样，在实际销售活动中，任何一种心态的销售人员都可能接触到各种不同心态的顾客。那么，销售人员与顾客的哪两种心态类型的搭配会实现销售活动的成功呢？从现代销售学的角度看，趋向于（9.9）型的销售心态和购买心态比较成熟和理想，销售活动的成功率较高。因此，每一个销售人员应该加强自身修养，努力学习，把自己训练成为一个帮助顾客解决问题的销售专家，既要高度关心自己的销售效果，又要高度关心顾客的实际需要，用高度的事业心和责任感来对待自己的工作和顾客。

当然，满足需求型的销售人员无疑是理想的销售专家，但这并不意味着其他类型的销售心态和购买心态的搭配就不能达成交易。在错综复杂、千变万化的销售活动中，没有哪一种销售心态对所有顾客都是有效的，同样，不同的购买心态对销售人员也有不同的要求。因此，成功销售的关键取决于销售心态与购买心态是否吻合。比如，顾客导向型销售人员向防卫型顾客进行销售较难取得效果，而对软心肠型的顾客进行销售就容易成功。这就要求企业在选拔和培训销售人员时不能只用一个标准，应根据销售人员自身的特点有针对性地训练、培养各具特色的销售人员，以适应各种不同购买心态顾客的要求。销售方格与顾客方格的关系可以用表 1-3 来表示。这是一个搭配表，反映的是销售方格与顾客方格之间的联系。根据方格图中五种类型的销售人员和五种类型的顾客进行不同的组合，就会发现：有的能顺利达成交易，有的不能成交，有的即使成交也不是二者简单搭配的结果，而是受其他因素影响的结果。在这里，能达成交易的用“＋”表示，不能够达成交易的用“—”表示，无必然关系的用“0”表示。

表 1-3 销售方格与顾客方格的搭配表

顾客方格 / 搭配效果 / 销售方格	1.1型	1.9型	5.5型	9.1型	9.9型
9.9型	＋	＋	＋	＋	＋
9.1型	0	＋	＋	0	0
5.5型	0	＋	＋	—	0
1.9型	—	＋	0	—	0
1.1型	—	—	—	—	—

1.3.3.2　销售典型模式

销售技能是销售人员的重要技能。销售模式的掌握和运用有助于销售人员销售技能的提高，更好地为公司和顾客服务。

所谓销售模式，是指根据销售活动的特点及对顾客购买活动各阶段的心理演变应采取的策略，归纳出一套程序化的标准销售形式。销售模式来自于销售实践，具有很强的可操作性，是现代销售理论的重要组成部分。销售模式的种类有很多，这里主要介绍应用最广泛的五种模式，即“爱达”（AIDA）模式、“迪伯达”（DIPADA）模式、“埃德帕”（IDEPA）模式、“吉姆”（GEM）模式、“费比”（FABE）模式。

（1）“爱达”模式（AIDA模式）

“爱达”模式的具体内容是指一个成功的销售人员必须把顾客的注意力吸引或者转变到产品上，使顾客对销售人员所销售的产品产生兴趣，这样顾客的购买欲望也就随之产生，然后促使顾客采取购买行动。它的销售活动分为四个步骤：引起顾客注意；唤起顾客兴趣；激起顾客购买欲望；促成顾客购买行为。由于注意、兴趣、欲望、购买四个英文单词的第一个字母分别是A、I、D、A，所以被称为AIDA（爱达）模式。

“爱达”模式被公认为是国际成功的销售模式，比较适用于店堂的销售，如柜台销售、展销会销售；适用于一些易于携带的生活用品与办公用品的上门销售，也适用于新销售人员以及首次接触顾客的销售。现将四个步骤分述如下。

① 引起顾客注意

引起注意是指销售人员通过销售活动刺激顾客的感官，使顾客对销售人员和销售品有一个良好的感觉，促进顾客对销售活动有一个正确的认识，树立有利于销售的正确态度。销售人员开展销售活动的第一步就是要引起目标顾客对销售的注意。注意分为有意注意和无意注意。销售人员一定要通过积极努力，强化刺激，唤起顾客的有意注意，使顾客愿意把注意力从其他事情转移到销售上来。吸引顾客注意的方法主要有形象吸引法、语言口才吸引法、动作吸引法、产品吸引法、现场广告吸引法等。销售人员要因人因地而采取不同的方法。

为您效劳

一个销售人员面对顾客，开口总是说：“我是××公司的销售代表，这是我的名片。我们公司生产的××产品，性能优良，质量稳定，希望你考虑购买我们的产品。”这种开场白使顾客感觉到话题的中心是销售人员及销售品，接受销售、购买产品也是销售人员所希望的事，与顾客无关，由此会导致销售人员总是遭受拒绝和冷遇。如果在一开始就让顾客感觉到自己是被关注的中心，自己的需要和利益才是真正重要的，那么气氛就会不同。“久闻大名，大家都希望能为您做点事情。这是我的名片，希望能为您效劳。”最冷漠的顾客也会受到感动，从而将注意力集中起来。可见，吸引住客户眼球，引起客户好感和注意，是销售成功的关键一步。

资料来源：崔平主编．销售学．北京：机械工业出版社，2005.

② 唤起顾客兴趣

唤起顾客兴趣，是指唤起顾客对销售活动及销售品的兴趣，或者说是诱导顾客对销售产生的积极态度。兴趣与注意有着密切的关系。兴趣是在注意的基础上发展起来的，反过来又强化注意。兴趣也与需要有密切的关系。顾客对销售的兴趣都是以他们各自的需要为前提的，同时也只有了解销售品对于满足需要的意义后才会产生兴趣。因此，要很好地诱导顾客产生兴趣，就必须深入分析顾客的各种需要，让顾客看到购买所能带来的利益。销售人员要利用各种方法向顾客证实销售品的优越性，以此引导他们的购买兴趣。一般来说，引起顾客兴趣的最基本的方法是示范和表演。

示范就是通过特定的动作和场景，销售人员运用各种方法向顾客展示销售品的优点，以激发顾客的购买兴趣。销售人员上门销售，凡是可以随身携带的产品．应不怕麻烦与辛苦，坚持随身携带，便于向顾客展示和表演，运用动作、色彩、音响、运动等表演技巧来示范销售品，以增强示范的效果。

洒水器出问题

华人首富李嘉诚，年轻时曾做过塑胶洒水器的销售人员。在他的销售生涯中曾有这么一则故事：一天，李嘉诚走访了几家客户，他们都对产品不感兴趣，于是，他灵机一动，对客户说洒水器出了点问题，想借水管试一下。征得同意后，李嘉诚便接好洒水器，在客户办公室表演起来。结果，他的这一举动吸引了办公室工作人员，一下子就卖掉了十几个。这种戏剧性的表演，有时能取得意外的效果。想想看，这种形象化的销售形式，您销售时可否一试！

③ 激起顾客的购买欲望

激起顾客购买欲望是指销售人员通过销售活动的进行，在激起顾客对销售品的兴趣后使顾客产生拥有销售品的强烈愿望，从而导致顾客产生购买的欲望。在销售过程中，刺激顾客的购买欲望可分为三个步骤进行。销售人员首先提出销售建议，在得到顾客的反应之后，找到症结所在，然后有针对性地进行理由论证，多方激发顾客的购买欲望，直至达成交易。

④ 促成交易

顾客从产生购买欲望，到采取购买行动，还需要销售人员运用一定的成交技巧来施加影响，以促成顾客尽快作出购买决策。如何有效促成交易，我们在以后的章节中将有详细论述。

(2)“迪伯达”模式（DIPADA 模式）

“迪伯达”是 6 个英文字母 DIPADA 的译音。这 6 个字母为 6 个英文单词的第一个字母。而 6 个单词表达了迪伯达公式的 6 个销售步骤。

① 准确地发现并指出顾客有哪些需要和愿望。在这一阶段，销售人员应围绕顾客的需要，探讨顾客需要解决的问题，而不要急于介绍销售品。这种做法体现了以顾客为中心的准则，最能引起顾客的兴趣，有利于制造融洽的销售气氛，有利于消除销售障碍。

② 把顾客的需要与销售的产品紧密联系起来。在发现并指出了顾客的需要后，再向顾

客介绍销售品，并把销售品与顾客需要联系起来，这样就能很自然地引起顾客的兴趣。

③ 证实销售品符合顾客的需要和愿望，而且正是顾客所需要的产品。

④ 促使顾客接受所销售的产品。在销售过程中，顾客往往不能把自己的需求与销售品联系起来，推销人员必须拿出充分的证据向顾客证明，销售品符合顾客的需求，他所需要的正是这些产品。当然这些证据必须是真实可信的。

⑤ 刺激顾客的购买欲望。在销售过程中，仅仅使顾客把他的需要和销售品联系起来是远远不够的，还应该使顾客认识到：他必须购买销售品。因此必须激发顾客的购买欲望。

⑥ 促使顾客采取购买行动。这个阶段同“爱达”模式的第四个阶段“促成交易”是相同的。

由于“迪伯达”模式紧紧抓住了顾客需要这个关键性的环节，使销售工作更能有的放矢，因而具有较强的针对性。

“迪伯达”模式适用于生产资料市场产品的销售；适用于对老顾客及熟悉顾客的销售；适用于顾客属于有组织购买即单位购买者的销售。

(3)“埃德帕”模式（IDEPA模式）

“埃德帕”模式是“迪伯达”模式的简化形式，它适用于有着明确的购买愿望和购买目标的顾客。在采用该模式时不必去发现和指出顾客的需要，而是直接提示哪些产品符合顾客的购买目标。这一模式比较适合于零售销售。“埃德帕”模式把销售全过程概括为五个阶段。

① 把销售的产品与顾客的愿望联系起来。

② 向顾客示范合适的产品。

③ 淘汰不宜销售的产品。

④ 证实顾客已作出正确的选择，他已挑选合适的产品，该产品能满足其需要。

⑤ 促使顾客购买销售人员所销售的产品，作出购买决策。

(4)“吉姆”模式（GEM模式）

“吉姆”模式旨在帮助培养销售人员的自信心，提高说服能力。其关键是“相信”，即销售人员一定要相信自己所销售的产品（G），相信自己所代表的公司（E），相信自己（M）。

① 相信销售品（G）

销售人员应对销售品有全面、深刻的了解，同时要把销售品与竞争产品相比较，看到销售品的长处，对其充满信心。而销售人员对产品的信心会感染顾客。

② 相信自己的企业（E）

要使销售人员相信自己的企业和产品，企业和产品的信誉是基础。而信誉是依靠销售人员与企业的全体职工共同创造的。企业和产品的良好信誉，能激发销售员自信和顾客的购买动机。

③ 相信自己（M）

销售人员要有自信。销售人员应正确认识销售职业的重要性和自己的工作意义，以及未来的发展前景使自己充满信心，这是销售成功的基础。

总之，销售人员在销售过程中应深入研究顾客对销售的心理认识过程，同时十分注重自己的态度与表现，才能成功地进行销售。

(5)“费比”（FABE）模式

“费比”模式是由美国奥克拉荷马大学企业管理博士、中国台湾中兴大学法商学院院长郭昆谟先生总结并推荐的销售模式。“费比”模式将销售活动分为四个步骤。

① 特征（Feature）

销售人员在见到顾客后，要以准确的语言向顾客介绍产品特征。特征的内容有产品的性能、构造、作用、使用的简易及方便程度、耐久性、经济性、外观优点及价格等。如果是新产品则应更详细地介绍。如果产品在用料或加工工艺方面有所改进的话，亦应介绍清楚。如果上述内容多而难记，销售人员应事先打印成广告式的宣传材料或卡片，以便在向顾客介绍时将其交给顾客。因此，如何制作好广告材料或卡片便成为费比模式的重要特色。

② 优点（Advantage）

“费比”模式的第二步骤是把产品的优点充分地介绍给顾客。它要求销售人员应针对在第一步骤中所介绍的特征，寻找出其特殊的作用或者是某项特征在该产品中扮演的特殊角色、具有的特殊功能等。如果是新产品，务必说明该产品开发的背景、目的、必要性以及设计时的主导思想、相对于老产品的差别优势等。当面对的是具有较好专业知识的顾客，则应以专业术语进行介绍，并力求用词精确简练。

③ 利益（Benefit）

第三步骤是“费比”模式最重要的步骤，销售人员应在了解顾客需求的基础上，把产品能给顾客带来的利益，尽量多地列举给顾客。不仅讲产品外表的、实体上的利益，更要讲产品给顾客带来的内在的、实质上的利益；从经济利益讲到社会利益，从工作利益讲到社交利益。在对顾客需求了解不多的情况下，应边讲解边观察顾客的专注程度与表情变化；在顾客表现关注的主要需求方面更要多讲多举。

④ 证据（Evidence）

销售员在销售中要避免用“最便宜”、“最核算”、“最耐用”等语句，因为这些词语会令顾客反感而显得无力。因此，销售人员应以真实的数字、案例、实物等证据，让证据说话，解决顾客的各种异议与顾虑，促成顾客购买。

“费比”模式的突出特点是：事先把产品特征、优点及带给顾客的利益等列出来印在卡片上，这样就能使顾客更好地了解有关内容，节省顾客产生疑问的时间，减少顾客异议的内容。正是由于费比模式具有这一特色，它受到了不少销售人员的推崇，帮助不少企业取得了销售佳绩。

1.3.3.3 顾客购买心理及行为阶段

导购人员应该用什么样的语言技巧进行推介呢？答案是要根据顾客的购买心理和行为的变化规律进行有针对性的销售推介。

通过研究发现，顾客购买过程中的心理和行为变化大体上可以分为八个阶段，每个阶段都有不同的特点，这决定了导购员在不同阶段应采取不同的策略，如图 1-5 所示。

图 1-5 完整展示了顾客“从进店到购买”的购物过程，清晰地说明了顾客的心理变化和行为变化的特征与规律。销售人员要根据顾客不同的购买心理和行为阶段采取相应的对策。以不同阶段为依据，我们将导购应对策略分为以下六个阶段。

第一阶段：待机，正确的迎客技巧。这阶段是导购在迎客开场白之前应该把握的一些原则。在商场导购中，一旦顾客到来，就意味着销售机会的到来。当顾客在观看本柜台产品（或附近其他品牌）时，导购应恰当把握接触实际，利用每一个可利用的微小细节，在顾客面前建立起专业、顾问的形象。在这一阶段，导购的任务不是销售产品，而是销售信任。要诀：不要放弃任何一个与顾客接触及建立信任的机会。

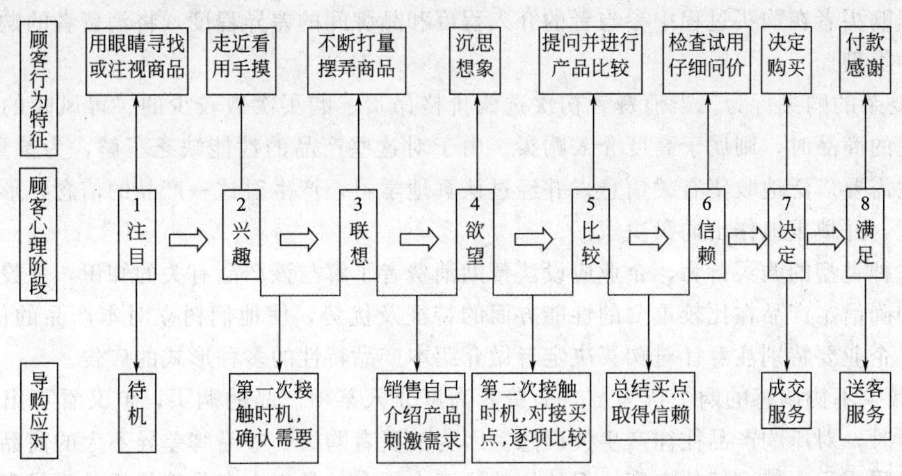

图 1-5　顾客购买心理及行为阶段

第二阶段：刺探，主动估测购买范围。这一阶段重点说明的是探试顾客需求的技巧。为了减少推介产品的盲目性，导购在介绍产品的同时，应该以随意方式探寻顾客的自然条件，如家居状况、家用还是公用等。导购要学会利用这些已知条件进行需求探视，缩小需求范围，帮助顾客选择合适的产品。要诀：主动缩小顾客购买范围，把销售行为集中在试探需求上，避免盲目介绍和推荐。

第三阶段：转型，引领顾客转变需求和型号。这阶段重点说明推荐的技巧。在确定顾客的购买目标后，导购应适时转变思路，不应在盲目观看和询问产品上浪费时间了。而是要不露痕迹地推荐有销售价值的产品，进行需求与卖点相对接的推荐，帮助顾客做购买决定。要诀：不要被顾客牵着鼻子走，只要引导合理，导购的建议就会成为顾客的主见。

第四阶段：对接，应对顾客最关心的问题（处理顾客异议）。导购要学会发掘顾客最关心的问题。销售伊始导购都会准备许多买卖点和话术来刺激顾客购买，但真正对购买起决定作用的买点却是千差万别。当顾客明示或暗示对产品有疑惑时，对导购来说机会就来了。因为这些问题往往是决定顾客买与不买的杠杆点和关键点。导购只要抓住这些杠杆点，耐心细致地给予说服和讲解，就会成功撬动顾客的购买决定。要诀：明确自身产品的优势与劣势，弱化劣势强化优势，并把优势充分对接到顾客需求取向最突出的部分。换言之，一定要记住在顾客最关心的问题上着重强调本品和竞品的差异之处，如此即可征服顾客。

第五阶段：拍板，在正确的时机完成交易。本阶段重点训练销售人员判断成交时机的能力。在成交时机到了的时候，如果不能适时提出成交建议，那无异于葬送掉前面的所有努力。由于导购缺乏对成交机会的判断力，即使前面四个阶段都做到位了，结果也只能是功亏一篑。要诀：学会识别顾客发出的成交信号，适时地技巧性地提出成交建议。

第六阶段：甄别，对应不同类型的顾客。本阶段是对不同性格顾客进行差异化引领的技巧探索。导购的灵魂是信任，而信任的灵魂是需求。不同购买性格的顾客有不同的需求取向和价值排序，学会区分、判断和应对不同的顾客是导购必须掌握的本领。

1.3.3.4　认识消费者购买心理

（1）消费者购买类型

消费者在购买商品时，会因商品价格、购买频率的不同，而投入购买的程度不同。西方学者根据购买者在购买过程中参与者的介入程度和品牌间的差异程度，将消费者的购买行为分为四种类型。

① 复杂的购买行为。当消费者初次选购价格昂贵、购买次数较少的、冒风险的和高度自我表现的商品时，则属于高度介入购买。由于对这些产品的性能缺乏了解，为慎重起见，他们往往需要广泛地收集有关信息，并经过认真地学习，产生对这一产品的信念，形成对品牌的态度，并慎重地作出购买决策。

对这种类型的购买行为，企业应设法帮助消费者了解与该产品有关的知识，并设法让他们知道和确信本产品在比较重要的性能方面的特征及优势，使他们树立对本产品的信任感。这期间，企业要特别注意针对购买决定者做介绍本产品特性的多种形式的广告。

② 减少不协调感的购买行为。当消费者高度介入某项产品的购买，但又看不出各品牌有何差异时，对所购产品往往产生失调感。因为消费者购买一些品牌差异不大的商品时，虽然他们对购买行为持谨慎的态度，但他们的注意力更多的是集中在品牌价格是否优惠、购买时间、地点是否便利，而不是花很多精力去收集不同品牌间的信息并进行比较，而且从产生购买动机到决定购买之间的时间较短。因而这种购买行为容易产生购后的不协调感：即消费者购买某一产品后，或因产品自身的某些方面不称心，或得到了其他产品更好的信息，从而产生不该购买这一产品的后悔心理或心理不平衡。为了改变这样的心理，追求心理的平衡，消费者广泛地收集各种对已购产品的有利信息，以证明自己购买决定的正确性。为此，企业应通过调整价格和售货网点的选择，并向消费者提供有利的信息，帮助消费者消除不平衡心理，坚定其对所购产品的信心。

③ 广泛选择的购买行为。又叫做寻求多样化购买行为。如果一个消费者购买的商品品牌间差异虽大，但可供选择的品牌很多时，他们并不花太多的时间选择品牌，而且也不专注于某一产品，而是经常变换品种。比如购买饼干，他们上次买的是巧克力夹心，而这次想购买奶油夹心。这种品种的更换并非对上次购买饼干的不满意，而是想换换口味。面对这种广泛选择的购买行为，当企业处于市场优势地位时，应注意以充足的货源占据货架的有利位置，并通过提醒性的广告促成消费者建立习惯性购买行为；而当企业处于非市场优势地位时，则应以降低产品价格、免费试用、介绍新产品的独特优势等方式，鼓励消费者进行多种品种的选择和新产品的试用。

④ 习惯性的购买行为。消费者有时购买某一商品，并不是因为特别偏爱某一品牌，而是出于习惯。比如醋，这是一种价格低廉、品牌间差异不大的商品，消费者购买它时，大多不会关心品牌，而是靠多次购买和多次使用而形成的习惯去选定某一品牌。

针对这种购买行为，企业要特别注意给消费者留下深刻印象，企业的广告要强调本产品的主要特点，要以鲜明的视觉标志、巧妙的形象构思赢得消费者对本企业产品的青睐。为此，企业的广告要加强重复性、反复性，以加深消费者对产品的熟悉程度。

（2）影响消费者购买决策的因素

影响消费者购买行为的主要因素有消费者自身因素、社会因素、企业和产品因素等。分析影响消费者购买行为的因素，对于企业正确把握消费者行为，有针对性地开展市场营销活动，具有极其重要的意义。

① 消费者自身因素

消费者购买行为首先受其自身因素的影响，这些因素主要包括以下几种。

一是消费者的经济状况，即消费者的收入、存款与资产、借贷能力等。消费者的经济状况会强烈影响消费者的消费水平和消费范围，并决定着消费者的需求层次和购买能力。消费者经济状况较好，就可能产生较高层次的需求，购买较高档次的商品，享受较为高级的消费。相反，消费者经济状况较差，通常只能优先满足衣食住行等基本生活需求。

二是消费者的职业和地位。不同职业的消费者，对于商品的需求与爱好往往不尽一致。一个从事教师职业的消费者，一般会较多地购买书报杂志等文化商品；而对于时装模特儿来说，漂亮的服饰和高雅的化妆品则更为需要。消费者的地位不同也影响着其对商品的购买。身在高位的消费者，将会购买能够显示其身份与地位的较高级的商品。

三是消费者的年龄与性别。消费者对产品的需求会随着年龄的增长而变化，在生命周期的不同阶段，相应需要各种不同的商品。如在幼年期，需要婴儿食品、玩具等；而在老年期，则更多需要保健和延年益寿产品。不同性别的消费者，其购买行为也有很大差异。烟酒类产品较多为男性消费者购买，而女性消费者则喜欢购买时装、首饰和化妆品等。

四是消费者的性格与自我观念。性格是指一个人特有的心理素质，通常用刚强或懦弱、热情或孤僻、外向或内向、创意或保守等去描述。不同性格的消费者具有不同的购买行为。刚强的消费者在购买中表现出大胆自信，而懦弱的消费者在挑选商品中往往缩手缩脚。

② 社会因素

人是生活在社会之中的，因而消费者的购买行为将受到诸多社会因素的影响。

首先，社会文化因素对消费者购买行为的影响。文化通常是指人类在长期生活实践中建立起来的价值观念、道德观念以及其他行为准则和生活习俗。若不研究、不了解消费者所处的文化背景，往往会导致营销活动的失败。任何文化还都包含着一些较小的群体或所谓的亚文化群。它们以特定的认同感和影响力将各成员联系在一起，使之持有特定的价值观念、生活格调与行为方式。这种亚文化群有许多不同类型，其中影响购买行为最显著的主要有以下几种。

一是民族亚文化群。如我国除了占人口多数的汉族外，还有几十个民族，他们在食品、服饰、娱乐等方面仍保留着各自民族的许多传统情趣和喜好。

二是宗教亚文化群。以我国来说，就同时存在着伊斯兰教、佛教、天主教等。他们特有的信仰、偏好和禁忌在购买行为和购买种类上表现出许多特征。

三是地理亚文化群。如我国华南地区与西北地区，或沿海地区与内地偏远地区，都有不同的生活方式和时尚，从而对商品的购买也有很大不同。

其次，社会相关群体对消费者购买行为的影响。相关群体是指对消费者的态度和购买行为具有直接或间接影响的组织、团体和人群等。消费者作为社会一员，在日常生活中要经常与家庭、学校、工作单位、左邻右舍、社会团体等发生各种各样的联系。

家庭是消费者最基本的相关群体，因而家庭成员对消费者购买行为的影响显然最强烈。现在大多数市场营销人员都很注意研究家庭不同成员，如丈夫、妻子、子女在商品购买中所起的作用和影响。一般来说，夫妻购买的参与程度大都因产品的不同而有所区别。家庭主妇通常是一家的采购者，特别是在食物、家常衣着和日用杂品方面的购买，传统上更主要由妻子承担。但随着知识女性事业心的增强，男子参与家庭和家务劳动风气的逐步兴起，现在生产基本生活消费品的企业如果仍然认为妇女是他们产品唯一的或主要的购买者，那将在市场营销决策中造成很大的失误。当然在家庭的购买活动中，其决策并不总是由丈夫或妻子单方面做出的，实际上有些价值昂贵或是不常购买的产品，往往是由夫妻双方包括已长大的孩子共同作出购买决定的。

亲戚、朋友、同学、同事、邻居等也是影响消费者购买行为的重要相关群体。这些相关群体是消费者经常接触、关系较为密切的一些人。由于经常在一起学习、工作、聊天等，使消费者在购买商品时，往往受到这些人对商品评价的影响，有时甚至是决定性的影响。此外，影响消费者购买行为的社会因素还包括一定的社会政治、法律、军事、经济等因素。影响消费者购买行为的主要因素，除消费者自身因素、社会因素之外，还有企业和产品因素，如产品的质量、价格、包装、商标和企业的促销工作等。

（3）消费者购买心理类型

经过经济学家和心理学家对消费者购买心理的长期研究，把按一定规则运动的消费者购买心理归纳为十种类型。

① 从众心理。在从众心理诱导下的购买动机具有跟随性，其表现常常是在购买行为中呈群体聚集购买状态，购买者争相购买一种商品。从众心理支配下的购买行为一般具有购买无目的性、偶发性、冲动性的特点。

② 仰慕心理。在仰慕心理诱导下的购买动机具有趋向性和追求性。其表现常常是购买名优产品、大城市产品以及进口商品，仰慕心理支配下的购买行为一般具有选择性和目标追求性的特点。

③ 自豪心理。在自豪心理诱导下的购买动机具有地方性，表现为常常购买家乡的名、优、特产品。自豪心理支配下的购买行为具有馈赠性的特点。

④ 炫耀心理。在炫耀心理诱导下的购买动机具有求荣性，其表现常常是购买名贵商品、紧销商品和时髦商品。炫耀心理支配下的购买行为具有虚荣性、攀比性的特点。

⑤ 实惠心理。在实惠心理诱导下的购买动机具有图廉性和求实性，表现为常常购买价格低廉、经久耐用的一般商品和降价处理商品。实惠心理支配下的购买行为具有节约性和实用性的特点。

⑥ 占有心理。在占有心理支配下的购买动机具有恐失性，其表现常常是购买文物古董、名人字画和珍贵工艺品。占有心理支配下的购买行为具有收藏性、保存性的特点。

⑦ 享受心理。在享受心理支配下的购买动机具有奢侈性，其表现常常是购买高档生活和文化用品。如名贵补品、高档家具、高级食品饮料、高级服装、装饰品、高档家用电器、高级化妆品等。享受心理支配下的购买行为具有率先性、求质性的特点，对整个社会消费方式和消费结构的改变有导向作用。

⑧ 保值心理。在保值心理诱导下的购买动机具有盲目性和冲动性，其表现常常是购买金银制品、生活必需品和耐用消费品。保值心理支配下的购买行为具有购买超前和随意性的特点。

⑨ 好恶心理。在好恶心理诱导下的购买动机具有直观性，其表现常常是购买已认定商品时，对不同产地、不同包装、不同厂家、不同零售店铺、不同售货员的选择上，在好恶心理支配下具有主观评价性和习惯性的特点。

⑩ 怀旧心理。在怀旧心理诱导下的购买动机具有重复性，共表现常常是购买具有某一历史时期特征的商品。

1.3.4　营业现场环境和销售工具准备

啤酒和尿片齐飞

在美国沃尔玛超市的货架上，尿片和啤酒赫然摆在一起出售。

问题：一个是日用品，一个是食品，两者风马牛不相及，这究竟是什么原因？

分析：原来，沃尔玛的工作人员在按周期统计产品的销售信息时发现一个奇怪的现象：每逢周末，某一连锁超市啤酒和尿片的销量都很大。为了搞清楚这个原因，他们派出工作人员进行调查。通过观察和走访了解到，在美国有孩子的家庭中，太太经常嘱咐丈夫下班后要为孩子买尿片，而丈夫们在买完尿片以后又顺手带回了自己爱喝的啤酒，因此啤酒和尿片销量一起增长。

搞清原因后，沃尔玛的工作人员打破常规，尝试将啤酒和尿片摆在一起，结果使得啤酒和尿片的销量双双激增，为商家带来了大量的利润。

在寸土寸金的货架陈列竞争中，为了刺激消费者的购买欲望，商场常常采取按照类别陈列的方式便于消费者选择，比如将文具类商品集中在一起陈列。

但是，有些商品表面上看并没有什么关联关系（相关性），比如啤酒和尿片，但是他们事实上又存在很强的依赖性。如果能够挖掘出这类隐性产品之间的关联关系，就可以大大提高消费者的随机购买，从而提高超市的利润率。

1.3.4.1　商品陈列原则

就是把具有促进销售机能的商品摆放到适当的地方。其目的是创造更多的销售机会，从而提高销售业绩。

（1）安全性原则

排除非安全性商品（超过保质期的、鲜度低劣的、有伤疤的、味道恶化的），保证陈列的稳定性，保证商品不易掉落，应适当地使用盛装器皿、备品。进行彻底地卫生管理，给顾客一种清洁感。

（2）易见易取原则

所谓易见，就是要使商品陈列容易让顾客看见，一般以水平视线下方 20 度点为中心的上 10 度下 20 度范围，为容易看见的部分；所谓易取，就是要使商品陈列容易让顾客触摸、拿取和挑选。

与此关系最密切的是陈列的高度及远近两个问题，依陈列的高度，可将货架分为三段。

中段为手最容易拿到的高度，男性为 70～160 厘米，女性为 60～150 厘米，有人称这个高度为黄金位置，一般用于陈列主力商品或公司有意推广的商品；

次上、下段为手可以拿到的高度，次上端男性为 160～180 厘米，女性为 150～170 厘米，次下端男性为 40～70 厘米，女性为 30～60 厘米，一般用于陈列次主力商品，其中次下端须顾客曲膝弯腰才能拿到商品，所以次下端较为不利；

上下端为手不易拿到的高度，上端男性为 180 厘米以上，女性为 170 厘米以上，下端男性为 40 厘米以下，女性为 30 厘米以下，一般用于陈列低毛利，补充性和体现量感的商品，上端还可以有一些色彩调节和装饰陈列；

有关远近的问题，那一定是放在前面的东西要比放在后面或里面的东西容易拿到手，为使里面的商品容易拿取，常用的办法是架设阶层式的棚架，但要考虑到其安全性，以免堆高的商品掉落下来。

（3）区分定位原则

所谓区分定位，就是要求每一类、每一项商品都必须有一个相对固定的陈列位置。

商品一经配置后，商品陈列的位置和陈列面就很少变动，除非因某种营销目的而修正配置图表，这既是为了商品陈列标准化，也是为了便于顾客选购商品。应注意以下五个方面。

一要向顾客公布货位布置图，并按商品大类或商品群的大概位置设置标示牌。我国目前大部分超市和便利商店的商标标示牌一般都是平面式的，如果能改为斜面式则更能让顾客一目了然，同时，标示牌的形式也可以灵活多样，依商品类别与陈列位置的不同而设立便民服务柜，实施面对面销售。

二要相关商品货位布置邻近或对面，以便顾客相互比较，促进连带购买，如 DVD 机与影碟，录音机、与录音带照相机与胶卷，再如水果蔬菜、肉禽蛋、调味品与肉制品等可存放在临近区域。

三要把相互影响大的商品货位适当隔开，如串味食品、熟食制品与生鲜食品、化妆品与烟酒、茶叶、糖果饼干等。

四要把不同类的商品纵向陈列，即从上而下的垂直陈列，使同类商品平均享受到货架上各段位的销售利益。

五把商品货位勤调整，分区定位并不是一成不变的，要根据时间、商品流行期的变化随时调整，但调整幅度不宜过大，除了根据季节以及重大的促销活动而进行整体布局调整外，大多数情况不做大的变动，以方便老顾客凭印象找到商品位置。

（4）前进梯状原则

包括前进陈列和梯状陈列。

所谓前进陈列，就是要按照先进先出的原则补货。营业高峰过后，货架陈列的前层商品被买走，会使商品凹进货架的里层，这时超市管理人员就必须把凹进里层的商品往外一移，从后面开始补充货源，也应进行前进陈列以保持陈列丰满、保证商品不过期积压。在做前进陈列动作时应注意：作好商品的收集、整理及清洁工作，商品要干干净净的呈现在顾客面前。

所谓梯状陈列就是要求陈列商品的排列应前低后高，呈阶梯状，使商品陈列既有立体感和丰满感，又不会使顾客产生被商品压迫的感觉。

一般说来，过分强调丰满陈列和连续性，被商品压迫的感觉就增强，所以采取倾斜、阶梯、突出、凹进、悬挂、吊篮等多种方法，适当破坏商品陈列的连续性，反而能使顾客产生舒适感和亲切感。

1.3.4.2 商品陈列与销售额之间的关系

（1）商品陈列面积大小变化引起销售额的变化

对于相同的商品来说，店铺改变顾客能见到的商品陈列面，会使商品销售额发生变化。

陈列的商品越少，顾客见到商品的可能性就越小，购买概率就低，即使见到了，如果没有形成聚焦点，也不会形成购买冲动。

实践证明：货位由4货位减少到2货位，销售额减少48%，3货位减少到1货位，销售额减少68%。货位由2货位增加到4货位，销售额增加40%，并且某种商品的陈列面积与其市场占有率成正比。

（2）商品陈列高低变化引起销售额变化

商品陈列高低不同，会有不同的销售额。

实践经验证明：在平视及伸手可及的高度商品售出概率约为50%；在头上及腰间高度，售出概率为30%；高或低于视线之外，售出可能性仅为15%。

（3）陈列时间变化引起的销售额变化

陈列时间的变化，也会引起销售额的变化。一项调查结果显示：店铺陈列的促销效果第一天为100%，第二天为90%，第三天降为80%，第四天为60%，第五天为35%，第六天仅为30%。可见，保持陈列新鲜感很有必要。

1.3.4.3　商品陈列的基本方法

商品陈列的基本方法可分为量感陈列和展示陈列。

（1）量感陈列

量感陈列一般指商品陈列的数量的多寡。

但这种观念正在逐渐的发生变化，从只强调商品数量多寡的做法改变成注重陈列的技巧而使顾客在视觉上感到商品很多。譬如所要陈列的商品是50件的话，那么通过量感陈列让人觉得不止50件商品。所以，量感陈列一方面是指“实际很多”，另一方面指“看起来很多”。

量感陈列一般适用于食品杂货，以亲切、丰满、价格低廉、易挑选等来吸引顾客。

量感陈列的具体方法很多，如店内吊篮、店内岛、店面敞开、铺面、平台、售货车及整箱大量陈列等。其中整箱大量陈列是中型超市常用的一种陈列手法，或在卖场内辟出一个空间或拆除端架，将单一商品或2～3个品项的商品做量感陈列。

一般应用于下列情况下：低价促销、季节性促销、节庆促销、新品促销、媒体大力宣传、顾客大量购买等。

（2）展示陈列

展示陈列是指商店内为了强调特别推出的商品的魅力而采取的陈列方法。

这种陈列一般适于百货类和食品类，虽然陈列成本较高，但能吸引顾客的注视和兴趣，营造店铺的气氛。

常用的陈列场所有：橱窗、店内陈列台、柜台及手不易够到的地方（如货架顶端）等。

① 体现展示陈列的魅力的基本要求

一是明确展示主题，弄清楚要表现什么或要向顾客诉求什么，如新鲜还是营养？时尚还是廉价？

二是注意构成方法，要求商品陈列的空间结构、照明与色彩相互有机配合，例如正三角形的空间结构给人以宁静、安定的感觉，而倒三角形则给人以动态感、不安定感和紧张感。

三是注意表现手法，采用一些独特的展示手法吸引顾客的注意力。

② 展示陈列表现手法

展示陈列常用的表现手法是：突出陈列、端头陈列、岛型陈列、去盖包装整箱陈列、悬挂陈列、树丛式陈列、散装或混合陈列等。

a. 突出陈列

即将商品放在篮子、车子、箱子或突出板（货架底部可自由抽动的搁板）内，陈列在相关商品的旁边销售，主要目的是诱导和招揽顾客。应注意以下问题。

第一，突出陈列的高度要适宜，既要能引起顾客的注意，又不能太高，以免影响货架上商品的销售效果；

第二，突出陈列不宜太多，以免影响顾客正常的行动路线；

第三，不宜在窄小的通道内作出突出陈列，即使比较宽敞的通道，也不要配置占地面积较大的突出陈列的商品，以免影响通道顺畅。

b. 端头陈列

端头即货架两端，这是销售力极强的位置。

端头陈列可以是单一品项，也可以是组合品项，以后者效果为最佳。端头组合陈列应注意以下几点。

第一，品项不宜太多，一般以5个为限；

第二．品项之间要有关联性，绝对不可将无关联的商品陈列在同一端架内；

第三，在几个组合品项中可选择一个品项作为牺牲品，以低廉价格出售，目的是带动其他品项的销售。

c. 岛型陈列

即运用陈列柜、平台、货柜等陈列工具，在卖场的适当位置展示陈列商品。

这种陈列能强调季节感、时鲜和丰富感。需注意以下几点。

第一，陈列工具应与商品特征相配合；

第二，陈列工具一般适宜于放置在卖场的前部和中部，这样就能向顾客充分展示岛型陈列的商品，如果陈列在后部往往会被货架挡住视线；

第三，陈列工具不宜太高，以免影响顾客的视线；

第四，陈列工具最好装有滑轮和搁板，以便根据需要而调整；

第五，陈列工具要牢固，安全。

d. 去盖包装整箱陈列

即将非透明包装商品的包装箱的上部切除（可用斜切方式）或将包装箱底部切下来，做为商品陈列的托盘的陈列方式。

适用于整箱的饮料、啤酒、调味品等，能充分显示商品包装的促销效果。

e. 悬挂陈列

即用固定或可以转动的装有挂钩的陈列架陈列缺乏立体感的商品。

一般适用于日用小商品，如剃须刀片、电池、袜子、手套、帽子、小五金工具、头饰等。

f. 树丛式陈列

即用篮、筐或桶，将商品随插在里面，陈列于出入口或端头边，能使顾客产生便宜感。

常用十分低廉的价格整篮、整筐或整桶出售。

g. 散装或混合陈列

即把商品的原有包装拆下，或单一品项或几个品项组合在一起，陈列在岛型陈列工具内出售。往往是以一个统一的价格出售，这种陈列方式也能使顾客产生便宜感。

1.3.4.4 卖场终端拦截设计

顾客选购的过程就是一个不断思考、反复比较分析的过程，终端拦截就是整合终端所有的广告、促销、产品、渠道等资源，用这些资源来影响顾客选购意向的手段和方式，通俗点来说就是“引、抢、围、逼”，即引导顾客的思路、从竞争对手那里抢顾客、以更多的产品信息来对顾客心理进行包围式的诱导，来强化顾客的选购意向，用各种手段“诱逼”促成顾客迅速成交。

“决胜在终端”早已成为众多厂商的共识。到底如何巧妙实施拦截，从而决胜终端呢？各品牌纷纷八仙过海，演绎出一个又一个巧妙方案。

（1）阵前拦截

阵前拦截是指顾客从商场门口到柜台前的促销指引和宣传说服活动，这个过程是消费者登堂入室的过程，也是影响消费者的购买意向的重要阶段，因而阵前拦截也不可缺少。阵前拦截主要体现在商场门口的形象广告牌、门口的促销活动、商场内的导购牌和广告牌等。大家会经常看到，在许多商场门口或者是门头等位置都会有很多相关产品的广告牌，有时还会挂巨幅，有时甚至连门前梯形台阶上也贴上厂家的广告，这些广告牌以醒目的形象给潜在消费者以强烈的视觉冲击，不过费用也比较高；在双休日及重大节日，许多商场门口总是锣鼓喧天、车水马龙，这是许多品牌在争先恐后地搞促销活动，包括文艺演出、产品介绍或者有奖竞猜等内容。商场内部的促销导购牌也比较多，比如小推车、吊旗、收银台、导购牌、公共广告位等很多只要不影响形象的地方都会有相应厂家的广告牌出现，来有效地引导并影响消费者进行商品选择。从商场门口到商场内每一空间都可以说是“寸土寸金”，重要而且昂贵，需要从品牌自身的费用情况和产品特点来量体订做有效的广告活动，从而加强阵前拦截。

（2）人员拦截

人员拦截是一项最基本的拦截方式，即通过导购员的认真观察、细心劝说来强化消费者的购买意向。作为厂家或商家都要重视导购员的培训，包括产品知识、促销技能和沟通技巧等，同时要制定合理的激励制度，经常加强与导购员的沟通，确保导购员的良好的心理状态。作为导购员本身，要学会“眼观六路、耳听八方”的技巧，比如从顾客进入商场同类产品柜台时，要远远观察其顾客的反应，揣摩消费者的消费心理及对同类产品的反应，做到有的放矢；在顾客走近我产品柜台时，要想办法留住顾客尽可能多的时间，不能让顾客轻易走掉，时间越多胜算越大，比如如果客人带有小孩的话，要备个小气球等小礼品送给小孩，如果有老人，准备凳子让他坐等，争取其好感；在介绍产品时要注意察言观色，根据顾客反应应对以合适的促销话术。这些很多厂家或商家都有系统的技巧，关键是如何培训导购员，指导其巧妙运用。

（3）产品拦截

如何在较短的时间内将产品的功能与特点充分展示给顾客，吸引顾客层层深入了解产品呢？这就要根据产品自身的特点研究一些产品自身的拦截技巧。如对于家电业来说主要指生动化陈列和多方位演示两个方面。生动化陈列指产品在展台、POP的装饰下，巧妙摆放从而充分显示出产品的形象、功能与卖点等特点。生动化陈列要注意人气机型（富有竞争力且比较吸引人的机型）与主推机型的呼应，还可以根据促销主题的需要设计主题陈列，如五一临近可围绕婚庆对产品陈列进行包装，现在比较流行的还有生活提案式陈列，充分展示出时尚化的生活需要。

美国有句广告格言，“卖牛排的关键是卖炸牛排的滋滋声”。这正是讲产品演示的重要性，多方位演示常用的原则有“能动则动起来，能体验就体验一下，能说话就放出声来”。如加湿器，在演示柜上不停地喷出湿气如仙境一样；豆浆机常常在柜台上摆着制作好的喷香豆浆，顾客可以随意品尝；电热水器为了显示其工艺的先进性，干脆在机身上挖了个洞，让消费者对其内部构造看得更清楚；阿里斯顿则在电热水器机身开个能放电视机的小口，顾客可以边听导购员讲解边在电视上看到更全面的操作演示，同时电视的播放还能吸引更多的消费者驻足咨询产品。

(4) POP 拦截

“人靠衣裳马靠鞍”，终端的 POP 布置对产品的销售能起到较好的促进作用。终端 POP 布置要做到看得见，平看：海报、台牌、灯箱、水牌、电视播放宣传片，仰看：横幅、吊旗，俯看：产品陈列，摸得着：资料架、展架、展台、样品等；听得到：促销员推荐、营业员介绍、电视播放宣传片等；带得走：手提袋、单张、宣传页、自印小报、促销小礼物等。这些 POP 的制作和布置要新颖、引人注目，要注意与产品和展柜的搭配，还要注意与竞争对手的差异化。POP 平时维护也很重要，要对损坏的及时更换，也要根据不同的销售需要制作更换不同的内容。除了做好平时 POP 的制作与布置，还要根据促销需要策划一些 POP 的主题布展，如节日堆卖活动、反季商品处理活动、新品推广节等，这些活动需要大量的主题 POP 来装饰和渲染，做到形象好、气势大，与竞争对手形成鲜明对比，从而更好地体现 POP 的拦截作用。

1.3.4.5 销售工具

为了取得顾客的好感和信任，也为了能更好地为顾客提供服务，导购除了要掌握上述基本心理和知识的准备，在营业前还应准备相关的资料工具。

导购员需要准备的销售工具
（商品以外的销售过程必备的文具及工具等） 如：公司或产品宣传画册 开票用的票据 计算器 ……

实战技能训练 ▸▸▸

【训练项目 1】 培养谦虚的导购服务态度

道具：桌子、椅子、纸、笔、目标销售商品。

人数：3 人一组，一人扮演销售人员，一人扮演顾客，一人观察评价。

方法：设计相关情景，A 要将某种产品卖给 B，而 B 则想方设法地挑出该商品的各种毛病。

规则：A 的任务是一一回答 B 的这些问题，即使是一些吹毛求疵的问题也要让 B 满意，不能伤害 B 的感情，3 人角色轮换。

目的：通过游戏，培养学生的谦虚的服务态度。对待客户的最好的方法就是要真诚地与他沟通，站在他的角度思考问题，想方设法地替他解决问题；能够解决的问题尽快解决，不能解决的要对客户解释清楚，而且表示歉意；有时候即便客户有些不太理智，导购人员也要保持微笑。始终记住：顾客是上帝。

训练情况评价记录表（学生填写）

模拟导购员：		观察记录员：
模拟顾客：		目标商品：
顾客提出的问题	导购员表现	评价
问题目的：	倾听时：是否做到？	优点：
想方设法地挑出商品的各种毛病	亲切注视顾客 认真倾听 有耐心	
1. 功能方面	不抢话	
2. 质量方面	询问需求时：是否做到？	
3. 时尚款式方面	眼神注视顾客	问题：
4. 品牌知名度方面	语气亲切	
5. 价格方面	表情友善	
6. 售后服务方面	回答问题、处理异议时：是否做到？	
7. 与竞品对比	站在顾客角度思考	
8. 使用经济性方面	想方设法解决问题 有耐心 能够解决的问题尽快解决，不能解决的要对客户解释清楚，而且表示歉意； 顾客不太理智时：是否做到？ 保持微笑。	

【训练项目2】　导购员个人形象设计

道具：纸、笔、镜子。

人数：2人一组。

方法：每2人一组，进行2～3分钟的交流，交谈的内容不限。当大家停下以后，请两人之间彼此说一下对方有什么非语言表现，包括肢体语言或表情，比如有人老爱眨眼，有人会不时地撩一下自己的头发。用纸和笔把这些动作记下来。然后，两人继续交流2～3分钟，看看这次与上次有什么不同，反复练习，直到对方对你的肢体语言满意为止。

规则：在交流的同时不但要注意对方，也要对着镜子注意自己的肢体语言，并随时改进。

目的：通过游戏，培养人们好的、积极的形体语言。在日常的生活工作中，为了让别人对自己有一个更好的印象，一定要注意避免那些不招人喜欢的动作或表情，注意用一些手势、表情帮助销售人员与客户的交流，因为好的肢体语言会帮助双方的沟通，坏的肢体语言会阻碍销售员与他人交往。

【训练项目3】　成为产品专家

道具：某产品、某产品宣传册。

小组人数：3 人，一人扮演销售人员，一人扮演顾客，一人观察评价。

方法：模拟在一个公共场所向客户做自我介绍和产品介绍。

规则：参加者分组分别担任客户和销售员，由销售员主动向客户介绍自己和产品；使客户由不接受到逐渐接受。

的：锻炼产品宣传和讲解能力。

提升计划：

步骤	内容	时间安排	计划目标	实施标准	自我总结
第一步	了解你的产品详细知识				
第二步	了解竞争产品信息				
第三步	比较分析你的产品和竞争产品				
第四步	把产品的缺点转化成优点				
第五步	向身边的每一个人宣传，每天至少向 10 人宣传				

【训练项目 4】　销售环境宣传品装饰、商品陈列

道具：目标销售商品、宣传品、促销品及其他与促进销售有关的物品等。

参加人数：3 人一组。

方法：以小组为单位构成一个商场中的柜台点，对环境进行布置，对促销商品进行陈列。

规则：小组人员自己策划，自己动手制作相关的宣传品，自己动手陈列，最后说明这样陈列的特点和优势。

目的：通过这项训练，加强学生对销售环境布置、装饰及商品陈列与商品销售关系的认识，并提高相应的商品陈列能力。

【训练评价】

针对学生在学习情境 1 柜台销售活动中的综合表现，参考下列评价标准进行评价。

项目名称		项目权重	40%	小组		成绩
学生姓名				指导教师		
考核项目/%	评价标准			分值/分	考核点得分	考核方式
实训态度(15)	态度端正，不做与实训无关的事，努力完成实训任务			15～12		
	态度较端正，不做与实训无关事，实训任务完成较好			11～9		
	有玩手机、睡觉现象，实训任务基本完成			8 分以下		
方案设计质量(30)	(1)该阶段的产品信息充分 (2)充分融入该阶段的销售技巧			30～26		
	(1)该阶段的产品信息较充分 (2)融入该阶段的销售技巧			25～21		
	(1)该阶段的产品信息基本充分 (2)基本融入该阶段的销售技巧			20 以下		
技能操作(30)	能够将该阶段的销售方法和技巧充分合理、自然、流畅地运用			30～26		
	能够将该阶段的销售方法和技巧较合理、自然地运用			25～21		
	基本能够将该阶段的销售方法和技巧进行运用			20 以下		

续表

考核项目/%	评价标准	分值/分	考核点得分	考核方式
团队协作(25)	宽容对待他人的意见和建议，耐心帮助他人	25～20		
	能接受他人的意见和建议，帮助他人	19～10		
	较能接受他人的意见和建议，基本不帮助他人	9 以下		

课后作业 ▸▸▸

(1) 模拟一个目标销售商品和一个目标消费者，给对方讲解自己手上的商品，并提示这件物品的使用方法和故障维护应急方案，写出台词。

(2) 制定成为产品专家的个人计划。

(3) 去真实商场看导购现场商品陈列和宣传品布置情况，将其描述出来，并加以说明(建议利用照片)。

任务 2　迎接顾客

任务导入 ▸▸▸

【知识目标】

(1) 了解接近顾客的时机选择；

(2) 了解接近顾客的几种方式；

(3) 了解顾客的几种购买意图；

(4) 了解几种类型顾客的接待策略。

【技能目标】

学习迎接顾客的技能。

2.1　任务内容

(1) 接近顾客的时机和方式；

(2) 顾客的几种购买意图及接待策略；

(3) 认识几种类型顾客的接待策略。

2.2　任务组织

(1) 将全部学生分组进行训练，3 人一组，其中一人饰演顾客，一人饰演导购，一人观察记录。

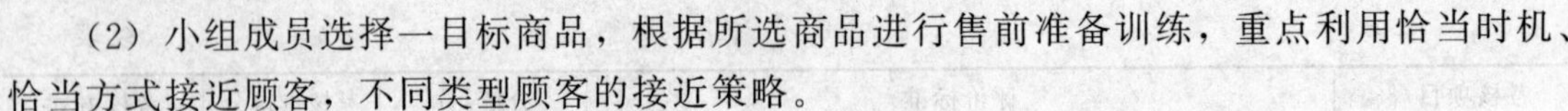

（2）小组成员选择一目标商品，根据所选商品进行售前准备训练，重点利用恰当时机、恰当方式接近顾客，不同类型顾客的接近策略。

2.3 任务实施

2.3.1 接近顾客的时机与方式

想买家庭影院还是随便看看

我曾经走进某商场的一个家庭影院专柜，当时正在播放一部恐怖片，我站在专柜的中间正被影片中的情节和音乐所吸引，突然背后传来一声大叫“欢迎光临!”，可能是考虑到商场当时的噪声较大，所以服务人员故意提高了声音，但由于当时没有任何的心理准备，我被他这么一叫吓得跳了起来，当时我就批评他说不要从后面来“迎接”顾客。他笑了笑显得有些不好意思，也没有说对不起，继续问我：“你是想买家庭影院还是随便看看”，被他这么一问，我更是不知如何做答，只好尽快离开……

营业员接近顾客时态度的好坏，往往决定着购买与否。接近顾客是商场销售的一个重要步骤，也是一个很有技巧的工作，如果方式不当，时机不对就会出现与以上案例相似的尴尬，反之如果处理得好，对于了解顾客需求、拉近心理距离和促成销售则大有帮助。营业员要有技巧的接近顾客，一般来说有七个时机。

2.3.1.1 “欢迎光临” 与“随便看看”

时下有很多导购人员喜欢用“请随便看看”代替了“欢迎光临”。殊不知这种“欢迎语”正好给客户灌输了一种“看看就走”的潜意识，因为“随便看看”就是没有购买的打算，逛逛就走。实验表明，当你一觉醒来，如果你对自己说“我今天的心情很好，我很快乐”你就会有快乐的一天，这就是人的潜意识。因此，如果你也在说“请顾客随便看看”，就会对顾客起到诱导作用，顾客就会真的看看就走。请你更正你的说法。你必须知道一句面带微笑的“欢迎光临”是你欢迎顾客最好的表达。

2.3.1.2 不要过分的热情

世界零售巨头沃尔玛的服务准则中有一个著名的“三米原则”，即当顾客还在三米左右的时候，营业人员就应当以目光、微笑和点头对顾客示意，表示欢迎。三米原则固然有其值得借鉴的地方。

2.3.1.3 接近顾客的最佳时机

接近是指对顾客说“欢迎光临”并走向他。可是，什么时候开口并靠近客人比较好呢?这时机如何拿捏，对销售商品来讲是非常重要的一件事，也是非常困难的事。假如招呼得太早，客人还没决定要买，可能产生“会被强迫销售”的感觉惊慌而去；太慢的话，会让买者产生不了购买欲，掉头就走。

下述的几项原则可作为参考。

原则 1：在仔细看商品时。顾客若在卖场上对某一样商品看很长的时间，则表示对其商品产生了兴趣，而此时就是接近的时机。

原则 2：用手触摸商品时。当顾客伸手去触摸商品时，表示其对商品已有兴趣，销售人员接近顾客的时机也就到了。

原则 3：将脸从商品处抬起时。此时有两种可能，一种为顾客等待销售人员接待，以便更详细地观看商品，一种为准备离开，不打算购买。此时在接近顾客时，若为前者则依顾客的需求准备提示商品，若是后者则需询问原因，可以说“需要什么帮助?”以便争取销售机会。

原则 4：脚步停止时。顾客突然将脚步停止时，可能是被展示陈列或卖场商品所吸引，此时就是接近的时机，同时要注意顾客的目光所接触的商品，以准备展开此商品的话题。

原则 5：像在寻找什么之时。若发现顾客像在寻找什么之时，应立刻接近，以了解顾客的用意，这样做既可以省掉顾客寻找的时间，同时又能增加交易的机会。

原则 6：与顾客目光相遇时。此时销售人员应面带笑容，同顾客打招呼，诸如“欢迎光临”、“您好”等问候语，以增进彼此接近的机会。

2.3.1.4　接近顾客的基本方式

接近顾客可以根据具体的情形，采取不同的方式，但总的来说不外乎以下几种方式。

(1) 提问接近法

即当顾客走进柜台时，抓住顾客的视线和兴趣，以简单的提问方式打开话局，例如：“你好，有什么可以帮到您吗?”、“这件衣服的款式和颜色很适合您，您要不要试穿一下?”、“你以前了解过我们的产品吗？这是我们公司最新的产品……”等。

(2) 介绍接近法

即营业人员看到顾客对某件产品有兴趣时直接介绍产品。例如“这是今天最流行的款式……”、“这款空调是我们公司最新的产品，最近卖得不错……”等。运用介绍接近法时要注意的是不要征求顾客的意见，以“需不需要我帮您介绍一下?”、“能不能耽误您几分钟……”开头，如果对方回答“不需要”或是“不可以”，显然会造成尴尬。当然直接介绍也要注意对方的表情和语言动作，要观察对方是否有兴趣并及时调整策略。

(3) 赞美接近法

即以“赞美”的方式对顾客的外表、气质等进行赞美接近顾客。例如，“您的包很特别，在哪里买的”、“您的项链真漂亮”、“哇，好漂亮的小妹妹，和你妈妈长得一模一样”。通常来说，如果赞美得当，顾客一般都会表示友好，并乐意与你交流。

(4) 示范接近法

即利用产品示范展示产品的功效，并结合一定的语言介绍来帮助顾客了解产品，认识产品。一般来说，如果顾客真的对某件商品有兴趣，当你开始向他介绍时，他一定会认真地听你介绍产品或是提出相关的问题。

注意：无论采取何种方式接近顾客和介绍产品，一定要注意四点。

一是要注意顾客的表情和反应，要给顾客说话和提问的机会，而切忌一股脑地介绍，巴不得一口气将产品所有的特点和优点说完。你必须知道，接近顾客并不是要立即展示你的产品和口才，而是要与顾客“搭腔”，让顾客说话，了解他真正的需求。

二是提问要谨慎，不能问一些顾客不好回答的问题或是过于复杂的问题。例如前面案例中的营业人员一张口就问“你是想买家庭影院还是随便看看?”，回答想买吧，这不是实情，又怕他死缠烂打，回答“随便看看”吧，好像我没有什么事干，无事找事。

三是接近顾客要从顾客正面或侧面走近顾客，而不能从后面走近顾客，另外还要保持恰当的距离，不宜过近，也不宜过远，正确的距离是两臂左右。

四是第一秒接触最重要的是建立信任，或者说让顾客喜欢导购。这里有三个要点。

第一是思想。导购首先要强行给自己一个意识：顾客还是很认可我的。

第二是眼神。只要导购认为顾客认可自己，眼神自然会传递出“我对你感觉很好”的信息。这样双方的感觉才能建立起来。

第三是话语。最后还需要用话语来取得顾客的信任。

静观其变

顾客走进展览厅环顾展台上的产品，导购员立即停下手上的工作上前进行讲解。下面有三种导购员接待说法。

导购员甲：“看中哪款，我给你介绍一下……”

导购员乙：“请看一下最新款的 KJJ 机型，这是我们……”

导购员丙：“看看吧，各种款型都有，还有各种价位的，我们现在正在搞活动，消费满 500 元可以获赠……”

问题分析：第一句“看中哪款我给你介绍一下”，顾客刚刚进入专柜展厅正在试着感受产品，在感受尚不充分的情况下被追问“看中哪款”，未免强人所难。

第二句“请看一下最新款的 KJJ 机型，这是我们……”新机型应该推荐，但旧机型对于顾客来说没有需求吗？这种一上手变推荐新机型的说辞，在顾客头脑中先入为主地把产品分出三六九等，不利于提升专柜高利润产品的销售。

第三句“看看吧，各种款型都有，还有各种价位的，我们现在正在搞活动，消费满 500 元可以获赠……”，顾客在进入陌生展厅的第一时间里最需要的是一个观看、感受与思考的缓冲期，前半句一上来就打断了顾客所需的缓冲期，后半句则用“搞活动……获赠……”这种分散顾客注意力的话，不仅搅乱了顾客，而且会使顾客感到一种被催促购买的气氛，这常常使顾客因不耐烦而选择离开。

以上三种应对的错误都在于没有很好地待机，因为不懂得进店顾客的行为特征，不了解顾客购物的心理变化规律，做出了过急的反应。

策略：当客户是处于注目阶段时，如果一味强调“有何需要”，或主动推荐产品，就会干扰顾客对产品的自然接触。当顾客初次进入一个陌生的展厅时，他们最需要的是自然态的放松接触，寻找能吸引自己的产品，即“体验式营销”。

本例中顾客的特征是四处转头、上下打量，显然正处于没有明显的兴趣点、在移动中感受产品的过程。这个时候导购最恰当的做法就是静观其变，细心观察，一旦顾客进入到“兴趣与联想”阶段即可适时切入，与其进行第一次接触。

接近顾客技巧：① 导购员：沉默，同时仔细观察顾客所处心理阶段，静待切入时机。② 使用5米原则。如果空间足够大，可在 5 米外观察顾客，寻找最佳切入时间及位置。③ 导购在接待现有顾客的同时，留心和旁观新进入顾客的状态，适时予以切入。

2.3.2　顾客的几种购买意图及接待策略

一般来说，进入展厅的顾客从购买意图是否明确上可分为三种。

第一种是有明确购买需求的顾客。对这类顾客导购员应立即切入，主动接待，试探其需求范围。例如，下列销售情境：“顾客直奔一款机型而来，看了又看，摸了又摸，之后退步欣赏。”

第二种是有购买目标，但又不明确的顾客。这类顾客进店后脚步缓慢，眼光不停地环视四周，临近柜台后也不提出购买要求。对这种消费者导购员不要忙于接近，应使其在轻松自在的气氛下自由观赏，直到他对某种商品发生兴趣时再主动打招呼。这里特别需要注意的是，对这类顾客导购员绝不能用不客气的目光跟踪消费者，或忙不迭地追问消费者购买什么，甚至把商品递到顾客面前或者挡住顾客的去路。这样往往会给敏感的顾客造成一种压迫感，使其产生对抗心理，导致拒绝或转投他店。

第三种是没有购买打算来店闲逛的顾客。这类顾客有的是单个“逛”，有的是结伴“逛”。进店后，有的行走缓慢东瞧西看；有的徘徊观望专往热闹地方凑。对这种顾客如果他们不临近柜台，就不忙于接触，但应该随时注意他们的动向。当其突然停步观看表露中意神态，或转了一圈又回头观看时，导购员就应及时打招呼，并用合适的话术引领、刺激顾客说出自己的买点。总之记住 16 个字，即“围绕需求谈产品，关注表情品回话”。依此判断顾客的购买倾向。

【语言技巧】

导购员：“您好，您看的这款是新样机，如果您追求经济实惠这款就比较合适。但如果追求多功能，我们那边还有三款机型，您可以看看……”导购员要一边介绍产品，一边看顾客的肢体反应，听顾客如何回话，为判断顾客需求与购买类型做铺垫，并为接下来的深入沟通做准备。

导购员：“您好，需要试试样机吗？”导购员只说不动，用敦促语刺激顾客说出需求和想法。这时顾客往往会先说一句“不用不用”，然后谈出自己的一些买点和需求。

导购员：“您好，这款机有一个特别突出的新设计，不知您注意到没有，在这里……如果您对耗电要求很高，这个设计就特别适合您。普通家庭每个月可以节省 10 元左右，您对节能节电有特别的要求吗？”导购员要始终关注顾客，围绕需求谈产品，刺激顾客说出自己的需求和需要。

2.3.3　认识几种类型顾客的接待策略

2.3.3.1　稳重型顾客的接待

稳重型顾客就要稳重地应对。

洗衣机与家用电器

一位 50 多岁的老先生在某种电器展台前转了一圈后停留在一个样机旁又看又摸，导购员应该怎么做？下面有几种做法。

① 导购员：“您是想买洗衣机吗？”

② 导购员：“这款机型挺好用，我家就买的这款，这款卖的挺好的。”

③ 导购员：“这款机型价格不贵，还挺实用的，买了划算。”

问题分析：如何在第一刻接触中建立信任感是导购的必修课。信任的基础是“熟悉”，从顾客的角度看就是“要和我一样”。导购在开场之前要观察来者，以求与其类型和特点同步。如本例中的顾客，举止文雅、稳重，那就必须用稳重的方式和他交谈。

第一句“您是想买洗衣机吗？”一上来就问买不买产品，容易使顾客产生不必要的防范心理。

第二句“这款机型挺好用，我家就买的这款，这款卖的挺好的。”这是没任何说服力的口水话。好导购一出口就给人以专业形象。只有使用既专业又通俗的语言，才能称作顾问式导购。

第三句“这款机型价格不贵，还挺实用的，买了划算。”一上来就确定顾客想要买低价机，对顾客需求的判断过于草率和毛躁。

策略：对那些优雅稳重的顾客和老年顾客，导购切忌过于兴奋、热情，话多饶舌或者粗嗓大声，这些都是不适宜的。正确的开场白应该是牢记三个要点：严肃中轻声慢语，认真中言简意赅，多用开放式语句。

什么是开放式语句呢？比如对一位要买洗衣机的老年顾客，导购可以轻声询问：“您想买家用电器吗？”为什么明知其欲买洗衣机，却非要说“家用电器”呢？这是因为开放性的提问可以给对方一个较大的回话空间，既能强化顾客的购买意图，有能使气氛轻松下来，为之后的沟通和说服打下基础。

语言技巧：

① 导购员：“想看看厨房用品，是吗？”（抽烟烟机）

② 导购员：“想看看净水设备吧？”（饮水机）

③ 导购员：“想了解一下电器价位是吧？”（冰箱）

④ 导购员：“想看看照明电器是吧？”（台灯、吊灯等）

2.3.3.2 游客的迎接

人气很重要，游客也要拦。

买不买没关系

一个看似极为随便的游客走过展台，对产品多看了几眼，导购立即上前介绍产品。下面是导购员的几种做法。

① 导购员：“请看看最新上市的品牌机，我们这里正在搞特价活动。”

② 导购员：“您好，请进来看看 TCL 产品”

③ 导购员：“想买洗衣机吗？请进来看看。”

问题分析：

第一句“请看看最新上市的品牌机，我们这里正在搞特价活动。”用特价活动吸引游客驻足很难，因为现在搞特价活动已经成为大部分品牌家电的家常便饭，难以刺激顾客产生好奇心而停顿下来。

第二句“您好，请进来看看 TCL 产品”和第三句“想买洗衣机吗？请进来看看。”是司空见惯的程式化语言，游客无非当做服务行业的礼貌用语听听算了，根本不会真走进来听导购说。

策略：对于一些所谓“根本没有任何购买意图的游客”，导购该不该拦截他们，该不该向他们介绍产品？回答是，只要导购没有准顾客接待，只要能让你的专柜产生人气（特别是在销售低峰段），游客也应该拦截。因为游客多了，真正的顾客就会被吸引过来。

“没有人”是绝大多数导购在“业绩不佳”或“生意不好”时的回答。那么人都跑到哪里去了？别的品牌为什么卖得好？是“他们位置好”，“他们是大品牌”，“他们有活动”还是“他们货品设计的好”？这都不是根本原因，根本原因在于即使有人想进你的店，导购也把他们当成了“游客”。所以就陷入了恶性循环，越是觉得人少，就越是无所事事，越是无所事事，顾客就越少。

另一方面，即使游客不买，他的朋友或许会买，你介绍了，他就对你的产品有印象，就有可能向朋友、亲友推荐。而且即使他现在不买，不证明他以后不买。所以，哪怕是游客，只要他表现出对产品的兴趣，甚至只是多看几眼，导购也应该运用技巧促成他们的停留，并对他们进行产品知识讲解。

没有任何购买意图的游客究竟有没有兴趣和耐心听导购介绍呢？回答是，只要在语言技巧上运用得当，就会激发游客了解产品的兴趣，甚至会由原来根本没有购买意图转向下决心购买一台。当然，做到这一点不容易。但是，若能设计一套引人入胜的开场白，结果就会大不一样。

导购员：如果所在专柜销售的是低价产品，在顾客不多的情况下，一旦发现有顾客对展位的宣传表现出兴趣时，即可切入：“是不是价格太便宜了？您是不是担心价格低质量就不行呀……”顾客因为被说中心事自然很想听导购员自己是怎么解释的。同时这种别具一格的开场白，也让顾客觉得非常新奇别致。由此导购员就有机会把产品从成本控制、定价策略到质量保证、售后服务等“卖点”一一讲来，逐步打消顾客的各种疑虑留下深刻印象，甚至促成交易。

导购员：“想买压力锅吗？那我告诉您，选压力锅要注意三点……”尽管随便逛的游客可能近期都不想买导购介绍的产品，甚至可能还有急事要办，但经导购员这么一说，也会挑起他的好奇心，将所谓的“购机须知”完完整整听一遍，其实是接受了一次品牌推广教育。

导购员：“买不买没关系，不过您可以先看看这款机型，作为世界上最高档最先进的电压力锅产品，看了以后您会对这种产品有个比较详细的了解，即使不买，对您以后如何挑选电压力锅也会积累经验。比如说，在不使用有害添加剂的情况下，内胆涂层有寿命长和寿命短的两种，如何区分呢？您一定要看看这里……”此时此刻无论是顾客还是游客都会认真听。

2.3.3.3　热衷竞品的顾客的迎接

我领你们去

本专柜销售 A 品牌抽油烟机，一对夫妇走过来问 B 品牌机（竞品）的专柜位置，还问炉具、消毒柜以及 C 品牌热水器……

导购员接待方式：

① 导购员：“B 品牌啊，往左拐……”

② 导购员："请看我们A品牌吧，我们现在最新推出的机型具有……"

③ 导购员："不知道"。

问题分析：当导购员所面临的顾客已经决定购买竞品品牌时，你应该意识到，这同样是争取购买本品牌产品的机会。

第一句"B品牌啊，往左拐……"，这等于是放弃顾客了，好的导购员不应该放弃任何销售时机。

第二句"请看我们A品牌吧，我们现在最新推出的机型具有……"，对于指定要买竞品的顾客，导购首先应该创造机会使顾客对自己产生信任，而不应该答非所问地推介你自己的产品。

第三句"不知道"，这不仅不能阻止顾客找到竞品专柜，反而会因态度上的原因，使顾客产生反感。即使顾客最后没有买竞品品牌，也会因这一回应给顾客造成的恶劣印象使顾客很难反转到本柜台进行重新选购。

策略：在本例中，对于直接指定要购买竞品品牌的顾客，导购员如果不顾顾客的要求直接推荐本品，效果不见得好，因为顾客之所以会指定竞品肯定是对竞品已经有了一定的信任度——或经熟人介绍，或经过比较，或在之前搜寻过信息。这时导购要想越过竞品品牌使顾客购买本柜产品，就必须利用一切可以利用的机会创造顾客对自己的信任。只有创造了信任之后，才有可能激发顾客对本柜产品的购买欲望。

语言技巧：

导购员："请跟我来"。导购员可以绕开竞品柜台而先把顾客领到C品牌热水器那里，帮他挑选一款合适的热水器。通过交谈和参谋，增加顾客对自己的认识和好感。如果能够依次帮助顾客挑选到比较满意的热水器、消毒柜和炉具，那顾客对导购的好感和信任显而易见。一旦取得了顾客的信任，导购就可以水到渠成地推荐自身的抽油烟机品牌。

导购员："在这边，C品牌的热水器卖的挺好的，是熟人介绍的品牌吧"接续动作同1。

导购员："我领你们去，你们是先看消毒柜还是热水器？"接续动作同1。

2.3.3.4 "游移对比期"顾客的迎接

案例

消除对竞品的印记

顾客从竞品柜台转到本展台，开始关注一款机型……

导购员的表现：

① 导购员："来看看我们的产品，有多项组合套餐优惠。"

② 导购员："我们最近推出的D机型采用全波轮技术，面板人性化设计，手感特别好，请您用手试试这里……"

③ 导购员："请看一下我们最新推出的多功能全自动洗衣机，宽大液晶视频、双动力、防缠绕、免擦洗……"

问题分析：首先并不是每个消费者都会直奔本品（除非绝对品牌忠诚者）专柜，消费者购买时一般都会有一段"游移对比期"。此时导购需尽可能"竖耳盗听"顾客与竞品导购员的交流，还有顾客不由自主的自我发声，判断消费者类型及购买意见，做好迎接的准备。而一旦消费者在靠近本品陈列区时，由于视觉的超前性、思维的滞后性，消费者大脑物理印象3分钟之内基本还停留在对竞品的感受上，此时导购员除了礼貌的微笑与问好外，更需要用一句简明的话来扰乱、重组顾客对竞品的物理印象。本例列举的3句应对都没有起到这个作用。

第一句“来看看我们的产品，有多项组合套餐优惠”，这是在用价格优势吸引消费者，但顾客的第一个价值取向永远是好用的，最重视的是产品的物理价值，如果导购不能在一开始就从物理意义上与顾客进行互动，那么很难打消竞品在顾客头脑中的良好印记。

第二句“我们最近推出的D机型采用全波轮技术，面板人性化设计，手感特别好，请您用手试试这里……”和第三句“请看一下我们最新推出的多功能全自动洗衣机，宽大液晶视频、双动力、防缠绕、免擦洗……”，虽然用技术性语言介绍了产品的物理特征，但不具备让顾客“心中一亮”的效果。其原因在于这些功能性介绍都是一种机械性罗列，听者在短时间内很难比较出本品与竞品的不同。而且术语专业性也较强，顾客有时听不懂听不清，一样无法起到扰乱、重组消费者对竞品印记的作用。

策略：为了让顾客迅速消除对竞品的印记，在短时间内建立对本柜品牌的好感，导购在话术选择上必须有所提炼，用一种口号式语句将本品的独特性概括出来。换言之，这句话既要突出卖点又要具有物理印象，才能在短时间内刷新顾客对竞品的印象，让本品信息占据顾客的大脑。需要注意的是，对从竞品处传来的“冷淡型”顾客，话语不宜多，精简介绍到位即可。而若是“热心肠”型消费者，则可以“卿卿我我”，循序诱导。

语言技巧：

① 导购员：“您可以看看我们最新推出的模拟技术产品，可以无人操作，特别节省您的时间……”

② 导购员：“我们这一款产品（顾客正在注目的产品）比较适合稍大房间，最好是20平方米以上。如果您是20平方米以下的，那这一款……”

③ 导购员：“带‘防静电’功能的机型（指顾客刚刚看过的竞品机型），买与不买既要看经济实力，更要看需不需要。如果对价格比较在乎，这还有一款性价比比较高的产品……”

实战技能训练 ▸▸▸

【训练项目】　迎接顾客技能

道具：待售商品。

参加人数：3人一组。

方法：一人扮演导购员，一人扮演顾客，一人观察记录，自编销售情境，导购员接待顾客模拟操作，填写训练情况记录表，总结训练体会。

规则：选择恰当的时机，运用语言技巧，接近顾客，3人角色轮换。

目的：通过训练，提高学生作为导购员的迎接顾客的技能。

【训练准备】

任务一：任选一目标销售商品，了解商品的基本信息：商品名称、品牌、生产厂家、型号规格。

任务二：与其他同类比较，列出本品的优势所在。独特之处可能是：最新技术的、新一代的、独特的、寿命最长的、最节能的。

任务三：设计接近顾客的情景、台词

(1) 问题接近法台词设计（开放式问句：您好！是来看电子产品吗？需要帮您介绍一下吗?）；

(2) 介绍接近法台词设计；

(3) 赞美接近法台词设计；

(4) 演示接近法台词设计。

【实施训练】

按照训练项目要求中的方法和规则实施训练，并将自己作为销售人员时的表现情况记录到训练情况评价记录表中。

训练情况评价记录表

模拟导购员：		观察记录员：
模拟顾客：		目标商品：
接待程序	导购员表现	评价
迎接 待机	沟通能力： 眼神、表情、声音（语气、语态、语速、音量）、礼仪形象等	优点： 问题：
第一次接触	接触时机的把握： 运用何种接近法：	
询问要求	是否有询问需求：	

【训练评价】

参考学习情境1柜台销售综合评价标准

【改进提升方案】

自我总结

课后作业 ▸▸▸

课后去家电商场，作为顾客进行一次商品选购，记录对话内容，并对导购员的表现进行分析评价。

任务3 探寻和引领顾客需求

任务导入 ▶▶▶

【知识目标】

(1) 了解顾客购买的目的；

(2) 了解提问和观察在探寻顾客需求中的应用；

(3) 了解将产品特性转化为顾客利益的方法；

(4) 了解 FABE 产品推荐方法；

(5) 了解推荐产品的生动的艺术说明方法。

【技能目标】

探寻需求和产品推介技能（引领需求）。

3.1 任务内容

(1) 认识顾客究竟买什么——产品特征和利益；

(2) 探寻顾客需求艺术——提问与观察；

(3) 引领顾客需求。

3.2 任务组织

(1) 将全部学生分组进行训练，3人一组，其中一人饰演顾客，一人饰演导购，一人观察记录。

(2) 小组成员选择一目标商品，通过与顾客接触观察和询问顾客的需求点，并对顾客需求进行深入挖掘和引导，运用 FABE 产品推荐方法和其他多种产品说明方法刺激顾客购买欲望和对产品的信心。

3.3 任务实施

3.3.1 认识顾客究竟买什么——产品特性与利益

导购必须抓住沟通的主动权，主动就是必须主动感知顾客的需求。因为顾客在大多数情况下并不能很清楚地描述出需求，需要导购探寻和引领。

案例

卖水果的摊贩

一个老太太去市场买菜，买完菜，她走到水果摊边，看到有3个摊位都在卖水果。她走到第一个商贩面前问：“你的苹果怎么样啊？”商贩回答说：“你看看，我的苹果又大又甜，特别好吃。”

老太太摇了摇头，又走到第二个摊位面前，又问了商贩同样的问题：“你的苹果怎么样啊？”商贩回答说：“你想要哪一种，有甜一些的，还有酸一些的？”“酸一点的。”老太太说。“我这些苹果咬一口就能酸得流出口水，请问要多少？”老太太说：“来一斤吧，不知道我儿媳妇爱吃不爱吃。”

老太太又走到第三个摊位前，因为这个摊位的苹果又大又圆，显得很抢眼，于是，她想打听一下，看看自己买的苹果合适不合适。“你的苹果怎么样？”这个商贩说：“您放心，我的苹果当然好啊，请问您想要什么样的苹果？”

老太太说：“我想要酸一点的。”商贩说：“人们都喜欢买甜的，您为什么要酸的呢？”老太太说：“我儿媳妇怀孕了，老是嚷嚷着要吃酸苹果。”“老太太您对儿媳妇可真体贴，将来一定能给您生个大胖孙子。前几天就有一个准妈妈来我这儿买苹果，你猜怎么着，生了个儿子。您看您要多少？要不要先尝一块？”老太太尝了一块苹果之后，感觉确实够酸，于是毫不犹豫地说：“来二斤！”老太太高兴得合不拢嘴了，尽管已经买了一斤苹果了，还是又买了二斤。

商贩一边称苹果，一边对老太太说：“您知道吗？其实猕猴桃也很适合孕妇的，口味酸不说还有多种维生素，特别有营养，您要是再给您儿媳妇买点儿猕猴桃，她一准儿高兴。”“是吗？好”

启示：达成交易有三个关键的因素：产品特征、对顾客的益处以及相应的证据。所以，销售人员不仅要是一个产品专家，更要是一个心理学家和一个善于用实物证明事实的律师。

第一个小贩很像我们普通的销售人员，在销售工作中经常把着眼点放在自己的产品上，按照自己的思维方式，想当然地认为任何一个顾客都喜欢“又红又甜又大”的苹果，很少站在客户的立场上去看问题，很少去思考客户究竟想要买什么这个问题。这种被动的、撞大运式的销售方式在过去市场不发达、产品紧缺的时代或许管用，而在目前市场竞争激烈、产品相对过剩、消费者的需求趋于多元化的时代，则很难有立足之地。

第二个小贩很像我们比较有经验的销售人员，明白顾客需求的多样化，有意或无意地去了解顾客想要买什么，但有时候只是一种下意识的做法，并没有用一套专业的技巧或流程有意识地去探索顾客的需求，往往浅尝辄止，不能够把顾客真正的需求发掘出来。

第三个小贩则很像我们出色的销售人员，在销售过程中非常重视发掘顾客的需求，通过一系列有技巧的发问，了解到那位老太太表面上是来买酸苹果，但实际上是为了让自己的儿媳妇生男孩——想购买酸苹果带来的利益，因为老太太笃信“酸儿辣女”的民间传说。同时，又抓住老太太希望自己的儿媳妇在怀孕期间能够健健康康的心理，进一步发掘出更深层次的需求——为孕妇补充营养，并为老太太提出解决方案——多吃猕猴桃。最后，老太太的需求得到满足，小贩销售出猕猴桃，双方皆大欢喜。所以，像这样的销售人员，他们的业绩总是最好的。

由此可见，客户所要购买的表面上是具体的产品，实际上是产品所蕴含的利益。酸苹果具有“孕妇可能生男孩子”的利益，所以老太太会买酸苹果；猕猴桃具有“充分补充维生素”的利益，所以老太太会买猕猴桃。而这些，都与老太太的需求相吻合。这些需求，需要销售人员去发掘。

产品的特性与利益有以下区别。

(1) 产品的特性是指产品本身所具有的特点及功能。如电脑的硬件配置、外观式样，可以储存处理信息的功能等。

(2) 产品的利益是指产品能够满足客户的某种需求，它通常是产品特性的延伸。如具有无线上网功能的笔记本电脑可以满足客户户外办公的需要。

(3) 产品的特性与利益的区别：产品特性是从厂家的角度赋予产品的不同特点或功能以满足目标消费者的需求，但实际上每一个客户都有其不同的购买动机，促使客户下决心购买绝不是仅仅把产品特性或优点罗列出来就能达到目的。如果不能与客户的利益需求结合起来，再多的特性对客户而言也不能成为利益。

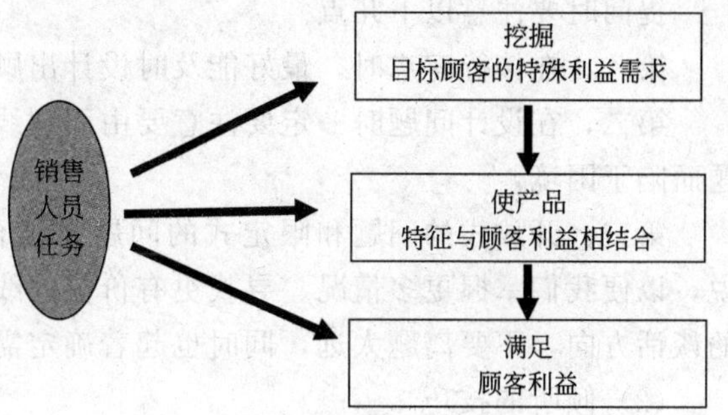

图 1-6　销售人员任务

实际上，每一种产品都蕴含着不同的利益，而不同的客户也存在着不同的需求。我们销售人员的作用，就是把客户的这些不同的特殊需求发掘出来，使之与产品的特性相结合，或满足其需求，或解决其特殊问题，这样才能打动客户，把产品顺利销售出去，如图 1-6 所示。

3.2.2　探寻顾客需求艺术——提问与观察

3.2.2.1　提问和倾听

发掘客户需求的艺术，实质上就是“问”和“听”的艺术。

巧妙的问——运用一系列专业的提问方法，将无关信息一层层剥离，发现有价值的信息并追究下去，最终找到客户的需求。

认真地听——让客户尽情发挥，说出他们所想倾诉的一切，包括抱怨、烦恼偏好等，从中发现有价值的信息。

(1) 提问的技巧

提问实际上是缩小包围圈的过程。刚开始的时候，我们并不知道客户的需求是什么，所以要尽量用开放式的，易于回答的问句；当我们找到一个方向以后，应该用限定式的问句来锁定这个方向；然后顺着这个方向寻找目标。下面介绍几种提问的方法。

① 漫谈式提问

目的：了解顾客的基本情况，从中发现有价值的线索。

例如：“您最近在忙些什么?”“您现在使用的是什么牌的产品?”“贵公司的生意怎么样?”“贵公司的竞争对手是谁?”

② 探寻式提问

目的：寻找顾客目前存在的问题，确定洽谈的主方向。

例如：“您对目前使用的产品有什么意见?”“您为什么对这件事感兴趣?”“您对某厂家提供的服务是否满意?”“贵公司与竞争对手相比有哪些优势?”等。

③ 提示性提问

目的：提示客户目前存在的问题，可能会造成的损失或带来的危害。

例如："如果这个问题不及时解决会……""如果竞争对手比贵公司更早采用这项技术会……"

④ 确认性提问

目的：对顾客存在的问题进行确认，锁定需求目标，准备往产品上引导。

例如："您同意这个观点吗?""这个问题解决后更有助于贵公司工作效率的提高，对吗?"

提问时要注意以下几点。

第一，在接待客户时，最好能及时设计出顾客的问题。

第二，在设计问题时一定要注意要由面到线再到点，切忌在一开始时询问过于具体的问题而陷于困境。

第三，开放式的问题和限定式的问题要结合起来灵活运用，开放式的问题是让顾客多说，以便我们掌握更多情况、寻找更有价值的线索。而封闭式的问题，有助于我们引导客户的谈话方向，不要离题太远，同时也起着确定需求的作用。

(2) 倾听的技巧

问与听的关系我们可以这样理解：问的目的是让客户说，说出其内心的真正想法，而客户说出的东西我们能不能真正理解，则需要认真的听。

在倾听上我们需要注意三个方面的问题。

第一，要集中注意力，不可分神。往往客户不经意说出的一句话恰恰与其需求有关，由于环境等因素的干扰，如果这时候销售人员没有注意到，也许会失去成交的机会。所以在倾听的时候最好能准备笔和纸，把客户说话的重点都一一记下来，若没有听清，不妨请客户再重复一遍。

第二，要适当发问，帮助客户理出头绪。我们要常常记住我们与客户谈话的目的：找出需求并满足需求，而不是跟客户闲聊。许多销售人员在拜访客户时，往往被客户牵着鼻子走，听着客户海阔天空猛吹一通，最后什么结果也没用。所以在客户跑题的时候我们应该通过适当提问去引导顾客。注意这个提问一定是抛砖引玉式的，要很巧妙地把顾客拉回来。

第三，要听出顾客的弦外之音。在实际中，客户很少直通通地把自己的需求直接表露出来，因为很多需求是隐性的，连他自己也不清楚。有时候很多内心的企图，都是在不经意间，通过表情及身体动作来表现。例如，客户在谈到使用××产品时，表现出不满和无奈，实际上机会就在其中，客户的弦外之音是如果能有一种产品比××产品好的话，他一定会选择这种产品。这时候你就要把这个极有价值的信息提炼出来，提出解决这些问题的方案。

产品介绍对接顾客需求

导购介绍完了一款，顾客又指着另一款问，导购介绍完后，顾客的眼神又游移到另一款上……

导购员："这款机也不错，原价2280元，现价1880元，但库房没货了，要买的话就是这台样机，照样能用，保证没有质量问题，照样享受保修服务。您来看里面……"

导购员："这款机型采用独特的……它的材料属于……功能有……是一款非常合适的机型。"

导购员："这个机型的最大优点是……其次是……这是我们的质量认证……"

问题分析：在卖场里几乎每天都会有很多顾客对导购员这样说，“小姐，你介绍的挺好。这样吧，我们再去别的品牌看一下，如果合适的话我们再回来。”这个时候，导购员是不是应该问问自己，为什么顾客听完了介绍不做任何沟通就走了？

第一句应对“这款机也不错，原价 2280 元，现价 1880 元，但库房没货了，要买的话就是这台样机，照样能用，保证没有质量问题，照样享受保修服务。您来看里面……”，这一句的误区就是，如果顾客对哪一款产品有兴趣导购就积极推介哪一款，顾客将不会再信任导购。如果一个导购只顺着顾客的目光和问话来介绍产品，那么根本无法探明顾客的需要，又如何能掌握沟通主动权引导顾客提出自己的买点和需要呢？

第二句“这款机型采用独特的……它的材料属于……功能有……是一款非常合适的机型。”和第三句“这个机型的最大优点是……其次是……这是我们的质量认证……”，这两句的误区在于，即使产品有 10 个卖点，也并不是全部讲给顾客，挑出最打动顾客的一两点即可。要做到这一点，就应该学会对顾客察言观色，确定顾客的类型与需求。如果导购不能观察出顾客内在的信息，导购的推介就会失去章法，毫无章法，毫无重点，不得要领。结果就会在乱指一气的讲解中把顾客送出门，这是被顾客牵着鼻子走。

策略：产品介绍必须有重点，要对接到顾客的需求上。这就要求导购培养察言观色的能力。只有察言观色才能不断掌握顾客需求，做到主动引导顾客，否则只能被动应对。

不同的顾客有不同的需求，有的需要高档豪华的，有的需要经济实用的，有的需要大容量的，有的需要小容量的，有的人甚至根本不知道自己需要什么样的产品，只有被导购触动才能激发。如顾客想要一款时尚外观的，你拼命推荐经济实用性，你说他会买吗？相反假如顾客想买低价的，而你总说豪华型性能如何如何优越，这肯定会让他十分尴尬。

导购必须抓住沟通的主动权，主动就必须主动感知顾客的需求。因为顾客在大多数情况下并不能很清楚地描述出需求，需要导购试探和引领。

引领，一般有两种方法。

第一种方法是提问，即对顾客的购买欲求，反复求证。导购切忌演说式的自说自话，而应该互动。比如一边说一边看顾客的反应，针对反应提问，刺探顾客需求。比如：“质量和服务方面您还有哪些地方不太清楚？”“您的卧室在什么方向？”“您觉得饮水机最好放在什么位置？”这些问题有利于激活顾客的思维，顾客的回答会反映他对产品的认知，有利于双方建立沟通机制，实现销售。

第二种方法是观察顾客的肢体和表情。即使导购提问有时顾客也只能给出模棱两可的回答，这时要观察：眼睛是否放光？是不是突然睁大？表情是不是舒展了，还是一瞬间紧绷起来？是会心地笑了，还是眉头紧锁？由此判断顾客的反应。

以上两点加上顾客的年龄、性别、衣着、气质、谈吐等，综合评价猜测他的需求层次，总结、提炼出顾客的需求特征及买点。

在对顾客需求反复不断的求证过程中，导购员不仅能增加顾客对自己的信任，更能激发出顾客的购买欲望，由此将产品卖点对接到顾客的买点，促成最终交易。

语言技巧：

① 导购员：“您最关心的应该是工作速度和质量，这一点我们特别优于其他品牌，这是因为……（买点一一列举）对于像您这样的三口之家，买一个四升的已经足够了……”导购要从品牌和产品线进行比较，全方位试探、确认顾客的买点。

② 导购员："如果只需要最基本的功能可以选这款。不过我看您对功能需求挺高的，前一款可能更适合您……"

③ 导购员："如果您是比较追求款式的，这款是按国际流行式样设计的，比刚才那款要前卫，功能相差不大，价格稍高一点。总体来说这一款可能更适合您……"此时通过对产品进行定性来试探、判断顾客的反应，确定顾客需求以及下一步的导购方向。

④ 导购员："您对耗能要求高吗？如果高的话，这一款好像不太合适，因为……"

3.3.2.2 探寻顾客需求的几种技巧

(1) 中年顾客购买行为的"三个三"规律

案例

三思而后行

一位中年顾客反复端详一款样机，导购员上前接待，回答是："随便看看。"

导购员有下列几种表现：

① 导购员："行，请随便看看吧！"

② 导购员："那您随便看看吧，我们这里各种机型都有。"

③ 导购员："来我们这儿的顾客都买这一款，这一款卖的特别好，它比其他型号更加……"

问题分析：中年顾客在选购产品时，通常遵循"三个三"的规律。

首先，从开始了解市场到最终决定是否出手购买，其逛街时间一般不会超过三天。这是因为中年顾客时间紧张，无法为某一产品的选购进行长时间的游逛。其次，虽然中年人时间有限，但他们又很少会出现"一眼相中"式冲动购买，他们喜欢货比三家，这是第二个"三"。再次，中年人对导购员的推介常常心怀疑虑，甚至唯恐多说一句话而陷入导购员的纠缠或某种圈套中，所以他们三思后行，这是第三个"三"。

基于此，当导购面对自称是"随便看看"的中年顾客时，正确的反应绝不是将其视作闲逛的游客而随他去，没有购买动机他们一般不会闲逛的。其次，你的推介一定要有利于顾客节省时间。

第一句"行，请随便看看吧！"和第二句"那您随便看看吧，我们这里各种机型都有"，这两句话对于提升中年顾客的时间价值没有任何益处，因为导购没有提供任何选购提示，不能提升时间价值。

第三句"来我们这的顾客都买这一款，这一款卖的特别好，它比其他型号更加……"，相对来说这一句比较主动，符合把"随便看看"的中年顾客当做准顾客的原则，但介绍过于简单，而且有敦促成交的感觉，反而不利于将比较冷静的中年顾客引向成交。

策略：面对自称是"随便看看"的中年顾客，导购员既不能将其视作真正的游客而轻视怠慢，也不能抱着无所谓的心情随他去，相反，要以准顾客的定位来接待每一个进入展示厅的中年人。简言之，你要用最恰当的开场白吸引他们多停留，由此寻找恰当的时机进行需求确认和推介。

语言技巧：

① 导购员："买不买没关系，您不妨听我介绍一下空调购买注意事项。最重要是看三个

性能指标，第一……第二……第三……”

② 导购员：“随便看看吧。有的顾客注重尺寸，有的注重质量，有的注重服务。我认为不论注重什么，最重要的还是质量。对于液晶电视机来说，有三个最重要的因素……”

③ 导购员：“我们这款产品的最大特色就是节能……”对中年顾客往往可以从产品的节能优势入手，比如通过算账的方式用数据加以说明拉近和顾客的距离，确定其买点和价值取向。

(2) 产品介绍的前提是需求的刺探与确认

是自己用，还是送人

顾客在展示厅走了一圈，跟导购沟通了几句，突然指着一款机型问导购员：“这款怎么这么贵呀?”

导购员有下列几种表现。

① 导购员：“先生，这款机型可以连续工作 12 小时、具有强大的节电功能……现在购买还有大礼赠送。”

② 导购员：“我们这款机型是全场推荐机型，最大的特点是……”

③ 导购员：“我们这儿高中低都有，不知您需要什么样的……”

问题分析：

第一句“先生，这款机型可以连续工作 12 小时、具有强大的节电功能……现在购买还有大礼赠送。”和第二句“我们这款机型是全场推荐机型，最大的特点是……”，这两句应对都是在不了解顾客需求和买点的情况下所进行的硬性灌输，不能打动顾客。你的话不在顾客关心的范围内，听者兴趣有限，甚至不知所云。

第三句“我们这儿高中低都有，不知您需要什么样的……”，虽然是在探试顾客的需求，但很多顾客对自己的需求并非很明确，那么这种问话就会使顾客忽然紧张起来，有时为了摆脱尴尬的气氛，顾客往往会选择离开，转向其他柜台寻找灵感。

策略：最快速的销售就是根据顾客的需求来推荐。很多导购员不知道客人的需求，也不去询问，转身就给顾客推荐自我感觉良好的产品，结果客人摇头，不是走掉，就是说些不相干的话，给销售和服务造成障碍。所以介绍产品之前一定要想办法问明需求，这样才能快速、准确地为顾客做好产品介绍，促进销售。

语言技巧：

① 导购员：“是有点贵，您是多大房间啊？根据面积有三种不同的机型可供选择，这款是针对特大户型和办公用的……”

② 导购员：“您家的老人居多，还是年轻人居多，我们有四款机型，这款是针对……”

③ 导购员：“您是自己用，还是送人哪?”

④ 导购员：“是有点贵，关键是您追求好用、还是够用，还是专业、豪华。我们有三种机型。第一款……家用够了，您是家用吧？……”在询问与观察中了解、发现顾客的需求。

（3）用逆反心理试探购买意图

欲擒故纵

顾客浏览了一圈说：“这款机器看上去不错。”

导购员有下列几种表现。

① 导购员：“是不错，如果你喜欢我给你试一下。”

② 导购员：“我们这款机器的质量特别好，我给你试试就知道了。”

③ 导购员：“想试试吗？试好了我给你开发票。”

问题分析：

第一句“是不错，如果你喜欢我给你试一下。”和第二句“我们这款机器的质量特别好，我给你试试就知道了”，其误区在于，顾客询问并不是说明要买，他可能是被外观或某一点所吸引，并不一定有购买意图。这时，导购应该立即求证该机对顾客的吸引之处，以确定其需求取向的突出部分。相反如果此时使用成交语言，暗示顾客马上购买，容易将顾客吓跑。

第三句“想试试吗？试好了我给你开发票”，更是超前的成交敦促，在无法放松的情况下，顾客必然丧失购买本柜产品的信心。

“试机”和“拿一款新机”这样语言如果能放在顾客下决心购买时使用，效果会更好。如果导购员在时机未到时反复使用这类语句，反而会吓跑顾客。在真正需要敦促成交时，这些敦促语的效用反而会降低，从而不胜其烦。

策略：顾客询问时导购不要认为顾客就是想购买这一款，相反应该旁敲侧击，使用欲擒故纵语言探清真正的购买意图。当顾客开口提问：“这款机型怎么样”时，导购员可以回答：“还不错，但是好像大家更喜欢平板的机型，您要不要看一看？”这种问话就是欲擒故纵。当顾客表现出有意于一种商品而导购员又无法判断其真正的需求时，可以用类似的问话（比如推荐另一种）对顾客进行深度试探。如果顾客的确是想要这款，必然会造成顾客轻微的逆反心理而强化其购买意图，即可确认顾客的真实需求。导购采取这一方法时应避免废话太多，否则会画蛇添足，也容易使顾客产生严重的心理对抗而转身离开。

语言技巧：

① 导购员：“是不错，现在好像大家更喜欢 H-7 那样的机型，您要不要看一看？”如果顾客兴趣立即转移，那导购可以对两款机型的卖点进行合并，以确定购买范围。相反，如果顾客没有表现出特别兴趣，导购可以判断二者最大的不同向顾客确认，试探顾客的需求范围。

② 导购员：“很好，但还是有一些顾客喜欢欧版机型，你要不要看一看？”因为欧版机型较贵，可以凭顾客的反应确认其价格范围。

③ 导购员：“非常不错，但也有人关注 A 版的机型，您想看看吗？”判断顾客对外观的需求取向。

（4）对不发表意见就转身离开的顾客也要探寻需求并进行挽留

案例

对顾客说“请您留步”

导购介绍完产品后，顾客什么都不说就转身离开。

导购员有下列几种表现。

① 导购员：“走好!”

② 导购员：“这款机型挺适合的。”

③ 导购员：“先生稍等，还可以看看其他机型。”

④ 导购员：“您如果真心要，我可以和经理说说，再便宜点。”

问题分析：

第一句“走好!”如果是导购真诚的语言，那么导购员就是好心好意地将顾客推出自己的专柜。但绝大多数情况下，导购说这句话时都带着一些不满情绪，让顾客觉得很不自在，有时甚至引发顾客的排斥。

第二句“这款机型挺适合的”，导购说这句话时顾客已经转身离开了，说明顾客对这款机型不感兴趣，可是导购员仍然说挺适合顾客，纯属牛头不对马嘴。

第三句“先生稍等，还可以看看其他机型”，导购员分明没有了解顾客的需求点。这样的介绍越多，顾客越没有兴趣。

第四句“您如果真心要，我可以和经理说说，再便宜点”，导购员成了报价员，总是期待以价格打动顾客，导购员的形象就发生了扭曲。一方面这么做是在人为地挑起价格战，另一方面，也降低了专柜的利润水平和品牌形象，而且通常会打击顾客的购买信心。所以当顾客不配合走掉时，导购员要多找自己的原因，不可以遇到问题就挑剔顾客而不反思自己。

策略：就本例而言，导购员首先要检讨介绍时机是否正确。当顾客有兴趣或者需要帮助时切入，成功率会更高。如果时机没有问题就应该反省是否没有抓住需求。如果是需求问题，导购员可以出口挽留顾客。

语言技巧：

① 导购员：“请您留步，不好意思，大哥，刚才一定是我对您的需求不了解，能不能麻烦你告诉我您想要什么样的机型，我来帮您再做一次推荐，好吗?”

② 导购员：“请您留步，真是抱歉，刚刚我一定是没有介绍到位，所以您没有兴致看下去。能不能麻烦您告诉我，您最大的顾虑是什么?”机型较贵，可以凭顾客的反应确认其价格范围。

③ 导购员：“这位朋友真是抱歉，我刚入行，对顾客的需求还很迟钝。您是否愿意告诉我，您想看一款什么样的机型？我再重新帮您推荐一下。”经导购挽留后，如果顾客回答说“我再看看”那么说明顾客是较为理性的顾客，不货比三家绝不轻易下决定，这是正常的。对此类顾客，导购应该赞同其决定，并态度友好地相送，可以说：“买家电一定要多看看，品牌是最强调服务的”。

---

(5) 确立符合顾客的购买条件和购买原则

举棋不定的顾客

顾客似乎对所有商品都感兴趣，却又面露困惑："我觉得都还不错，你能介绍一下吗？"

导购员有下列几种表现。

① 导购员："这一款是我们最畅销的机型……"

② 导购员："这一款的外观材料不同，使用的是……右边的这一款可以预约定时，旁边的这一款有一个新功能……"

③ 导购员："您想买个什么样的？"

【问题分析】

第一句"这一款是我们最畅销的机型……"和第二句"这一款的外观材料不同，使用的是……右边的这一款可以预约定时，旁边的这一款有一个新功能……"都是没有了解顾客基本状况的情况下所做的介绍。如果这时是客流高峰，这种介绍方式无法应付多位顾客，因为没有针对性，不仅会手忙脚乱，效果也不佳。

第三句虽然对顾客需求有所询问，但这种直来直去的问话很难达到预期效果，因为顾客就是不知道什么样的机型最适合自己，所以才让你介绍的。

策略：

当顾客说"我觉得还不错，你能介绍一下吗？"其实暴露的是一种典型的消费者心理：顾客往往在琳琅满目的商品中犹豫、彷徨、举棋不定，这时，他们想听到合理的推荐与建议，才能做出进一步的判断分析。导购此时扮演的角色对顾客来说至关重要。提出方案，解决顾客困难，才是销售成功的必经之路。

当顾客希望导购员对产品进行广泛介绍时，顾客所面临的问题应该是两个：第一，我不知道就我的购买条件来说更适合什么样的机型；第二，也是最重要的一点，就是所谓的使用条件都有哪些——如何分析购买条件并确立购买原则？

事实上这正是导购引导顾客的绝妙时机。导购应该通过正确话术询问试探出顾客的需求范围，针对需求推荐相应型号。

语言技巧：

① 导购员在进行相关询问后说："这么说吧我认为您大致想买这样的机型：价位在1000元左右，小点的，带着方便，要超薄，其他以好用够用为原则，您说我说的对吧？"如果顾客认可，导购即可向顾客进行有针对性的推介。如果顾客否认，导购则可对需求进一步确认，然后进行针对性的机型推介。

② 导购员："您是家用还是商务使用？"如果回答是自己使用即可进行以下推介："那我建议您购买一款低端机。现在家电产品升级速度太快，低价位的产品淘汰不会太心疼。3000元以内就可以了。这是第一原则。您认为是这样吗？"待得到顾客肯定后，再继续进行下一个购买原则确认："还有一个原则，就是要买一款洗的干净又节能的机型，简单说就是好用够用的机型……"得到顾客肯定后，再继续进行下一个购买原则的确认。

③ 导购员："请问您倾向节能还是内部构造材质？一般节能型机型每年节省大约100元

钱。而好的材料安全性较高，因为压力锅的安全性直接与钢板材质有关。但材质好的要比普通的贵百十元钱……”此时观察顾客的表情，可以说：“有点难以取舍，是吧？我的观点是其实安全性早就过关了，不存在大的安全隐患，内部材质只是让人主观感觉更好些，您理解我的意思吗?”如此反复向顾客询问，不断缩小需求范围。

3.3.3　引领顾客需求——产品说明艺术

3.3.3.1　把产品的特性转化为利益

在明确顾客利益需求点的基础上，把产品的特性转化为利益是成功产品说明的关键。我们把产品说明分为两个层面：第一个层面是说明产品的特征，包括产品的基本功能、特点、与其他产品相比的优点等，这是我们平时所说的“卖点”；第二个层面是说明产品的利益，即产品能给顾客带来什么好处、解决什么问题、满足什么需求等，我们把它叫做“买点”。

无疑，前者是讲“产品好”，后者讲的是“对你好”。前者宣传的是产品的卖点，是从销售者的角度考虑问题，后者宣传的是顾客的买点，是站在顾客的立场上考虑问题。

我们在前面的学习中已经了解到，顾客所要购买的表面上是具体的产品，实际上是产品所蕴含的利益。如果我们在进行产品说明的时候，不能把产品的特性转化为利益，那我们就很难打动顾客。而在平时的销售实践中，大部分销售人员都是在产品说明的第一个层面徘徊，一个劲地强调产品的“卖点”，像那个卖苹果的小贩，只是一味地卖“又红又甜又大的苹果”自然不被顾客认可。所以，我们在产品说明时，要能够超越第一个层面，达到第二个层面，这才是我们所追求的境界。

问题：产品的特性如何转化为利益呢？

第一步：探寻出顾客的特殊需求；

第二步：列出产品的特性；

第三步：介绍产品的特性为顾客做些什么（作用）；

第四步：向顾客说明能带来哪些利益（产品能满足顾客特殊需求）。

对上例的产品特性与利益转化分析如下。

顾客的特殊需求：某单位系保密机关在使用传真机接收资料时，不希望被第三者看到，以免信息泄露出去。

产品特性：传真机附记忆装置，需密码才能将资料印出来。

作用：指定人接收，防止资料外泄。

特殊利益：贵单位机密性的传真文件特别多，若每次都事先联络后，再守在传真机旁接收资料实在费时费力。我们公司生产的××型传真机，附有记忆装置，并有用密码指定专人接收的软件设计，通过这种方式接收资料，您再也不要担心资料外泄的问题。

我们在平时要经常性的做这种转换练习。使之成为一种自然反应。

3.3.3.2　产品说明的方法——FABE 法则

介绍高端产品时可以使用 FABE 卖点推介法。

F——产品某些特殊的优于竞争对手的特点；

A——这种特点的作用；

B——产品的这种作用给顾客带来的利益；

E——以真实的证据说服顾客。

案例

猫和鱼的故事

① 一只猫非常饿了，想大吃一顿（需求）。这时销售员推过来一摞钱，但是这只猫没有任何反应——这一摞钱只是一个属性（Feature）。

② 猫躺在地下非常饿了，销售员过来说："猫先生，我这儿有一摞钱，可以买很多鱼。"买鱼就是这些钱的作用（Advantage）。但是猫仍然没有反应。

③ 猫非常饿了，想大吃一顿。销售员过来说："猫先生请看，我这儿有一摞钱，能买很多鱼，你就可以大吃一顿了。"话刚说完，这只猫就飞快地扑向了这摞钱——这个时候就是一个完整的FAB的顺序。

④ 猫吃饱喝足了，需求也就变了——它不想再吃东西了，而是想见它的女朋友了。那么销售员说："猫先生，我这儿有一摞钱。"猫肯定没有反应。销售员又说："这些钱能买很多鱼，你可以大吃一顿。"但是猫仍然没有反应。原因很简单，它的需求变了。

以销售复印机为例，说明FABE法则的具体运用。

首先，我们应该将产品自身的特征F列出来，尤其是优于其他竞争产品的特点。在列出这些特点时，应该充分运用自己所拥有的知识，将这些特点尽可能予以详细描述。如"我们这台复印机与其他产品相比，有一个最大的特点就是它有十个刻度，可以根据情况随意调整复印机的浓淡度"。

其次，要列出产品的特点给顾客带来了什么作用（A），也就是说，你所列的产品特点究竟发挥了什么功能？如"在您使用这台复印机的时候，不管任何原稿，您都可以通过调整浓淡度，来引出非常清晰的副本"。

再次，是客户的利益（B），不同的客户有不同的利益，要考虑产品的作用（A）能否真正带给顾客利益（B）。也就是说，要把产品与客户所需要的利益结合起来。如"我们了解到贵部门要经常提供简报资料给您的客户参考，您只要选择2这个浓淡度调整，就能够去掉报纸的底色，让顾客有一个干净漂亮的副本阅读。"

最后，是保证满足消费者需要的证据（E）。即证明书、样品、商品展示说明、录音录像带等。这时可以通过具体的演示来让顾客了解和证实。

3.3.3.3 产品说明的技巧

(1) 把说明融入到故事中

在实际工作中，销售人员在销售产品时不善于运用语言，说出来的话单调、生硬、毫无特点，缺乏煽动性，即使是再好的产品，也无法勾起顾客购买的欲望。我们说销售是一门艺术，特别是说话的艺术，同样的事情，不同的说法，会产生不同的效果。如果我们能把相对单调的信息通过饶有乐趣的故事艺术地表达出来，不但能使顾客对产品发生兴趣，而且销售人员自己也能在客户心中留下深刻的印象。

厂耻日

一钢铁厂的销售人员在听到客户询问“你们产品质量怎么样”时，没有直接回答顾客，而是给顾客讲了一个故事：“前年，我厂接到一客户投诉信，反应产品质量问题。厂长下令有关人员自费掏钱坐车到一百公里外的客户单位，当员工来到客户使用现场，看到由于产品质量不合格而给用户造成损失时，感到无比的羞愧和痛心。回到厂里召开质量讨论会，大家纷纷表示，今后绝不让一件不合格品进入市场，并决定把接到顾客投诉的那一天作为‘厂耻日’。结果当年我们厂产品就获得优质产品称号。”销售人员没有直接去说产品质量如何，但这个故事让客户相信了他们的产品质量。

(2) 具体描述产品带来的利益

我们都有这样的感受：对抽象的、概念性的东西很难产生欲望。同样，客户需要的是具体的、实实在在的感受。如我们销售的产品能让客户“提高效率”，如果不能把“提高效率”的结果算出来，不能把概念性的“提高效率”一词变成具体的、事实的数据，那么“提高效率”就是一个空泛的词汇，很难打动客户。

请比较以下两种说法，看看哪种效果好。

甲：“使用我们的这种新型设备，可以大大提高生产效率，减轻劳动强度，它受到用户们的好评，订货量与日俱增。”

乙：“××厂使用了这种新型设备后，生产效率比过去提高了20%，仅此一项就增加收入10万元，而且工人们反映操作方便。现在，该厂又追加订货10台。”

(3) 形象描述产品带来的利益

国外有句推销名言：“如果你想勾起对方吃牛排的欲望，将牛排放到他面前固然有效，但最让人无法抗拒的是煎牛排的‘滋滋’声，他会想到牛排正躺在铁板上，滋兹在响，浑身冒油，香味四溢，不由得咽下口水。”“滋”的响声使人们产生联想，刺激了需求欲望。

我们在销售中，始终不要忘记我们面对的是有感情的人，有时候，仅仅用事实和逻辑是无法打动顾客的。我们要为客户勾画出一个美好的图画，产生一种良好的气氛，来刺激顾客的购买欲望。

例如，一位吸尘器销售员对顾客说：“请想一想，使用吸尘器，你可以从繁杂的家务劳动中解脱出来，这样你就可以有更多的时间和精力关心你孩子的学习和进步，辅导他的作业，跟家人散步，享受生活的乐趣。”

3.3.3.4　引领顾客需求的几种技巧

(1) 对无利可图的产品要学会转型

钱应该花到刀刃上

预约定时的机型本柜只有一款，且利润微薄，但顾客却声明要想买一款预约定时的……导购员有以下的应对表现。

① 导购员："我们这里有预约定时的机型，我给您介绍一下。"

② 导购员："预约定时的我们这里只有一款。"

③ 导购员："其实预约定时没什么大用处，我们这里只有一款机型有这个功能。"

问题分析：

第一句"我们这里有预约定时的机型，我给您介绍一下。"和第二句"预约定时的我们这里只有一款。"，两句完全是被动满足顾客需求的应答，由于缺乏导购立场而很难左右顾客的购买取向。

第三句"其实预约定时没什么大用处，我们这里只有一款机型有这个功能。"，这是直接反驳顾客的消极语言，说明导购员缺乏语言技巧，不仅没有说服力，也很难与顾客进行深度沟通。

策略：当导购通过观察交流快速地分析了客户，并建立了信任关系，同时又充分挖掘出客户的需求及其购买意向后，导购会发现顾客提出所要购买的产品和买点对本柜来说几乎无利可图，这主要是由于以下原因造成的。

① 顾客采购家电时一般都会货比三家，找出最具性价比的产品，择优购买，这时价格就已经很透明了，买家根本无利可图。

② 客户想要的产品调不到货。

③ 客户受消费误导，一方面还要让顾客转变错误的观念。办法就是学会转型。所谓转型，就是导购员找出顾客指定的产品的缺点，引导顾客"认清"自身需求，让顾客自己否定自己，主动向导购请教。这时导购员再拿出早已准备好的"最适合的产品"进行消费联想和体验，快速实现销售。

转型是提升客单价和专柜利润的有效方法。

【语言技巧】

① 导购员："因为预约定时功能并不重要，所以我们只有一款机型。预约定时主要就是前一天晚上预约，第二天早上机器开始工作。但是您知道吗？这中间电流要不间断通过电路，耗电不说，变压器长时间工作对机器的损耗也特别大。不仅减少寿命而且容易发生事故，甚至火灾。所以我们并不是建议顾客使用预约定时机型，最起码不把它当主推机型……"

这里导购要给顾客一个提问空间：那厂家一般主推什么机型呢？如果能顺利引出这个话题，导购即可将高价机型推荐给顾客："光图方便省事、省时，不考虑耗电和寿命也不行。其实厨具类电器最重要的是食物可口不丢失营养，所以我推荐这款机型……"开始转型，用新的价值取向代替顾客原有的价值取向。

② 导购员："预约定时是一些厂家为了掩盖技术和材质上的不足提出的概念，其实是用一个无足轻重的功能转移顾客的注意力。其实您在购买煲饭类产品的时候，千万不要忘记了，工艺和使用材料才是最需要考虑的因素。离开这个最重要的指标去考察有没有预约定时，那就像买洗衣机不考虑洗衣效果而去追求音乐提示一样。钱应该花到刀刃上。我的意思就是这样，请跟我来。这款煮饭的工作效率是10～15分钟，效率相当高，根本不需要预约。15分钟搞定的事有必要在前一天晚上就预约吗？白白耗费一晚上的电……"

（2）变满足需求为创造需求

足够用与更适合

一对情侣与导购交流了一些想法后，导购问："家里几个人用呢?" 回答"我们就两个人。"

① 导购员："两个人的话买 21 英寸就可以，足够了。"

② 导购员："两个人用这款迷你型的就可以了。"

③ 导购员："那买这款特价机就成，两个人足够用。"

问题分析：一个合格的导购员必须有调整销售结构和控制价格的能力，要学会根据不同顾客的具体情况销售不同价格的机型。

销售实战中许多导购员对推介高价产品都有一种本能的恐惧。恐怕进店的顾客吓跑，认为成交率较低或根本不能成交。所以导购员更习惯于介绍价格适中，推介阻力较小的中低价位产品。认为这样的产品接受度比较高，推起来比较轻松，成交率也高，自己也很有自信和底气。但这样一来客单价就大打折扣了，无论厂家和导购员都将蒙受损失。

第一句和第二句都是针对顾客"两个人使用"的回答就事论事地推荐，没有进行任何"购买联系"的引导，这是没有客单价意识的表现。

第三句不仅被顾客的使用条件局限住了，而且还主推特价机，更是没有利润观念的表现。

策略：作为终端一线的导购员，你首先要有利润的观念。这个利润既指公司的利润，又指自己的利润。主推低价机和特价机不仅不能给公司带来利润，而且也不能给自己带来最大利润。这就需要导购员熟练掌握推介利润高机型的技巧。导购员要对需求有一个正确认识：即需求不仅可以满足，而且可以创造！普通的导购员总是去满足需求、适应需求，而优秀的导购员则是去发现需求、创造需求。

许多顾客在选择产品时并没有多少主见，就看导购员如何引导他们了。本例中顾客是两个人使用，如果导购员能进一步判断出两人是为结婚使用，即可以使用联想策略，为顾客勾画时尚、流行、耐用的使用体验，并顺势推荐一款中高档机型，提升客单价就做成了。

语言技巧：

① 导购员："如果是年轻人使用就可以看看这款，这款是今年推出的时尚款，买这一款的大多是有电脑的顾客。这款 W123 型液晶电视的最大特点是可以将网上视频输入到电视里观看。它支持……高清格式输入。换句话就是它可以处理高清格式信号并转换为电视图像格式。买 L 牌 1500 机型不如这款合适。1500 机型外形是漂亮，但它没有高清输入接口。高清碟片相当昂贵当然不如下载划算，输入电视效果同样棒。只是 W123 型的价格稍贵了点，但物超所值。"

② 导购员："如果是两个人使用，那一定是为结婚添置的吧。那就买一个几年都不过时的机型。我推荐你们购买这款 A 型液晶电视。从外观上来说，这款机型采用了……分辨率为 1920×1080，……刚才听您提到 H 牌的 B 机型，它的分辨率比这款低多了，对比度也不如这款，价格还贵。唯一的优点是薄一点。但我们这款的视觉效果要好 10 倍，还省 300 元呢，性价比最合适。"

③ 导购员：(听顾客说是给老人买)"给老人买就买一款实惠的。咱不追求前卫的外观设计，也不追求过分复杂的功能，老人都用不上。给老人买最重要的是清晰度高，要养眼，看着不累。我推荐您购买 C 机型这一款。这款机拥有独家的双稳双频技术，画面不抖不闪，无托尾

残影。这是因为双稳双频结合到一起，会使刷新频率双倍增加，动态响应速度急速提升，稳定性和流畅性提高2倍。而且价格也合适，只有……元钱，符合您的预算。刚才听您提到了K牌的J机型，那款就是外形漂亮，有高清输入接口，其实不适合老人。老人就是看看电视节目，很少看大片，更别提电脑下载的高清视频了。您给他预备高清接口基本就是闲置，价格也要贵不少。这款呢，操作简单容易上手，老人用着方便，所以我还是推荐这款。”

（3）对不懂产品不敢买的顾客的应对

朋友、专业人士与销售员的多重身份

顾客与导购交流时问：“现在这种机子的质量怎么样？”

导购员的几种表现如下。

① 导购员：“还行。”

② 导购员：“我们这儿的机型都可以。”

③ 导购员：“我们这儿是名牌，没问题的。我可以给您试试机。”

问题分析：导购是一个很复杂的过程，精心与不精心会产生巨大的效果差异。本例中没什么技巧可言，最关键的是真诚。

第一句“还行。”等于没说，给顾客的感觉是不专业、没水准、敷衍人，立即拉开了与顾客距离，让顾客对导购有无话可说。

第二句“我们这儿的机型都可以。”和第三句“我们这儿是名牌，没问题的。我可以给您试试机。”，其实是忘记了顾客与导购员先天的天敌关系。

在顾客没有与导购员建立相对的信任之前，导购的自我肯定注定是令人怀疑的。此时就算是当场验机，顾客也很难信服。何况大多数的顾客根本就看不出什么门道。结果就是让顾客一头雾水而来，一头雾水而去。

策略：

当顾客询问某某机质量怎么样时，其实暴露的心理是“不懂产品不敢买，担心花冤枉钱”。因为顾客缺乏产品背景知识，缺乏对行业和产品的整体认识，不得要领，没有判断能力，对导购的推荐语也就无从把握。背景知识不解决，顾客是不会掏钱的。

导购员的策略应该是以不苟求成交的心态与顾客交流，这有助于取得顾客信任。在取得信任后再介绍产品，对接需求直至成交。

重点是三忌：一忌“简单打发”；二忌“一味销售自己认为对的产品”；三忌“心急”。相反导购要做的是以朋友、专业人士、导购员的多重身份进行交流，获得对方的信任、拉近彼此的距离。亲近友善感培养出来了，顾客就会心甘情愿地听从你的建议。此时导购员的真诚、学识、知识广度和深度尤为重要。

语言技巧：

① 导购员：“是这样的，不能简单说质量好与不好，产品目前有三个档次，每个档次都有自己的特色……”给顾客介绍产品档次、市场动向、公司实力等。最后要告诉顾客，即便是同一档次的产品，售后、可操作性也是有差别的。最后根据了解的需求，展示高利润机型

的优势，动摇顾客最初欲购买低利润机的打算。

② 导购员："我懂您的意思，不过质量好坏不能一概而论。这里有一些标准：第一要看房间大小，第二要看装修新房还是只增添设施，第三要操作简单的……第四点要考虑更新换代，现在新型机的潮流是……"将产品更新换代、各代机型的特点、优点一一向顾客介绍，树立权威形象，引出推荐机型，在顾客心中打下烙印。

③ 导购员："我懂您的意思，不过质量好坏不能一概而论。这里有一些标准。第一，首先要从用途来选择。请问您是家用还是商务使用？"顾客回答"自家用"，导购可以接着说："如果是家用，一般是三点：一是价位合适，二是好用，三是够用。这三点加一块儿就叫质量好。但如果是商用就不一样了。如果是户外取景，那质量好的标准就又不一样了。外壳……防水……，但您要个人使用，就没有必要把钱花在这上面，好用、够用就行了。何况现在机型淘汰特别快，有时一个月，有时几个月，性能就升级了。那就没必要花万八千买个高端机了。您现在准备买个什么价位的？"顾客回答买个三四千的，导购可以说："如果是三四千的话，我给您推荐这款……这款关键是它……"

(4) 介绍高端产品的方法

一分钱一分货的说明

顾客在多家柜台转了多次，导购问其质量要求，顾客说："我觉得质量上都差不多，我无所谓。"

导购员有以下几种表现。

① 导购员："那您可以看看那一款，该款机型的最大特色是经济实惠……"

② 导购员："是啊，有些功能对顾客完全没有必要，您挺懂行的，您信我话就买这款经济型的，好用实惠。"

③ 导购员："那可不是，一分钱一分货，价钱好的质量就是好。"

问题分析：

第一句"那您可以看看那一款，该款机型的最大特色是经济实惠……"没有任何"转型"意识，完全被顾客牵着鼻子走，结果往往是顾客把自己绕糊涂了，也把导购员绕进去了，最后变成顾客觉得哪款机型都不过如此，只好转头竞品另寻灵感。

第二句"那您可以看看那一款，该款机型的最大特色是经济实惠……"，导购不该对高端产品随意贬低，因为顾客的需要是瞬息万变，他一旦转一圈后决定买高端机，导购岂不自己堵住了自己的退路。

第三句"那可不是，一分钱一分货，价钱好的质量就是好。"，其错误是一味地赞高端产品贬低低端产品，同样堵死了顾客购买低端产品的退路。

策略："我觉得质量上都差不多，我无所谓。"其实顾客的真实含义是，他不在乎品牌和质量，他在意的是价格，或者暗含他的预算不是很高。这种情况是终端经常出现的一幕。

最好的办法是给客人讲一个切身经历的小故事，不露痕迹地将高端产品的优势和卖点介绍给顾客。不过要点到为止，如果发现顾客没耐心，则应适时转换到低端产品上，始终把握沟通的主动权。

语言技巧：

① 导购员："其实我以前也是这么看的。后来干了这一行才知道，材料不同、工艺设计不同，使用效果是大大不一样的。根据您的情况，我认为这款四升的机型比较合适……"接下来使用 FABE 卖点推介法做进一步的介绍。

② 导购员（通过观察顾客穿戴言谈，判断其收入不低但也不是很高，有购买能力，但怕买了高价的闲置产品）："很多顾客都有这个想法，我们家老爷子就是这样。装修完了买家电，认为质量都差不多。连墙上的电源都买最便宜的，当时省了三元钱，现在全不能用了。实际上并不划算。这主要是因为顾客对使用标准不太清楚。比如这款机型，它有一个防噪声功能（用 FABE 卖点推介法介绍），有人会认为这个功能没必要，其实不然。如果没有这个功能……"

③ 导购员："其实一分钱一分货，虽然有的看上去外形差不多，但特点和优势各不相同。我们最大的优势就是使用寿命长和功能状态稳定，因为用的是加厚内胆。如果有兴趣您可以做一个调查，其他牌子使用一年后都有保压状况降低的情形。就是因为内胆的材料不优。我们的加厚内胆是专利……"接下来对优势使用 FABE 卖点推介法做进一步的介绍。

实战技能训练 ▸▸▸

【训练项目】　探寻和引领顾客需求（产品推荐）

道具：待售商品。

参加人数：3 人一组。

方法：一人扮演导购员，一人扮演顾客，一人观察评价，根据上述销售阶段自编销售情境，导购员接待顾客。

规则：选择恰当的时机，运用语言技巧，引领顾客需求转型，3 人角色轮换。

目的：通过训练，提高作为导购员的引领顾客需求转型的技能。

【训练准备】

(1) 选择预售商品，了解商品的基本信息。

(2) 与其他同类商品比较找出本品的优势（特性）所在，用于进行初步的产品呈现（以上内容已在上次训练中准备完成）。

任务一：设计出顾客选购某产品时要注意的 2～3 点，或者对这类产品的共同发展特点进行归类，并点出个性化需求趋势（以此在接待顾客时可以树立专家形象，增强顾客的信任）。

任务二：设计与顾客交流的语句，找到顾客的利益需求点。

(1) 设计实用的探寻需求的语句（疑问句、选择句、提示性问句等）。

(2) 列出主要竞争品牌，分析出选择本品牌的理由。

(3) 在同品牌中，选择各系列的理由。

任务三：列出产品重要特性，设计将产品特性转化为顾客利益的语句。运用"FABE"方法进行产品呈现语句设计，把产品特性与顾客利益联系起来，同时准备好保证满足消费者需要的证据和商品作用或者给顾客带来利益的描述资料（具体描述、生动形象描述）。

【实施训练】

接待顾客程序如下。

(1) 迎接顾客(考核要点:接待礼仪和技巧);

(2) 接近顾客(四种接近方法,进行初步产品呈现);

(3) 树立专家形象(选购某产品要注意 3 点);

(4) 探寻需求(疑问句、选择句、提示性问句);

(5) 根据顾客利益需求点,把握恰当机会进行产品呈现(当已发现了解顾客需求时)。

展示呈现的技巧如下。

(1) 多种描述和展示(FABE 说明法);

(2) 反复强调;

(3) 要有侧重点;

(4) 避开竞争对手的优势。

【训练评价】

参考学习情境 1 柜台销售综合评价标准。

【改进提升方案】

自我总结。

课后作业 ▸▸▸

课后去家电商场,作为顾客进行一次商品选购,记录对话内容,并对导购员的表现进行分析评价。

任务 4 处理顾客异议

任务导入 ▸▸▸

【知识目标】

(1) 了解顾客异议的类型与成因;

(2) 了解处理顾客异议的原则和策略;

(3) 了解处理顾客异议的程序和方法。

【技能目标】

处理顾客异议的能力。

4.1 任务内容

(1) 认识顾客异议的类型和成因;

(2) 处理顾客异议的原则和策略;

(3) 处理顾客异议的流程；

(4) 处理顾客异议的技巧。

4.2 任务组织

(1) 将全部学生分组进行训练，3 人一组，其中一人饰演顾客，一人饰演导购，一人观察记录。

(2) 小组成员选择一目标商品进行柜台销售练习，通过迎接顾客、接近顾客了解需求、推荐商品等服务过程，顾客提出各种异议，导购运用技巧处理异议促成顾客最后购买商品。

4.3 任务实施

4.3.1 认识顾客异议的类型和成因

4.3.1.1 顾客异议的概念

顾客异议是指顾客针对销售人员及其在推销中的各种活动所做出的一种反应，是顾客对商品、销售人员、推销方式和交易条件发出的怀疑、抱怨，提出的否定或反对意见。在实际销售过程中，销售人员会经常遇到："对不起，我很忙"、"对不起，我没时间"、"对不起，我没兴趣"、"价格太贵了"、"质量能保证吗" 等被顾客用来作为拒绝购买推销品的问题，这就是顾客异议。

4.3.1.2 顾客异议的类型

(1) 真实异议

(2) 虚假异议

产生虚假异议的主要原因如下。

① 有偏见，对品牌或厂家有偏见。

② 存在怀疑。

③ 策略方面的考虑。

(3) 需求异议

(4) 财力异议

(5) 权力异议

(6) 产品异议

(7) 价格异议

(8) 购买时间异议

(9) 政策异议

(10) 货源异议

(11) 服务异议

(12) 企业异议

(13) 推销信用异议

(14) 推销人员异议

4.3.1.3 顾客异议的成因

(1) 顾客方面的原因

① 顾客的自我保护
② 顾客缺乏商品知识
③ 顾客的情绪不好，心情欠佳
④ 顾客的决策权有限
⑤ 顾客缺乏足够的购买力
⑥ 顾客有比较稳定的采购渠道
⑦ 顾客的购买经验与成见

（2）商品方面的原因

① 商品的质量
② 商品的价格
③ 商品的品牌及包装
④ 商品的销售服务

（3）销售人员方面的原因

顾客的异议可能是由于销售人员素质低、能力差造成的。例如，销售人员的礼仪不当；不注重自己的仪表；对商品的知识一知半解，缺乏信心；推销技巧不熟练等。因此，销售人员能力、素质的高低，直接关系到销售洽谈的成功与否，销售人员一定要重视自身修养，提高业务能力及水平。

（4）企业方面的原因

在销售洽谈中，顾客的异议有时还会来源于企业。例如，企业经营管理水平低、产品质量不好、不守信用、企业知名度不高等。这些都会影响到顾客的购买行为，顾客对企业没有好的印象，自然对企业所生产的商品就不会有好的评价，也就不会去购买。

4.3.2　处理顾客异议的原则和策略

4.3.2.1　处理顾客异议的原则

（1）正视顾客异议
（2）准确分析顾客异议
（3）正确回答顾客异议
（4）尊重顾客异议
（5）适时处理顾客异议

4.3.2.2　处理顾客异议的策略

（1）处理价格异议的策略

① 强调相对价格。
② 先谈价值，后谈价格。
③ 心理策略。
④ 让步策略。

（2）处理货源异议的策略

① 锲而不舍，坦诚相见。
② 提供例证。
③ 强调竞争受益。

（3）处理购买时间异议的策略

① 良机激励法。

② 意外受损法。

③ 竞争诱导法。

4.3.3 处理顾客异议的流程

在充分了解顾客需求后，对顾客进行产品呈现，将产品特性转化为顾客利益，对产品利益进行生动描述、反复强调等，在上述过程中，可能会勾起顾客的购买欲望，紧接着顾客会提出种种异议，导购要针对顾客异议进行积极的处理。

处理异议的流程如下。

① 针对顾客提出的异议，导购认真聆听。

② 对顾客提出的异议进行评估。

③ 缓冲与顾客之间的气氛。

④ 通过各种方式探寻顾客真正的需求。

⑤ 运用恰当的方式处理顾客异议。

具体说明如下。

第一，针对顾客提出的异议，导购认真聆听。认真聆听的方法如下。

① 认真听顾客讲。

② 不打断顾客的话（匆匆为自己辩解）。

③ 既要听事实，也要听感受。

第二，导购对顾客提出的异议要进行评价，是真实的异议还是虚假的异议，是哪方面的异议等，进行评价。

第三，缓冲与顾客之间的气氛（卸力）。缓冲技巧如下。

① 在回答顾客问题之前应有短暂停顿，这样表示你的话是经过思考后才说的，是一种负责任的态度，而不是随意乱讲。

② 对顾客表示出理解的态度，但这并不表示完全赞同顾客的观点。不妨可以说“很高兴您提出这个问题”“我明白您的想法，关于颜色问题……”等。

③ 复述顾客提出的问题，表明你听明白了顾客的话，也表示你认真的态度。“你是说……，你的意思是……”

第四，通过各种方式探寻顾客的真正需求（可以参见上一任务）。

第五，运用恰当的方式解答顾客的异议。

4.3.4 处理顾客异议的技巧

4.3.4.1 产品异议

产品异议是指顾客认为产品本身不能满足自己的需要而形成的一种反对意见。例如：“我不喜欢这种颜色”，“你们的产品跟某某品牌比起来差一些呀”，“你们的产品效果如何”，“你们的产品质量有保障吗”，还有对产品的设计、功能、结构、样式、型号等提出异议。产品异议表明顾客对产品有一定的认识，但了解还不够，担心这种产品能否真正满足自己的需要。因此，虽然有比较充分的购买条件，就是不愿意购买。为此，营销人员一定要充分掌握产品知识，能够准确、详细地向顾客介绍产品的使用价值及其利益，从而消除顾客的异议。推销人员可以运用以下方法来进行沟通。

（1）事例法

所谓事例法，就是通过别人经销或者使用产品的案例来说服客户：“我们产品你尽可放心，邻县的老李已经经销了三年了，我们合作的很愉快，客户借助我们的产品，也发展起来了，如果你不相信，我可以提供他的号码给你，验证一下。”这种方法，简便易行，较易说服客户。

（2）比较法

在销售产品时，很多客户都喜欢跟竞争品对比，对此，销售人员可以采取现场比较的方式，来证明客户的说法站不住脚跟，此法的好处是，我们既不反对客户的意见，但我却用事实来证明你是错的。比如，如果是一款啤酒产品，销售人员就可以现场打开本品和客户所说的竞争品，通过泡沫细腻程度、挂杯时间长短、酒液透明与否等，来说明自己的产品优秀。通过示范的方式，很容易让客户现场感受产品的优劣，从而来让客户信服。

（3）体验法

对于顾客有关产品质量的异议，也可以通过现身说法的形式来佐证产品质量有保障。比如，有的销售人员会组织客户到企业实地参观，通过企业的旅游工业园，让客户实地感受企业的规模、文化、生产采购流程等，从而消除客户的疑虑，建立合作关系。

4.3.4.2 价格异议

价格异议是指顾客以推销产品价格过高而拒绝购买的异议。无论产品的价格怎样，总有些人会说价格太高、不合理或者比竞争者的价格高。例如，“太贵了，我买不起”、“你们的产品比同档次品牌的贵呀”、“我想买一种便宜点的型号”、“我不打算投资那么多，我只使用很短时间”、“在这些方面你们的价格不合理”以及“我想等降价再买”。当顾客提出价格异议，表明他对推销产品有购买意向，只是对产品价格不满意，所以讨价还价。当然，也不排除以价格高为拒绝营销的借口。在实际营销工作中，价格异议是最常见的，营销人员如果无法处理这类异议，营销就难以达成交易。

如何应对价格异议呢？

（1）以防为主，先发制人

根据事先掌握的顾客资料，对顾客可能提出的价格异议做出正确的判断，不等顾客讲出来，就先把顾客要提出的异议化解掉。

（2）先谈价值，后谈价格

为防顾客提出价格异议，推销时应先向顾客强调产品的价值，即该产品能给顾客带来哪些实惠和利益，使顾客认识了产品价值后，再谈及价格。顾客对产品的购买欲望越强，对价格的考虑就越少。

（3）多谈价值，少谈价格

价格是个敏感的话题，一提及价格容易出现僵局。最好的方法就是多谈产品的价值，少谈产品的价格，要想让客户感觉到产品值，就要给客户分析产品性价比，比如包装、用料、性能等方面，让客户认为物有所值。如果是耐用品，还可以通过分析产品可以为客户带来的较大节省等，消除客户对于价格的敏感度。

（4）对比核算

当客户提到价格高时，我们也可以通过对比竞争对手的品牌、原料、政策等，让客户真切地感觉到产品价格并不高，而自己认为的所谓的高价格，是因为有些自己不太了解的因素在里面。

（5）突出品牌

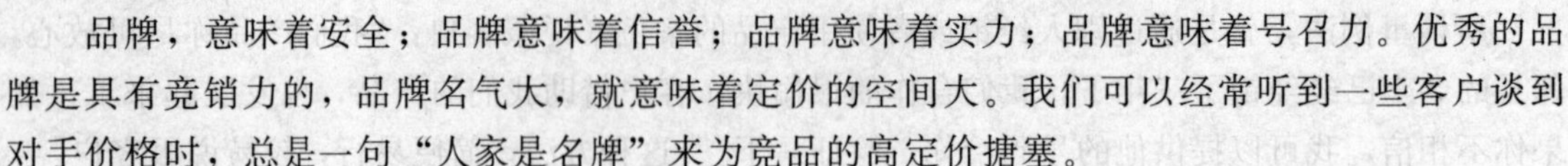

品牌，意味着安全；品牌意味着信誉；品牌意味着实力；品牌意味着号召力。优秀的品牌是具有竞销力的，品牌名气大，就意味着定价的空间大。我们可以经常听到一些客户谈到对手价格时，总是一句“人家是名牌”来为竞品的高定价搪塞。

(6) 彰显服务

高规格、标准化的服务，也是削弱产品价格敏感度的方式之一。为什么海尔的家电产品价格高，但依然卖得好，除了产品质量好之外，其五星级的售后服务功不可没。因此，向客户充分阐述自己规范化、可以让客户高枕无忧的服务，也可以消除客户对于价格的异议。

(7) 科技含量高

向客户展示产品所蕴含的高科技，比如产品所采用的领先或者进口技术、相比于竞争对手的较强的产品性能等，就可以让客户理解产品价格高一些的原因。

4.3.4.3 购买时间异议

购买时间异议是指顾客有意拖延购买时间的异议。顾客总是不愿马上做出决定。事实上，许多顾客用拖延来代替说“不”。营销人员经常听到顾客说“让我再想一想，过几天答复你”、“我们需要研究研究，有消息再通知你”以及“把材料留下，以后答复你”等。这些拒绝很明显意味着顾客还没有完全下定决心，拖延的真正原因，可能是因为价格、产品或其他方面不合适。有些顾客还利用购买时间异议来拒绝营销人员的接近和面谈。因此，营销人员要具体分析，有的放矢，认真处理。

顾客提出时间异议，并不意味着顾客拒绝购买，他可能表明顾客已经接受推销建议，仅仅是因为种种原因拖延一段时间，只要恰当运用一下技巧就可以顺利促成交易。

(1) 货币时间价值法

推销人员应向顾客讲清立刻购买与拖延购买之间的利弊关系，要有货币的时间价值观念，如，今天的100元与明天的100元是不等值的，尤其在通货膨胀时期，以此来消除顾客的时间异议。还要向顾客讲清购买产品费时费心费力，要讲究效率，购买必需早做决定，这样才省时省力。

(2) 良机激励法

推销人员可以利用特定稀有的机会来激励顾客，推销员可以说“我这里仅有最后一批货了，何时进货还说不上”，如此以产品短缺来激励顾客早做购买决定，或者以“特价优惠”和其他优惠条件等来激励顾客尽早购买。

(3) 竞争诱导法

推销人员向顾客指出购买该产品将会使顾客在某些方面获益，而且这些好处已经在他的竞争对手那里得到了证实，顾客如不尽快购买推销产品，将会在与同行的竞争中处于不利位置。这种方法可以打破顾客心中假定的竞争均衡格局，引起顾客对其所处环境的关注，从而促使顾客为了改变其所处形势而做出购买决定。

(4) 处理异议的其他技巧

① 忽略法。当顾客提出的不是真正异议时，导购只需满足顾客表达的愿望，然后引开话题即可。

② 补偿法。当顾客提出有事实依据的异议时，导购应该给顾客一些补偿，让顾客取得心理上的平衡。

③ 太极法。将顾客的反对意见直接成为他的购买理由。其提出此类异议的最大目的是

想获得更大利益。

④ 假设法。导购不直接反驳顾客的意见，而是利用“是……但是……”的软化语言进行阐述。

⑤ 直接反驳法。当顾客提出的意见明显不对时使用此法。但是要注意方式、方法，勿伤顾客的自尊心。

用事实消除价格异议

顾客：“同样容量的产品，你们的耗电量不比别人的低，又没什么名气，可价格为什么还比别人高呢？”

导购员的几种应对表现如下。

① 导购员：“大姐，比我们价格低的型号多了，一分钱一分货，我们的价格高当然是质量好。”

② 导购员：“不会的，除非是别人的特价机，您想想，都是一样的产品，他卖得比我们低，这正常吗？”

③ 导购员：“您看的是什么机型，哪个价格会比我们低？”

问题分析：顾客的疑问都是在和同类产品比较后产生的。只有平时多揣摩，将各品牌的优势烂熟于心，才有可能把一言一行、一问一答都转化为令人信服的卖点，否则谈何留住顾客并刺激其购买？

第一句“大姐，比我们价格低的型号多了，一分钱一分货，我们的价格高当然是质量好。”一是没有针对顾客的提问进行回答，二是对自己所说的话没有进行证实，难以令人信服。

第二句“不会的，除非是别人的特价机，您想想，都是一样的产品，他卖得比我们低，这正常吗？”顾客会因为觉得不正常，再次回到竞品柜台去打听，这是导购员等于把沟通的主动权还给了竞品，这叫什么终端拦截？

第三句“您看的是什么机型，哪个价格会比我们低？”这是通过追根问底的方法绕开实质问题。虽然回避了问题，但也让顾客不得要领，不仅丧失了与顾客深度沟通的可能，也放弃了成交的机会。

总结此三句话的应对，一个共同的症结都是没有对顾客的提问做足够的准备功课，宝贵的销售时机就这样被葬送了。导购员应该记住：产品销售无劣势，就看如何取得顾客的信任并把握成交机会。为此，导购员必须在平时随时随地细心揣摩顾客，细心研究顾客可能提出的任何问题，同时为了使回答更具有说服力，更能赢得顾客的信任，必须同时做好相关道具、材料和话术准备。

策略：销售中为使顾客接受价格，应该明确指出产品的最大优点，然后对优点进行证明或说明，使这项优点成为影响顾客购买的最大因素。在此之中一个常用的方法就是眼见为实。

作为取信于顾客的重要方法，“眼见为实”即是在销售现场充分调动顾客的五官，使顾客能够亲自看到、闻到、尝到、听到、摸到、感受到、体验到产品的价值。眼见为实比导购

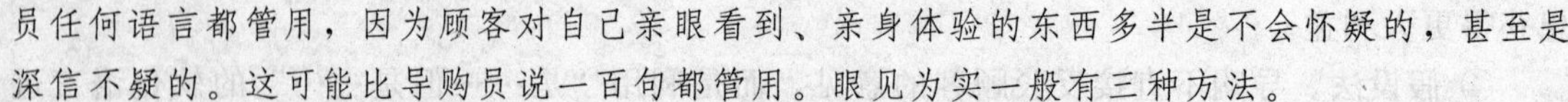

员任何语言都管用，因为顾客对自己亲眼看到、亲身体验的东西多半是不会怀疑的，甚至是深信不疑的。这可能比导购员说一百句都管用。眼见为实一般有三种方法。

① 借助道具演示。

② 充分利用老客户的资源。导购员通过提供老客户的档案、老客户的使用感言、老客户使用产品的照片和发票等见证性资料，都可以让新顾客打消购买疑虑。

③ 第三方媒体、商誉的力量。通过向顾客展示企业在国家重要媒体上的新闻事件和大事传播（越是高端的媒体公信力越强）来证明企业的品牌和实力。或者通过国家认可的一些顶级商誉如中国驰名商标、中国名牌、国家免检、绿色环保标志等都可以向顾客证明企业的品牌和实力，因为这些商誉都是用国家信用做支撑的，是值得信赖的。

语言技巧：

① 导购员："您问得很好，为什么我们的产品价格比别人高，您实际看一下我们使用的材料和压缩机是什么牌子就知道了（一面说，一面拿出螺丝刀，开后盖，让顾客现场进行考察）。我们是新企业，名气不大，这种材料成本又高，如果再花重金做广告提升知名度的话，那价格就得飞上天了，市场不会买账的。"

② 导购员："您这个问题提得好，要不我还没机会跟您讲呢。价格高是因为我们最关键的零件所使用的是全铜的，机箱后的焊点就是最好的证明。我这里有工具……我们之所以名气不大是因为我们一直把资金投入到技术研发上，很少打广告，我们希望在产品质量和性能上胜人一筹，回报顾客。"

③ 导购员："我明白您说的，我们价格高其实是使用的材质不一样。"说着，拿出两个外形相同，表面看起来没有任何差别的机型，但通过让顾客看、摸或用鼻子闻等简单方法，顾客可以看出材料上的差别。接着说："并且我们这个品牌是唯一一家国家免检认证的产品……"然后为顾客指示免检标志及相关资料。

使用热点狙击法打消顾客疑虑

价格很敏感，本品知名度不高且价格低廉。但顾客却问："过了保修期还能用吗？"导购员有以下几种应对表现。

① 导购员："这个您放心，我们实行三包。"

② 导购员："不可能，我们的产品不会有问题的。"

③ 导购员："没有人反映我们的产品有问题。"

问题分析：

第一句"这个您放心，我们实行三包。"虽然能部分地打消顾客疑虑，但并不充分。因为即使实行三包，顾客也不愿意买到有问题的商品。

第二句"不可能，我们的产品不会有问题的。"完全没有说服力，属于自卖自夸的低级销售。

第三句"没有人反映我们的产品有问题。"是用伪权威的口气直接驳斥顾客的观点，既显得粗鲁和缺乏职业素质，也不能在心理上打消顾客的疑虑，反而会因为其语义中带有的挑衅意味——暗示顾客说谎或少见多怪而将顾客带入负面的情绪反应中，为销售带来不必要的障碍。

策略：

顾客之所以对产品（品牌）的某一买点顾虑重重，是因为顾客对该产品的信任程度不如竞品。简言之，在先入为主的信息或印象里，相对于竞品，顾客对产品的某一买点（需求）还存在顾虑。基于此对于某种买点的先天不良印象，如果导购员不能正确化解掉顾客的这些疑虑，说明导购员对自身产品了解得还不透。

如何界定导购员对产品的了解和熟悉程度呢？我们提出了一个“导购员三等级”的说法：三流导购员只能说清自己的产品；二流的导购员不仅能说清自己的产品，还能说清竞品；一流的导购员不仅能说清自己的产品和竞品的产品，还能在与竞品的对比中对自己的优势进行推陈出新。只有一流的导购员才可以称作专业导购员。

其实要成为专业导购员并不像一些人想象的那么复杂，难点在于如何能够将自身产品与竞品进行充分对比论证。好花还要绿叶扶，一经对比，就能迅速地改换顾客对本品的顾虑和担心。而要做到这一点，最大的一项挑战在于：要轻松地将本品和竞品的质量、功能及相关参数烂熟于心。

我们介绍一个方法，叫做“热点狙击法”，热点狙击法有三个原则。

① 寻找热点。假如细心观察就可以发现在每个卖场每个产品都有上百个型号，但是不是每款型号都卖得动或在热卖中呢？答案当然是否定的。

事实上一个商场实际热卖的产品型号也就在10个左右。所以导购员只需要先观察出哪些型号是本商场主销的产品（热点），哪些是次主销的，然后有针对性地将热销机型都在自家产品中给他找一个搭档进行狙击，即可起到超越竞品的作用。但是不要误解，所谓狙击并不是让导购员去攻击竞品的缺点，而是要把竞品的优点引领到顾客的需求点之外。

如A品牌的一款机型在本卖场内非常畅销，先观察此款机型有哪些优点，哪些缺点，其导购员在销售产品时是如何给消费者介绍的？在搞清楚以上几个问题之后，你再分析本品牌哪一型号能与其竞争。就这样一个热点型号一个热点型号地配对，然后把相关的宣传单页搜集征集，为每一对竞争组合都做上不同标记，然后对比相关功能参数，找出个个击破的套路。

如液晶电视，导购员就需要对比分辨率、尺寸、对比度以及硬屏软屏等等，将以上参数组合到一起研究本品的整体优势，确定适合什么样的顾客，再找出配对的竞品适合什么样的购买需求。一旦了解了需求，就可以将竞品的竞争优势点引领到顾客的需求范围之外，这是最有效的狙击术。

导购员可以将总结出来的对比新的用以纸条记下来，贴在自己容易看见的地方。当顾客有先入为主的不良印象或拿竞品进行对比时，导购员就可以一一化解。试想，当一名导购员能把竞品参数及本品参数都讲得一清二楚时，顾客怎么会对质量或卖点存在疑问呢？

② 总体为好。对于那些没有参数或具体数据可以作证的质量问题，导购员要坚持强调该类产品质量没有问题——不只是我们的产品没有问题，而是整个行业已经进入成熟期，核心技术早已攻克，所以产品都没有问题。由此弱化顾客对产品质量不佳的印象。

③ 慎用攻击。在与竞品进行对比时，应慎用攻击。导购员有敬业精神并不应该表现在攻击其他品牌上。没有十全十美的产品。一些产品有它的优点，也肯定有它的缺点。消费者愿意购买说明能够忍耐它的缺点。如果同一个卖场里导购员之间互相进行攻击，那就很可能导致消费者不在此店购买产品。一个好的导购，如果既能讲出自己产品的优点也能讲出缺点，更容易增加客户的认同感。

语言技巧：

① 导购员：“产品质量要从三个参数去看，其中最重要的是……如果参数高价格就高。我们这款机型的滑行参数在7～8之间，适合家庭用，价格较低。参数高的更适合单位用。

这样您就明白了，我们针对的是家庭使用者。不过我们的质量是一流的，保修时间也是业内最长的……”

② 导购员：“现在已经不是几年前了，那时候技术刚刚开始，可能会出现一些问题，但现在的关键技术早就突破了，质量早已不是问题了，您完全可以放心。”

③ 导购员：“您说的情况早几年前确实存在，但现在不同了。这种机器现在已经是成熟产品，现在的产品不仅设计简单而且耐用，何况我们还是名牌呢！”

前半句销售企业品牌价值，后半句销售顾客利益

顾客对一款机型很感兴趣，但又不经意地说：“你们这个品牌好像不是很有名啊？”

导购员有以下几种应对表现：

① 导购员：“我们这个品牌是亚洲最大的。”

② 导购员：“我们公司的总资产是20亿元。”

③ 导购员：“我们的产品远销海内外，只有我们一家采用纳米材料制作产品，这是我们的专利。”

问题分析：

第一句“我们这个品牌是亚洲最大的”和第二句“我们公司的总资产是20亿元”不能与顾客的利益联系上，所以只能给顾客“假大空”的感觉，不会有效地消除顾客的疑虑。

第三句“我们的产品远销海内外，只有我们一家采用纳米材料制作产品，这是我们的专利”虽然言之有物，减少了虚假的成分，但因为始终没有联系到顾客的利益点上，所以仍不能对顾客造成冲击力。

策略：

当顾客对品牌知名度提出疑惑时，往往意味顾客尚未找到可以对品牌信誉放心的证据。

这就对导购员的话术提出了两个挑战，一是说明品牌信誉时一定要使用导购句型；二是最好拿出文字材料和相关的证据。

导购句型：是指销售一个产品，通常我们听到的是“我们这个品牌是亚洲最大的，我们公司的总资产是20亿元，我们的产品远销海内外，只有我们一家采用纳米材料制作产品，这是我们的专利。”这就是典型的只用导购句型前半句的销售语，顾客听后可能没什么感觉。正确的导购句型应该是前半句把价值说出来，后半句则一定要与顾客的利益点联系起来。

语言技巧：

① 导购员：“我们这个品牌是亚洲最大的小家电公司（前半句），您完全可以相信我们公司的信誉（后半句）。”

② 导购员：“我们公司的总资产是20亿元（前半句），包括售后服务、技术能力、声誉等各方面都对您有保障（后半句）。”

③ 导购员：“我们的产品远销海内外（前半句），只有我们一家采用纳米材料制作产品，这是我们的专利，这么多顾客认可，您的选择不会错的（后半句）。”

化解顾客对产品质量的指责

顾客：“听说这种机型都是有缺陷的，耗能大，性能也不稳定……”

导购员有以下几种应对表现。

① 导购员（立即打断）：“不可能，这些功能和指标都是国家验证的，怎么会是假的？”

② 导购员（立即打断）：“我们的产品可不是这样，不信你看我们的认证书。”

③ 导购员：“那都是过去的事了，您现在去打听打听，哪个产品还这样……”

问题分析：

第一句导购立即打断是不对的。一个有着专业素质的导购员，更应该善于倾听顾客的意见和想法，无论其说法对错，都不要当面指出，要维护顾客的自尊心，自尊心受到打击的顾客很难产生购买决定。

第二句的错误不仅是立即打断，关键是反驳的话应从行业整体的角度说，因为顾客的疑虑是针对整个行业的，如果导购员只澄清自身产品清白，其实并不能打消顾客的疑虑。

第三句话的语气相当不舒服，会由此导致顾客丧失对导购员的好感，从而转移到竞品专柜采购。

策略：顾客有错误认知，导购员是绝对不能放过和认可的，必须采取行动给予打断和纠正。但纠正时一定要把握说话的时机，既不能一味倾听，更不能因急于纠正而造成与顾客的对立。对立一旦产生，导购员就不易再夺回沟通的主动权了，而对立的情绪也会使顾客对你的一切话听起来都产生反感。

正确的做法如下。

第一步，不要立即指出顾客的错误，反而要继续提示顾客将他知道的情况说出来，作出大家一起交流意见和想法的姿态。

第二步，不能一味的倾听，还要善于打断，要控制话语权。引导双方交流的话题的方向，这样才能够有效销售和介绍自身产品及其优势，最终实现成交。

第三步，特别要提醒顾客，像我们这样的大企业，所生产的产品在质量和性能上都是有充分保障的。如果有相关资料证明材料，可以给顾客看。同时声明，如果没有这些质量保证，卖场方面根本不会允许进场，用卖场的信誉捆绑本品的信誉。

第四步，告诉顾客现在购买的实惠和好处。

做好以上四步不仅能扭转顾客对产品的错误认识，更能在不失主动的前提下，化解问题，促成交易。

语言技巧：

① 导购员（倾听，待顾客道出原委）：“这种情况在以前确实存在，我也听说过。不过请您放心，这几年技术进步、产品更新换代，产品的成熟度大大提升了，已经不存在您说的情况了，这个您应该放心。现在产品竞争的是技术含量和外观款式，比如这一款（用产品和相关材料印证自己的说法）……现在我们正在举行促销活动，不仅价格优惠，还有好礼相送，正是购买的好机会。”

② 导购员：“谢谢您说出了心里话。其实像我们这样的品牌企业，本来就是行业的领导者，在质量和性能上您尽可放心。我这里有几年来的顾客联系方式，如果需要可以打电话问问他们的使用情况（把相应资料拿出来）……现在公司正在举行促销活动……”

③ 导购员：“这个顾虑您不应该有。能进入我们这个卖场的产品，都是经过商家选择认可的。如果存在问题根本就没有资格进场。卖场是不会拿自己的信誉去换几个柜台费的。能进入这个卖场的产品，在质量上都必须得到3C认证的，这是最基本的门槛。”

将产品不贵的理由说清楚

顾客对导购说："你们的产品听说还不错，就是贵了点。"

导购员有以下几种应对表现。

① 导购员："我们的产品比其他产品要高档、耐用，富贵花园（当地高档住宅）的人很多买我们的品牌，觉得有面子。"

② 导购员："电器是用一辈子的，要买就买好的。"

③ 导购员："我们的产品比别人的口碑都好，这您也知道，贵也贵得实在。"

问题分析：

从顾客的话里可以听出来，顾客的买点是"使用感觉好（感觉不错）＋比较实惠的价格（就是贵了点）"。

第一句"我们的产品比其他产品要高档、耐用，富贵花园（当地高档住宅）的人很多买我们的品牌，觉得有面子。"显然这句话说明我们的导购员对产品的定位是"使用感觉比较好＋高档产品高档消费"，这正好与顾客的定位相左。也就是等于对顾客进行了错误的暗示：这款产品是高端产品，是给大款用的，所以才贵。这怎么能对接到顾客的需求上呢？因为顾客会想，那等以后有钱再说吧。

第二句"电器是用一辈子的，要买就买好的"，这等于告诉顾客正确的价值取向是"买贵的才是好的"。换言之，等于是同意了顾客的看法：这款机型就是贵！但顾客其实想买的是好而不贵产品，导购这样应对就不是要成交，而是要断交，根本没有和顾客说到一块去。

第三句"我们的产品比别人的口碑都好，这您也知道，贵也贵得实在"。还是在贵上打转转，并没有从顾客的立场解释为什么这款产品其实并不贵。

顾客的需求本来是"好用＋实惠"，以上三句都没有从这一根本点出发解释"好用＋实惠"。你不从顾客的买点出发，就没有交易可言了。

策略：

既然顾客对优惠价格比较敏感，那就不能强调产品贵的理由，这根本不切题。相反，导购员应该将产品为什么不贵的道理说清楚。

比如提醒顾客本柜正在搞促销优惠，或者给顾客算一笔经济账，这都是从顾客的立场出发说明产品不贵的应对之道。只有这样才能打动顾客。因为你针对的是顾客的买点——以其需求为中心来提供购买理由。以下是应对嫌贵顾客的一些原则。

① 算经济账显示价格不高。

② 将顾客的注意力集中到产品身上。

③ 价格不是成交不可逾越的障碍，顾客更在意的是产品的价值。

④ 运用比较的方法（同类产品的横向比较）。

⑤ 让顾客充分认识我们的产品是其真正需要的，让顾客感觉物有所值。

语言技巧：

① 导购员："现在我们正在做'买一送一'的活动，如果把赠品折合下来，我们这款机型比其他品牌还要优惠。"

② 导购员（观察顾客为男性，穿着较为时尚）："是贵了一些，但您想想，一双 600 元的鞋可以穿 4 年，平均算下来这双鞋一年也就 100 多元。但是反过来，如果买一双 100 元的鞋，是便宜了，但您每年都得换一双，而且永远穿的是三四流产品的感觉，您说是 600 元的

贵还是 100 的贵呢？同样的道理算一下账您就一定买这款。从产品寿命和使用体验上来讲，这款机型根本不贵。”

③ 导购员：“现在我们正在做‘买一送一’的活动，如果把赠品折合下来，我们这款机型比其他品牌还要优惠。”

④ 导购员：“您要看灯的质量嘛。我们这个品牌的专用灯具使用寿命长达 8000 小时，是普通白炽灯和灯具的 8 倍，具有节能功能，能达到白炽灯 60 瓦的亮度，但是耗电量只需白炽灯的 20%。虽说买时贵，但您用时就便宜了。我给您算笔账您就清楚了……”

实战技能训练 ▸▸▸

【训练项目】　处理顾客多种异议

道具：待售商品。

参加人数：3 人一组。

方法：一人扮演导购员，一人扮演顾客，一人观察评价，根据上述销售阶段自编销售情境，导购员接待顾客。

规则：选择恰当的时机，运用技巧，处理顾客提出的各种异议，最后达成交易。

目的：通过训练，提高作为导购员处理顾客异议的技能。

【训练准备】

以小组为单位设计顾客可能出现的异议，并设计处理办法（语言技巧），设计包括内容以下。

任务一：顾客提出异议，导购认真聆听顾客提出的异议。

认真聆听的方法如下。

(1) 认真听顾客讲。

(2) 不打断顾客的话（匆匆为自己辩解）。

(3) 既要听事实，也要听感受。

任务二：导购对顾客提出的异议要进行评价（是真实的异议还是虚假的异议）。

任务三：缓冲与顾客之间的气氛（卸力）。

缓冲技巧如下。

(1) 在回答顾客问题之前应有短暂停顿，这样表示你的话是经过思考后才说的，是一种负责任的态度，而不是随意乱讲。

(2) 对顾客表示出理解的态度，但这并不表示完全赞同顾客的观点。不妨可以说“很高兴您提出这个问题”“我明白你的想法，关于颜色问题……”等。

(3) 复述顾客提出的问题，表明你听明白了顾客的话，也表示你认真的态度。“你是说……，你的意思是……”

任务四：通过各种方式探寻顾客的真正需求。

任务五：运用恰当的方式解答顾客的异议。

【实施训练】

在项目 3 充分了解顾客需求后，对顾客进行产品呈现，将产品特性转化为顾客利益，对产品利益进行生动描述、反复强调等，在上述过程中，可能会勾起顾客的购买欲望，紧接着进入上述销售程序。

【训练情况记录】

训练情况记录表

模拟导购员：	观察记录员：	
模拟顾客：	目标商品：	
接待程序	导购员表现	评价
迎接	沟通能力：	优点：
待机	眼神、表情、声音（语气、语态、语速、音量）、礼仪形象等	
第一次接触		
询问需求		
树立专家形象		
产品呈现（产品特性转化为顾客利益）	销售技巧运用：（是否有询问需求、产品特性是否转化为顾客利益、处理异议）	问题：
处理异议		
促成交易		

【训练评价】

参考学习情境1柜台销售综合评价标准。

【改进提升方案】

自我总结。

课后作业 ▶▶▶

课后去家电商场，作为顾客进行一次商品选购，记录对话内容，并对导购员的表现进行分析评价。

任务5　把握时机促成交易

任务导入 ▶▶▶

【知识目标】

(1) 理解促成交易的含义和基本策略；

(2) 了解顾客的几种成交信号；

(3) 掌握促成交易的多种方法。

【技能目标】

把握时机促成交易能力。

5.1　任务内容

(1) 观察顾客成交信号，把握最佳成交时机；

(2) 恰当选择促成交易的方法；

(3) 促成交易技巧运用。

5.2　任务组织

(1) 将全部学生分组进行训练，3人一组，其中一人饰演顾客，一人饰演导购，一人观察记录。

(2) 小组成员选择一目标商品，设计柜台销售情境，从迎接顾客开始直至进入到促成交易环节，通过识别成交信号，适时、技巧地提出成交建议，帮助顾客下定决心实现最后的商品购买。

5.3　任务实施

5.3.1　观察顾客成交信号　把握最佳成交时机

5.3.1.1　促成交易的含义

所谓促成交易，是指销售人员通过销售说明等工作激发起顾客就购买商品或服务一事做出肯定的购买决策。

5.3.1.2　善于识别顾客的购买信号，把握最佳成交时机

购买信号是指顾客在语言、表情、行为等方面所泄露出来的打算购买的一切暗示或提示。在实际推销工作中，顾客为了保证自己所提出的交易条件，取得心理上的优势，一般不会首先提出成交，更不愿主动、明确地提出成交。但是顾客的购买意向总会通过各种方式表现出来。对于推销人员而言，必须善于观察顾客的言行，捕捉各种购买信号，及时促成交易。

顾客表现出来的购买信号主要有语言信号、行为信号、表情信号等。

(1) 语言信号

顾客通过询问使用方法、价格、保养方法、使用注意事项、售后服务、交货期、交货手续、支付方式、新旧产品比较、竞争对手的产品及交货条件、市场评价、说出“喜欢”和“的确能解决我这个困扰”等表露出来的购买信号。以下几种情况都属于购买的语言信号。

① 顾客对商品给予一定的肯定或称赞；

② 询问交易方式、交货时间和付款条件；

③ 详细了解商品的具体情况，包括商品的特点、使用方法、价格等；

④ 对产品质量及加工过程提出质疑；

⑤ 了解售后服务事项，如安装、维修、退换等。

语言信号种类很多，推销人员必须具体情况具体分析，准确捕捉语言信号，顺利促成交易。

名片信息输进电脑中，需要多长时间

一个卖中文电脑记事本的女孩去拜访一位公司经理，她向经理推荐和介绍了她的产品，并拿出产品向这位经理做了演示。这位经理接过她的产品在手上摆弄了半天，很喜欢。过了一会儿，这位经理说："我有几本名片簿，要把这些名片信息输进电脑记事本中，需要多长时间？"

请问，经理说这句话的含义是什么？

（2）行为信号

顾客细看说明书、要求推销人员展示样品，并亲手触摸、试用产品等所表露出来的购买信号。例如：一位女士在面对皮衣商品时，虽然是大热天，她仍穿着皮衣在试衣镜前，足足折腾了一刻钟。她走来走去的样子好像是在做时装表演；而当她脱下皮衣时，两手忍不住又去摸皮毛。请问这样的行为说明了什么？

把握成交时机，要求销售人员具备一定的直觉判断与职业敏感。一般而言，下列几种情况可视为促成交易的较好时机。

① 当顾客表示对产品非常有兴趣时；

② 当销售人员对顾客的问题做了解释说明之后；

③ 在销售人员向顾客介绍了商品的主要优点之后；

④ 在销售人员恰当地处理顾客异议之后；

⑤ 顾客对某一推销要点表示赞许之后；

⑥ 在顾客仔细研究产品、产品说明书、报价单、合同等情况下。

（3）表情信号

① 当顾客开始认真地观察产品，表示对产品非常有兴趣时，在听你介绍产品的时候若有所思地把玩产品，很可能他内心正在盘算怎样和你成交呢。

② 客户的表情从戒备、抵触变为放松，眼睛转动由慢变快，眼睛发光，腮部放松，这都表示客户已经从内心接受了你和产品。

③ 在你讲话的时候，客户频频点头，说明你的"洗脑"已经成功。

④ 脸部表情从无所谓、不关注变得严肃或者沉思、沉默，说明他在往心里去，可能由于下决心不容易，才有了沉思和严肃的表情。

⑤ 态度由冷漠、怀疑变成自然、大方、亲切，也说明对你和产品的接受。

⑥ 认真观看有关的视听资料，并不断点头。

⑦ 当客户身体靠在椅子上，眼睛左右环顾后突然直视着你的时候，说明他在下决心呢。

5.3.2 恰当选择促成交易的方法

5.3.2.1 请求成交法

请求成交法又称为直接成交法，是指销售人员向顾客主动提出成交的要求，直接要求顾客购买销售的商品的方法，这是一种最基本、最常用的成交方法。

例如，当导购员发现顾客的购买欲望非常强烈时，导购员可以直截了当地提出成交要求："还是认为这一款好吧，我看就是这款了，我给您提一款新机，您验验货，我现在给您开票，好吧？"

（1）使用请求成交法的时机

① 老客户；

② 顾客已发出购买信号；

③ 在解除顾客存在的重大障碍后。

（2）运用请求成交法应注意的几个问题

① 要求销售人员具备较强的观察能力；

② 把握好成交的时机。

5.3.2.2　假定成交法

假定成交法又称假设成交法，是指销售人员在假定顾客已经接受购买建议，同意购买的基础上，通过提出一些具体的成交问题，直接要求顾客购买商品的一种方法。

例如：一个化妆品销售人员对一个正在比较各种口红颜色的顾客说："你手上的这支很适合你的年龄和肤色。来，我替你装好。"

采用此种方法来促成交易，要求销售员始终有这样的信念：准顾客将要购买，而且也一定会购买，通过接近准备了解到顾客确实有这种购买需要，也有购买能力，既然是对双方都受益的事情，准顾客没有理由放弃这样的机会，对自己也充满了必胜的信心，认为自己的销售洽谈十分出色。销售员不仅要有这样的念头，而且应通过言谈举止、神态表情显示出来，并密切注意顾客所发出的购买信号，以及时地、主动地提出成交的假定，如果顾客不表示反对，交易就可达成。

聪明的导购员总是假设顾客肯定会购买，然后向顾客询问一些如何包装、付款、使用保养方面的问题或者是着手开票来结束销售："您如果看中了的话，我们下午就可以送货和安装，您能否留一个手机号，方便我们售后人员上门预约？"或者"您如果现在付款，我就能安排下午给您送货，您看行吗？"

假定成交法也有一定的局限性。这种方法以销售人员的主观假定为基础，不利于顾客做出自由选择，甚至会令其产生反感情绪，破坏成交气氛，不利于成交。所以，在使用这种方法时，要注意下列几点。

（1）应适时地使用假定成交法。一般只有在发现成交信号，确信顾客有购买意向时才能使用这种方法，否则会弄巧成拙。

（2）应有针对性地使用假定成交法。使用这种方法时，销售人员要善于分析顾客。一般地说，依赖性强、性格比较随和的顾客以及老顾客，可以采用这种方法。但对那些自我意识强，过于自信的顾客，则不应使用这种方法。

5.3.2.3　选择成交法

选择成交法是指销售人员向顾客提供两种或两种以上购买选择范围，并促使顾客在有效成交范围内进行成交方案选择的一种成交方法。

例如，导购员向顾客提出两个或两个以上的购买方案供顾客选择。不管顾客作出何种选择都意味着销售成功："如果没有问题，我就给您开票了，是用现金还是用银行卡？"

灰色的还是黑色的

销售员："以车身的颜色来说，您喜欢灰色的还是黑色的？"

客户："嗯，如果从颜色上来看，我倒是喜欢黑色的。"

销售员："选得不错！现在最流行的就是黑色的！那么，汽车是在明天还是在后天送来呢？"

客户："既然要买，就越快越好吧！"

经过这样一番话，客户等于说要买了，所以这时销售员就说："那么明天就送货吧。"这样很快就达成了交易。

选择成交法在实际销售工作中经常使用，并且具有明显的效果。

选择成交法的优点就在于既调动了顾客决策的积极性，又控制了顾客决策的范围。

选择成交法的要点是使顾客避开"要还是不要"的问题，让顾客回答"要A还是要B"的问题。

这种方法能否成功的关键在于销售人员能否正确地分析和确定顾客的真正需要，提出适当的选择方案。提出了与顾客需要相符选择方案，有助于顾客购买，有利于顺利成交。选择方案不宜过多，否则反而会使顾客拿不定主意。在实际工作中，销售人员应灵活运用选择成交法。

5.3.2.4 小点成交法

小点成交法又称为次要问题成交法或避重就轻成交法，是推销人员通过次要问题的解决来促成交易的一种成交法。小点是指次要的、较小的成交问题。

推销粉碎机

一个办公用品推销人员到某局办公室推销一种纸张粉碎机。办公室主任在听完产品介绍后摆弄起这台机器，并自言自语道："东西倒很适用，只是办公室这些小青年，毛手毛脚，只怕没用两天就坏了。"

销售人员一听，马上接着说："这样好了，明天我把货送来时，顺便把纸张粉碎机的使用方法和注意事项给大家讲一下。这是我的名片，如果使用中出现故障，请随时与我联系，我们负责修理。主任，如果没有其他问题，我们就这么定了？"

（1）小点成交法的优点

① 可以创造良好的成交气氛，减轻顾客的心理压力。

② 为销售人员提供了与顾客周旋的余地。

③ 一个小点不能成交，可以换其他的小点，直至达成交易。

④ 有利于销售人员合理利用各种成交信号，有效地促成交易。

（2）运用小点成交法应注意的几个问题

① 应针对顾客的购买动机，选择适当的成交小点。

② 应避免直接提示顾客比较敏感的重大决策问题。

③ 必须认真处理顾客的异议，不能故意回避顾客所提出的有关购买的重大问题。

5.3.2.5　从众成交法

从众成交法是指销售人员利用顾客的从众心理，促使顾客立即购买商品的一种成交方法。例如：计算机的推销员说："这是今年最流行的机型，我们一天就卖一百多台，请问先生什么时候要货?"

日常生活中，人们或多或少都有从众心理，从众心理必然导致社会趋同的从众行为，作为人们的购买行为，当然会受到自身性格、价值观念、兴趣爱好等因素的影响，同时又会受到家庭、亲戚好友、社会相关群体等因素的影响。因而顾客在购买商品时，不仅会按照自身需求来选购销售品，而且也要考虑社会上对此种销售品的行为规范和审美观念，甚至在某些时候不得不屈从于社会的压力而放弃自身的爱好，以符合大多数人的消费行为。

在具体应用这一方法时应注意以下问题。

① 销售人员必须针对顾客的从众心理动机，选择和使用具有一定成效影响力的基本顾客或中心顾客。

② 销售人员必须讲究职业道德，不能利用虚假的成交气氛来欺骗顾客。

③ 要将这一方法与有关的广告宣传相结合，以提高企业及其产品知名度，扩大社会影响，进而吸引大批量的从众顾客。

在具体应用这一方法时应注意以下问题。

① 销售人员必须针对顾客的从众心理动机，选择和使用具有一定成效影响力的基本顾客或中心顾客。

② 销售人员必须讲究职业道德，不能利用虚假的成交气氛来欺骗顾客。

③ 要将这一方法与有关的广告宣传相结合，以提高企业及其产品知名度，扩大社会影响，进而吸引大批量的从众顾客。

5.3.2.6　最后机会成交法

所谓最后机会成交法，又称无选择成交法或唯一成交法，是指推销人员直接向顾客提示最后成交机会而促使顾客立即购买的一种成交方法。这一成交方法要求推销人员运用购买机会原理，向顾客提示"机不可失，时不再来"的机会，给顾客施加一定的成交压力，使顾客感到应该珍惜时机，尽快采取购买行为。

销售进口原材料

一位汽车推销员对他的顾客说："这种车型的汽车非常好卖，这一辆卖出去以后，我们也很难进到同样的车子。"或："由于原材料需要进口，这批货卖完后，可能要很长的时间才有货。"

在运用机会成交法时应注意以下问题。

① 通过各种宣传造成一定的成交氛围，强调成交机会千载难逢，失去机会主等于损失更多的利益。

② 销售人员应直接向顾客提示成交机会，诱发顾客的购买动机，刺激顾客对销售品急切的占有欲望，以促使顾客立即采取购买行动。

③ 使用机会成交法时，所选择和利用的机会一定要属实，不能欺骗顾客，应该让顾客认识到你所提示的最后机会是在向其提供重要的信息，目的是帮助顾客做出理智的决定。

5.3.2.7 优惠成交法

优惠成交法又称让步成交法，是指销售人员通过向顾客提供优惠条件，从而促使顾客购买的方法。求利心理动机是顾客的一种基本购买动机，是促成交易的动力，优惠成交法正是利用了这一点，直接向顾客提示成交优惠条件，诱使顾客立即购买推销品。例如：某太阳能热水器公司的推销员对房地产开发商经理说："每安装10套热水器，我们就免费为客户安装淋浴喷头，别的公司可没有这么优厚的条件哦。"

补充两种优惠成交法如下。

(1) 特别优惠法

导购员："售后服务是我们品牌最重视的服务项目，全市我们设有7个服务点，随时随地满足您的要求，所以这个您尽可放心……（小声地）您别对别人说，现在购买赠品除了一套小厨具外，还有这个小礼包，价格上我还可以为您申请再降20元，这是我最大的权限了。您如果决定了，我就为您申请一下。如果主管答应，我就开票了……"

(2) 限时优惠法

优惠成交法与最后机会成交法结合起来运用，就是限时优惠法，更能增强对顾客的刺激强度，诱导性更强。优惠的机会"千载难逢"，特别是当未来预期对顾客不利时，谁都希望搭上这一"末班车"，这对达成交易将更为有利。

5.3.2.8 小狗成交法

小狗成交法又称试用促成法，是推销人员请求顾客试用少量包装的商品，如请求顾客购买远比正常包装要小得多的数量，先行试用，以减少风险，如果顾客试用后对商品感到满意的话，以后就会更多量的购买。

小狗成交法来源于一个小故事：一位妈妈带着小男孩来到一家宠物商店，小男孩非常喜欢一只小狗，但是妈妈拒绝给他买，小男孩又哭又闹。店主发现后说："如果你喜欢的话，就把这个小狗带回去吧，相处两三天再决定。如果你不喜欢，就把它带回来吧。"几天之后全家人都喜欢上了这只小狗，妈妈又来到了宠物商店买下了这只小狗。

这就是先使用、后付款的小狗成交法。有统计表明，如果准顾客能够在实际承诺购买之前先行拥有该产品，交易的成功率将会大大增加。

试用的商品有的时候是免费赠送的，这里既包括在商场的专柜里，或是在闹市街头上，也包括推销人员有针对性地上门赠送。尤其是最后一种方式，是推销人员用得比较多的途经。比如把有关的办公设备先借给顾客试用一段时间，并约定如满意的话，则购买某一个特定的数量。

运用小狗式成交法时应注意以下几点。

(1) 销售人员应相信顾客，允许顾客在试用不满意时退还产品，而不必承担任何责任；

（2）在顾客试用期间，应帮助顾客总结使用心得，指导顾客科学合理地使用产品；

（3）顾客有疑虑的时候，可以请他先看。因为销售人员对公司有信心，对公司的产品有信心，也对顾客有信心。

5.3.2.9 总结利益成交法

总结利益成效法是指推销人员将顾客关注的产品的主要特色、优点和利益，在成交中以一种积极的方式来成功地加以概括总结，以得到顾客的认同并最终获取订单的成交方法。例如吸尘器推销员运用总结利益成交法向顾客进行推销："前面已经讨论过这种配备高速电机的吸尘器（特征）比一般吸尘器转速快两倍（优点），可以使清扫时间减少15～30分钟（利益），工作起来更轻松，使您免去推动笨重吸尘器身心上的痛苦（更多的利益），是这样吧？（试探成交）"

总结利益成交法包括三个基本步骤。

（1）销售洽谈中确定顾客关注的核心利益。

（2）总结这些利益。

（3）向顾客提出购买建议。

总结利益成交法能够使顾客全面了解商品的优点，便于激发顾客的购买兴趣，最大限度地吸引顾客的注意力，使顾客在明确自己既得利益的基础上迅速作出决策。但是采用此法，销售人员必须把握住顾客确实的内在需求，有针对性地汇总阐述产品的优点，不要"眉毛胡子一把抓"，更不能将顾客提出异议的方面作为优点加以阐述，以免遭到顾客的再次反对，使总结利益的劝说达不到效果。

总结利益成交法适用面很广，特别是适合于相对复杂的购买决策，如复杂产品的购买或向中间商销售。

5.3.2.10 保证成交法

保证成交法是推销人员通过向顾客提供售后保证，从而促成交易的成交方法。保证成交法即是推销人员针对顾客的主要购买动机，向顾客提供一定的成交保证，消除顾客的成交心理障碍，降低顾客的购物风险，从而增强顾客的成交信心，促使尽快成交，保证成交法是一种大点成交法，直接提供成交保证，直至促成交易。例如销售人员可以说"您不用担心我们生产的太阳能热水器的质量问题，我们提供10年的使用保修期，随时上门为您提供各种技术服务。"

保证成交法的保证内容一般包括商品质量、价格、交货时间、售后服务等。这种保证直击顾客的成交心理障碍，极大地改善成交气氛，有利于促成交易。但是，保证成交法也不可滥用，以免失去销售信心，引起顾客的反感，从而不利于成交。

5.3.2.11 消去法

即导购员从候选的商品中排除顾客不喜欢的商品，间接地促使顾客下定决心："前面那两款不太适合您，因为容量太大，用不着。三升的这一款应该是最合适的，您觉得呢？如果行我就给您开票。"

5.3.2.12 感性诉求法

即用满足顾客感性诉求的语言使顾客下定决心："老人家看到您送他这个型号一定高兴得不得了，我看就是这款了，您决定了吗？我给您开票。"

5.3.3 促成交易技巧运用

5.3.3.1 观察成交信号，提出成交建议，推动成交

成交信号

来到了成交的最后关头，顾客却反复唠叨售后服务能否及时到位。

导购员有以下几种应答表现。

① 导购员："售后服务您放心，我们是三星级服务标准，一旦产品出现问题，我们的售后服务程序立即启动，问题特别大的，我们还召回呢。"

② 导购员："售后您放心，我们这个宣传单上有详细的解释，要不您看这样，我给您办一下手续，这样能保证您排上队，您交钱后下午就能送货，好吗？"

③ 导购员："我们不仅售后服务让您满意，而且一旦成为我们的荣誉会员，我们还会定期组织活动，推广机器的使用常识，组织抽奖、节假日幸运游等。"

问题分析：

第一句"售后服务您放心，我们是三星级服务标准，一旦产品出现问题，我们的售后服务程序立即启动，问题特别大的，我们还召回呢"，顾客反复问售后服务是否及时或咨询一些琐碎的事，有时还说自己没有带够钱，这些表现都在证明顾客已经产生强烈购买欲望正在做最后的决定，这个时候导购员最忌的是反复讲解而不提出成交建议。

第二句"售后您放心，我们这个宣传单上有详细的解释，要不您看这样，我给您办一下手续，这样能保证您排上队，您交钱后下午就能送货，好吗？"这是用假设成交推动法敦促顾客购买，这种方法不可滥用。如果顾客已经对品牌充分认同，只是还有一些小疑问，这时就比较有效。相反对那种"处处小心，生怕上当"的顾客，假设成交法的效果就不一定好了。

第三句"我们不仅售后服务让您满意，而且一旦成为我们的荣誉会员，我们还会定期组织活动，推广机器的使用常识，组织抽奖、节假日幸运游等"。这等于用"会员制"把问题又岔开了，对成交毫无帮助。本例中顾客已经发出了成交信号，但导购却把问题岔到了别的上面而错失良机。

换言之，导购一切的待机、展示、处理异议等行为都是在为培养顾客的购买欲望做铺垫和准备，而顾客的购买欲望一方面来自于他的情感，另一方面来自于导购为顾客营造的氛围。这意味着顾客的感情和情绪都是易变的，所以成交机会稍纵即逝，如果不能在顾客流露出欲望时成交，那么导购工作必然事倍功半。

策略：

当导购员向顾客销售产品时，就好比引导顾客跳过一道水沟。顾客虽然明知跳过去就会有更好地方，但由于沟太宽，觉得无法跳过去而犹豫。作为一个真正为顾客着想的导购员，应该尽量设法帮助他寻找最近的地方，让他轻易跳过去。

那如何发现这个所谓"最近的地方"呢？最近的地方在哪里呢？哪里是最合适的提出成交建议的机会呢？

答案是：当顾客表现出强烈的购买欲望时，就是提出成交建议的最佳机会。这往往会将顾客的欲望推入势不可当的高潮，使交易一举成功。相反在找到"最近"的地方之前，如果贸然带顾客在无法跳过去的地方冒险尝试，这很可能激起顾客的抗拒心理。一旦被拒绝，你

和他的关系便出现某种程度的倒退。所以太早建议或太迟建议，都不会收到好的效果。

方法只有一个：观察顾客——即注意顾客细小的心理变化。这种心理变化会反映到表情与动作上面，比如：

脸部表情：环视周围的顾客，然后突然凝视你。

动作：进入沉思或重新打开机器触摸，反复查问好坏等。

语言：一直在随声附和你的顾客突然开始询问送货、发票、售后等。

出现以上情况时，导购应立即提出成交建议，推动成交。

语言技巧：

① 试探成交法。导购员发现顾客对品牌已高度认同，但还在迟疑中寻找一些问题，于是开口："售后服务您放心，我们是三星级服务标准。如果我们的服务信誉不好，商场是不会让我们进场的……这样吧，您来这边办一下手续，我马上给您排队，下午就给您送货。然后安装调试，尽量让您今晚就能用上……"经过这样的建议，如果顾客不打算当场购买，他自然会提出来。但如果顾客对送货时间以及能否提前看货等问题向导购提出，说明顾客是肯定要买了，这时导购就要一鼓作气，促成交易。

② 肯定暗示法。导购员："售后服务是我们工作的重中之重，我们绝不是那种把产品卖给顾客就不闻不问的厂家，这一点您尽可放心。您看我刚才已经全面介绍了这款产品，如全模糊控制、额定用水量、最大耗电等。粗略地计算，它可以每月节省 20 元，每年节省 240 元。从质量上讲，这是一款几乎挑不出毛病的产品，是吧？这也是我们销售最好的机型。您决定了吗？要不您来这边办一下手续，我马上给您排队，下午就给您送货，让您今晚就能用上。"

③ 限时优惠法。导购员："2009 年是我们的售后服务创新年，我们专门设立了售后服务免费咨询电话。轻松打一个电话，就会有专业人员登门维修，所以售后问题您尽可放心。其实您的运气真好，我们现在正在搞品牌传播 10 周年庆典，您购买这一款机型可以获赠小电烧锅一个，您来的刚好，我们只剩下两个了。"

④ 特别优惠法。导购员："售后服务是我们品牌最重视的服务项目，全市我们设有 7 个服务点，随时随地满足您的要求，所以这个您尽可放心……（小声地）您别对别人说，现在购买赠品除了一套小厨具外，还有这个小礼包，价格上我还可以为您申请再降 20 元，这是我最大的权限了。您如果决定了，我就为您申请一下。如果主管答应，我就开票了……"

5.3.3.2 一旦发现成交信号，立即提出成交建议

成交信号与成交建议

顾客对产品比较满意，但表示还是要再看看，之后又回来摆弄之前那款。

导购员有以下几种应对表现。

① 导购员："比较得怎么样了？"

② 导购员："还有什么不放心的吗？"

③ 导购员："还是喜欢这款机型吧？"

问题分析：

第一句“比较得怎么样了?”一般来说，嫌货才是买货人，即使顾客已经下决心购买这一款机型，但一经导购员这样提问，可能又会重新打起精神继续与竞品进行比较。但问题是，十全十美的商品是不存在的，在成交时机却暗示顾客反复比较，无异于将顾客推出专柜，继续让其在商品的海洋里货比三家，战线由此拉得更长。

第二句“还有什么不放心的吗?”顾客的问题是无休止的，如果导购员这时候不管好自己的嘴，继续暗示顾客胡思乱想，那么很可能一个不起眼的问题成为顾客攻击的对象，甚至成为决定顾客放弃的理由。

第三句“还是喜欢这款机型吧?”肯定顾客的选择是对的，但是更应该及时提出成交建议。

策略：

导购员应该学会识别成交信号，对这些成交信号应该非常敏锐。一般来说，顾客的成交信号可以分为三种。

① 行为信号。仔细观看家电的各种标识，触摸开关和试着打开内外壳，或货比三家后重新回来考察同一款机型。

② 语言信号。顾客的眼睛开始变得锐利，不放过导购员的一个细小动作、眼神、谈话的语气和内容（生怕上当）；或者开始和导购员讨价还价，或就某一微不足道的问题反复陈述，或反复摆弄商品好询问价格和售后服务。

③ 表情信号。流露出高兴的神态或盯着商品思考，征询同伴意见得到满意答复后流露出有成交意向的表情。

当出现以上的一种或几种成交信号时，导购员要做的就是紧紧抓住机会，及时提出成交建议，帮助顾客下定决心购买。

语言技巧：

① 直接成交法。即当导购员发现顾客的购买欲望非常强烈时，导购员可以直截了当地提出成交要求：“还是认为这一款好吧，我看就是这款了，我给您提一款新机，您验验货，我现在给您开票，好吧?”

② 假设成交法。即聪明的导购员总是假设顾客肯定会购买，然后向顾客询问一些如何包装、付款、使用保养方面的问题或者是着手开票来结束销售：“您如果看中了的话，我们下午就可以送货和安装，您能否留一个手机号，方便我们售后人员上门预约?”或者“您如果现在付款，我就能安排下午给您送货，您看行吗?”

③ 选择成交法。即导购员向顾客提出两个或两个以上的购买方案供顾客选择。不管顾客作出何种选择都意味着销售成功：“如果没有问题，我就给您开票了，是用现金还是用银行卡?”

④ 消去法。即导购员从候选的商品中排除顾客不喜欢的商品，间接地促使顾客下定决心：“前面那两款不太适合您，因为容量太大，用不着。三升的这一款应该是最合适的，您觉得呢？如果行我就给您开票。”

⑤ 感性诉求法。即用满足顾客感性诉求的语言使顾客下定决心：“老人家看到您送他这个型号一定高兴得不得了，我看就是这款了，您决定了吗？我给您开票。”

⑥ 最后机会成交法。即告诉顾客这样款式的存货不多，或者是即将取消优惠条件等：“我们这个活动还有一天就到期了，您今天买最划算。（容顾客稍稍思考后即可询问顾客）您决定了吗？我现在给您开票号码?”

5.3.3.3 用谈判的方法处理顾客过分的成交条件

成交条件的谈判

产品已经打折了，可顾客还是说贵，反复询问降价的可能性。

导购员有以下几种应对表现。

① 导购员："这是不可能的事。"

② 导购员："不是已经给您打折了吗？您再要求就没有道理了。"

③ 导购员："我没有这个权利，我给您请示一下。"经请示后，得到经理同意，即向顾客表示能够满足其价格要求，并要求立即开票。

问题分析：

第一句"这是不可能的事"和第二句"不是已经给您打折了吗？您再要求就没有道理了"，导购员应该避免用武断和一口回绝的方式来应对顾客的要求。当导购员把话说得绝对、武断时，这种口气会使顾客产生心理上的防御反应，甚至顾客会在导购员话说到一半时就突然离去，或者即使不加反驳也会坚决拒绝购买。

第三句使用了请示式判断法，但只是满足了要求而没有提出要求，很可能让顾客觉得谈判还有很大空间而心有不甘，或者觉得是白捡的便宜而不珍惜导购员的成交建议。

策略：

本例情景描述的即是一类顾客的成交信号。当顾客提出一些过分要求时，导购员应学会用谈判的方法处理这类问题，以使顾客感到心理平衡，并迅速促成交易。

所谓谈判，就是先给对方一点好处，然后再拿回来一点，拿回时必然顾客会不高兴，那就在最后，再把拿回来的那点还给顾客。这时一般来说顾客就没有什么问题了。顾客会感觉自己赚了，但导购员却在这个过程中一步步地促成了交易。

本例中，导购员在遇到顾客降价的要求非常坚定时，可以采取迂回的方式，用请示上级的方法完成与顾客的谈判。

谈判法之所以比其他直接回绝的方法更有效就在于，谈判更能使顾客获得心理上的满足——让顾客感觉我们在舍弃自己的利益，在进行让步，由此促成交易的完成。

用谈判法应对顾客的要求应分三步走。

第一步是向顾客说明自己的权限不足，需要向上级请示。

第二步向顾客说明上级是否答应是关键。

第三步是如果上级答应，则必须反过来向顾客提出相应要求，以使其珍惜导购员为其争取来的利益并迅速促成交易的实现。

语言技巧：

① 导购员："您看我们已经沟通了这么长时间了，也沟通的很愉快，您目前就是在价格上还存在一点异议是吗？我目前给你报的这个价格已经是我最大的权限了。如果您真想买我们的产品，我就向上级主管申请一下。如果上级主管同意了，我们就成交；如果上级不同意，我们以后再合作。这位先生，请您报一个价，我帮您请示一下。"

报价的过程一般会产生两种结果，第一种是价格过低，导购员无法接受。这时导购员要说："这位先生这个价格是不可能的，如果我向上级主管请示也是要受到批评的。产品赚多少都没关系，但赔本的生意我们做不了。如果您对我们的产品认可的话，请您再报一个合理的价格。"把问题推回去。

② 导购员（向顾客提出报价请求并得到报价后，认为可以答复）："价格我们可以接受。但我要向主管请示。"如果在顾客面前打电话，那么应该让顾客听见的话就是：首先说明顾客的购买价格，并说明自己的权限不够，但是顾客的购买意愿强烈，希望最终得到这款产品，也希望后期能够和这位顾客合作并达成一致，并询问上级经主管的意见……要强调"如果这个价格您同意的话他今天就能购买"，说话的同时眼睛看着我们的顾客，引导顾客的认同感。沟通完毕，放下电话，对顾客说："我们的主管答应以这个价格卖给您了。但这个价格是有三个条件的。第一，只此一次下不为例，以后您再来也不会是这个价了；第二，您不能和您的朋友说您是以这个价购买的，否则今后我们的生意无法正常开展；第三，这是不开发票的价格，如果开发票需要您再补几个税点。"顾客对第一和第二个条件都能接受，唯独第三个因为涉及今后产品修理问题，不能够同意。这是导购员需要再次当着顾客的面打电话向主管请示："前两个条件顾客都能答应，唯独第三个，因为产品后期维护没有保障而不能同意，如果我们答应了第三个条件顾客今天就能购买……"看着顾客说最后一点从而引导顾客，打动交易的最终目的。放下电话后再次和顾客沟通："我们主管答应给你这个价，可以给您开发票，但前提是今天就拿货。"这样说80%的顾客都会购买，因为他感觉自己赚了。

③ 导购员（向顾客提出报价请求并得到报价后认为不能答应）："要不我帮您问一下主管，看能不能便宜点。"回来后："我刚才问过经理了，他说现在是促销价，不能再便宜了。要不我帮您争取一下看能不能给您半年后凭资料卡免费清洗。"如果得到顾客认可，就再对上级主管进行请示，然后说："我们的经理说这个优惠只给消费满1000元的顾客的。不过我还是帮您争取到了。您填这份资料卡，半年后凭这卡就可以让工作人员上门帮您免费清洗。现在我给您开票，您是用银行卡还是现金?"

5.3.3.4 不仅要传达功能价值，更要传达品牌价值

传达品牌价值

顾客在导购的推介下已经决定购买，却又说："你们的产品这么贵，便宜点行吗?"

导购员有以下几种应对表现。

① 导购员："是贵点，但品质不一样。"

② 导购员："我们这款的功能超过别人，比如……"

③ 导购员："我们这款机耐用、不容易破损，十年八年也用不坏。"

问题分析：

以上三句都存在一个问题，即导购员只会卖产品，只记得产品的功能价值，忘记了产品的品牌价值。

我们经常听到客户对品牌家电提出异议，说你的产品这么贵，每一款都这么高价钱，贵

在哪里，是材质贵了、功能超过别人、还是耐用、不容易破损、十年八年用不烂，等等。如果导购员只局限在以上层面来介绍产品的差异和独特性，这就是只会卖产品，只记得产品的功能价值，忘记了产品的品牌价值。

策略：

产品的功能价值和使用价值不同于产品的品牌价值，当然也不等人同于产品的价格。顾客一旦提出价格问题或者问你的产品有什么特别之处时，导购员就应告诉顾客，使用名牌产品代表着顾客的身份、社会地位、品味和与众不同的服务。换言之，有时候价格本身就是一种荣耀。

所以对于品牌产品的导购员，为了正确应对顾客的价格询问，应在平时多演练以下的背景知识。

① 了解产品特性；

② 充分了解品牌定位，历史文化；

③ 明确目标消费群；

④ 训练自己介绍品牌文化的技巧，学会引导消费者。

卖品牌产品，顾客是需要引导的。因为我国品牌产品市场发展时间还不是很长，很多顾客具备消费能力，但却没有相应的知识。这就需要我们抓住一切机会宣传、教育、引导顾客。

语言技巧：

① 导购员："品牌的作用是非同一般的，人家看您家里用的是品牌产品，自然觉得您有品位。如果价格像您说的这么大的水分，就不是您要的质量了。您只有相信我们品牌的质量、服务，咱们才能做成生意……"

② 导购员："如果能降到这么低的价钱，就不是您这样的人想要的质量了。您肯定希望我们店只卖高档正品。其实您很会看货，像我们这样的大牌产品，当然值这样的价钱。"

③ 导购员："我们的价格比别人高10%，可您要的不就是这种独一无二的品质吗？朋友到您家看新装修的房子，如果您用山寨机，那肯定让人觉得不协调。相反用我们的产品，朋友肯定觉得您的品位不一般。其实我们是用价格来保证品质和服务的，这点其实我们很明白。"

5.3.3.5　运用反切话术敦促顾客成交

如果这次不买会有什么损失

导购有序推介后，顾客自言自语地说："产品还可以，质量不错，能耗也不高，只是……"

导购员有以下几种应对表现。

① 导购员："您全场走一走，好好比较比较，哪家的机型超过我们的这一款？"

② 导购员："再挑就挑花眼了，您看您都走了多少圈了，您要的是经济型的，这款不是最经济的吗？"

③ 导购员："别再犹豫了，喜欢就今天买吧，这是我们最新推出的国际标准款，是国内

第一批上市的产品，用几年都不过时。”

问题分析：

第一句“您全场走一走，好好比较比较，哪家的机型超过我们的这一款?”在不能针对顾客的重要买点进行引导时，说这种话就等于放弃顾客。因为顾客衡量产品的标准是千差万别的，导购员认为最重要的卖点未必是顾客的买点，所以这种话会因导购员对自家产品的过度自信而丢失顾客。

第二句“再挑就挑花眼了，您看您都走了多少圈了，您要的是经济型的，这款不是最经济的吗?”这种说法容易激发与顾客的矛盾，让顾客很不舒服也很没面子。

第三句“别再犹豫了，喜欢就今天买吧，这是我们最新推出的国际标准款，是国内第一批上市的产品，用几年都不过时。”这一句并没有给顾客今天一定要买的理由，显得苍白无力。

策略：

导购员在如理如情地进行推介后，如果仍把握不准成交的切入点，就尽量不要直接敦促顾客拍板成交。即不要用“我的产品怎样怎样，能对你有什么影响”这样的话式。而是要从反面切入，即“如果您没有使用我们产品（或没有把握这次机会）……会有怎么样的损失”的话语式。

说明产品特性时，即要掌握正切术，也要掌握反切术。所谓正切就是产品能给顾客带来的利益和好处。这些都应该体现在产品的独特卖点上。而反切则是要告诉顾客不买该产品他将失去什么，他的损失是什么。

试看下例。

导购员：“先生，看您的气质可以猜出你的生活水准和生活方式，在我看来，您非常适合使用我们这款时尚多功能机型。”正切，表现该机型是专为高档生活人士设计。

顾客：“哦，您猜出我什么了?”顾客没有正面响应，但对导购员的话很受用。

导购员：“我猜您可能是一位商务人士，至少也是个老总，非常讲求生活水准和养生。”再次正切，使用该机型意味着您懂得养生、注重生活水准。

顾客：“是吗？其实不是我用，是想送朋友。”

导购员：“我们这套机型根据材料不同分 3 个档次。如果送礼的话，纯钢材质的面板比较大气排场（正切，用这一款送礼才够面子），389 元，卖得非常快，现在我们专卖店还剩最后 3 台了（反切，就快卖完了）。”

顾客（摸一摸该机型的外壳）：“外观不错，像个好东西，怎么一点优惠都没有?”

导购员：“我们品牌专柜是全国统一零售价格，但我们商场为了答谢消费者，现在正在做满 600 元送 88 元优惠券的周年活动。像您这种情况，我想，你可以买一台 389 元的送礼，然后外加一款 238 元的高档陶瓷煮茶机和配套茶具。这种茶具是专门为商务人士在办公室使用设计的（正切，使用该产品时尚气派），这样您就可以获得 88 元的现金返券（正切）。”

顾客：“就这个优惠政策?”

导购员：“优惠活动只在庆典这三天有。”（反切，您不满意还过期不候呢。）

顾客：“恩，我考虑考虑……”不买便宜货，但要买能占便宜的货，何况自己的办公室里是用茶杯喝茶，即老土又过时，弄一套时尚煮茶的茶具一放，用起来方便而且有面子，反正是占了便宜。

顾客："行，要这两款，返 88 元的。"

在本例中，顾客首先表明对产品品质的认可，但却没有表露不拍板的原因（只是……），这时导购员应该首先是顺着顾客的肯定之词（本例中的"质量不错"）进行重复，以加深顾客的认可程度，转而提醒顾客应该把握本次机会，以刺激顾客作出购买决定。如此一来更容易促成顾客拍板成交。如果仍不起作用，导购员则需直接向顾客提问，针对疑问为顾客建立起最终的购买信心。

语言技巧：

① 导购员："我们的产品是业内第一家通过国际标准质量认证的上架产品，而且每个月最后一个周末做一次让利促销。今天您刚好赶上，否则您要等到下个月了。而且我们的这个规格的产品完成一定销量就截止促销活动……"言下之意到下个月该产品已经没有促销了。

② 导购员："您现在能决定下来吗？因为我们这款机型卖得比较快，现在只剩几件货了。上次有个顾客看好 K 型机，结果晚了两天，货卖完了，调货也调不到，搞得我们很不好意思。所以您要是认为合适，就应该今天买，您要决定了我现在就开票。"

③ 导购员："我觉得这款机型最符合您的需要，但我也怕自己还有解释不周的地方，请您考虑一下，您还担心什么呢？"

实战技能训练 ▸▸▸

【训练项目】　促进成交的技巧

道具：待售商品。

参加人数：2 人一组。

方法：一人扮演导购员，一人扮演顾客，根据上述销售情境，或自编销售情境，导购员接待顾客。

规则：判断成交信号，运用技巧，促成交易，两人角色互换。

目的：通过训练，提高作为导购员的识别成交信号和促成成交的技能。

【训练准备】

在前面充分了解顾客需求后，对顾客进行产品呈现，将产品特性转化为顾客利益，对产品利益进行生动描述、反复强调，在上述过程中，如果勾起了顾客的购买欲望，顾客会提出一些异议，导购处理顾客异议，紧接着进入下述销售程序。

任务一：重述产品给顾客带来的利益。

任务二：观察对方的反应。

任务三：当对方表现出接收到信号时，即可要求成交。

【实施训练】

按照完整的顾客接待程序实施训练。

① 迎接顾客；

② 待机，第一次接触；

③ 询问需求；

④ 树立专家形象；

⑤ 产品呈现（产品特性转化为顾客利益）；

⑥ 处理异议；

⑦ 促成交易。

【训练情况记录】

训练情况记录表

模拟导购员：		观察记录员：
模拟顾客：		目标商品：
接待程序	导购员表现	评价
迎接	沟通能力：	优点：
待机	眼神、表情、声音（语气、语态、语速、音量）、礼仪形象等	
第一次接触		
询问需求		
树立专家形象		
产品呈现（产品特性转化为顾客利益）	销售技巧运用：（是否有询问需求、产品特性是否转化为顾客利益、处理异议）	问题：
处理异议		
促成交易		

【训练评价】

参考学习情境1柜台销售综合评价标准。

【改进提升方案】

自我总结。

课后作业 ▶▶▶

课后去家电商场，作为顾客进行一次商品选购，记录对话内容，并对导购员的表现进行分析评价。

任务6 售后服务

任务导入 ▶▶▶

【知识目标】

(1) 了解成交后跟踪的意义；

(2) 了解售后服务的内容；

(3) 了解处理顾客投诉原则、程序和方法；

(4) 了解处理顾客抱怨的同时留住老客户的意义。

【技能目标】

正确处理顾客投诉的能力。

6.1 任务内容

（1）认识售后服务工作；

（2）认识顾客投诉；

（3）处理顾客投诉的步骤和方法；

（4）在解决抱怨的基础上，留住老顾客。

6.2 任务组织

（1）将全部学生分组进行训练，3人一组，其中一人饰演顾客，一人饰演导购，一人观察记录。

（2）小组成员选择一目标商品，根据所选商品进行顾客投诉训练，重点训练处理顾客投诉的技巧。

6.3 任务实施

6.3.1 认识售后服务工作

6.3.1.1 成交后跟踪的意义

（1）成交后跟踪的含义

成交后跟踪是指销售人员在成交签约后继续与顾客交往，并完成与成交相关的一系列工作，以更好地实现推销目标的行为过程。

（2）成交后跟踪的意义

成交后跟踪是现代销售理论的一个新概念。其中一些具体的工作内容，在传统的销售工作中已有体现。但把它概括为成交阶段的一个重要环节，则体现了它对于现代销售活动的重要性。

6.3.1.2 成交后跟踪的内容

（1）回收货款

（2）售后服务

① 包装服务。

② 送货服务。

③ 安装服务。

④“三包”服务。

⑤ 帮助顾客解决他所遇到的问题。

（3）与顾客建立和保持良好的关系

① 与顾客保持联系的作用

如今，买方市场情况下，产品同质化程度越来越高，同时，由于科学技术的发展，产品本身的生命周期也是越来越短，很多企业推出的营销策略和手段也大同小异，消费者已变得相当理智，所以对客户进行维护和售后的服务非常必要。

② 与顾客保持联系的方法

a. 通过信函、电话、走访、面谈、电子邮件等形式。

b. 通过售后服务、上门维修的方式。

c. 在本企业的一些重大喜庆日子或企业举行各种优惠活动时，邀请顾客参加、寄送资料或优惠券等。

③ 了解顾客的满意程度。

6.3.2 认识顾客投诉

6.3.2.1 什么是顾客投诉

是顾客对自己期望没有得到满足的一种表达，如图 1-7 所示。

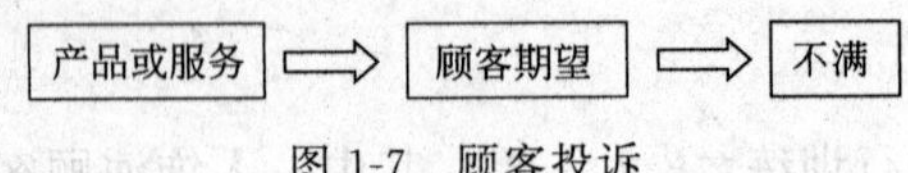

图 1-7 顾客投诉

6.3.2.2 换角度看待投诉

在牢骚满腹的顾客中，96%的人都懒得投诉，只有 4%的顾客会投诉，事实上其中的绝大部分是你的忠实顾客（华盛顿特区的技术援助项目（TARP）提供的数据）。

投诉的作用如下。

（1）使我们更明白顾客需求；

（2）使我们有自省和改正的机会；

（3）帮助顾客更加了解产品、公司和我们的服务。

6.3.2.3 处理投诉的原则

（1）时效性

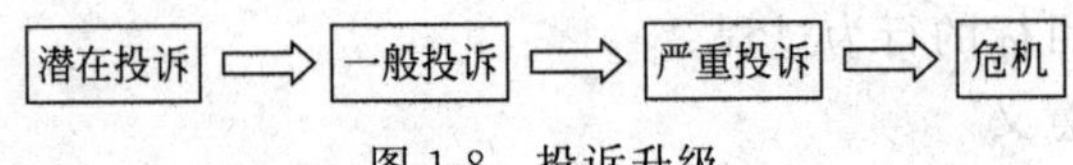

图 1-8 投诉升级

问题：如果处理不当，投诉会升级，如图 1-8 所示。

方法：① 重视每一次和顾客接触的机会；

② 在抱怨扩大之前解决问题，不要让投诉升级。

（2）移情性

方法：以你所希望的被对待方式对待顾客；绝不让顾客带着不愉快情绪离开。

顾客在饼店

某中年女性顾客在饼店自选产品，因其对食品夹的使用办法不得当，连续夹碎两块葡式蛋塔后，既无歉意，也无意购买。女导购员 A 是一名入职两月余的新员工，责任心强但沟通技巧有限。A 站在旁边见顾客夹坏了第一块蛋塔时，就对顾客说：“您不会用食品夹，我来教您好吗？”顾客看了她一眼，接着又夹碎了第二块，且第二块蛋塔带着赌气的意味，因为她用力较大动作也快。A 对顾客说：“这两块蛋塔您夹坏了，您要么买回去，要么赔偿！”顾客说：“我没有见到你们店里有这么一条规定啊！写出来了吗？贴在哪儿啊！”遂产生了争执。领班 B 过来，了解事情经过后，对顾客说：“算了，算了，不要您赔了！”顾客偏又得理不饶人，说导购员 A 说话不中听，损了她的面子，坚持要求 A 当面给其赔礼道歉。领班

B一听，认为顾客有点过分，没有同意。顾客说："你们店里的服务员服务素质太低，东西我不买了，我还要告诉所有的人今后不上你们店里来！"就在顾客将要出门之际，领班B忍不住对着顾客的背影说了一句："没有钱就别来店里买东西！"谁知顾客听见了，转过身来掏出钱包，将包里的钱掏出来，一下拍在收银台上，大声嚷嚷："谁没有钱啦，谁说的，是哪一个说的！"店长C正好听到了吵闹声，忙将顾客请到休闲区的座位上坐下来，送上茶水，然后叫顾客讲了事情的经过。店长C很诚恳地向顾客道歉，顾客说："既然你诚恳，我也就算了。但那个女孩说我没有钱，当着这么多人侮辱我，损害了我的尊严，你说怎么办吧！"店长C说："这样吧，我要领班当面向你赔礼，我以饼店的名义赔你一盒点心，行吗？"顾客说："不行，我一定要你罚她500元钱，然后赔给我，这样才能给她一个教训！"店长一听，觉得顾客难缠，简直不可理喻，渐渐地也有了一丝恼怒。双方讨论了两个回合后，店长C忍不住说："起初不对的是你，才产生了后来我们服务员说话过火。如果您坚持要赔钱，我就要怀疑您今天的动机。"顾客大怒，要求店长告诉其总经理的电话，遂投诉至公司。

问题：请对服务员的表现进行分析，如果你是该服务员你怎么做？

问题分析：

面临抱怨、投诉时，营销服务人员采取什么样的心态来对待，十分重要。撇开新员工缺乏服务素质和服务技巧不谈，领班、店长处置抱怨、投诉时，应从有效解决问题的角度来分析问题，排除阻碍，与顾客达成共识，取得顾客的谅解，赢得顾客的好评和尊重，最忌将个人情绪化的思维带进处理过程中。从上面的案例中，我们可以清晰地看到有效处置危机的关键控制点如下。

（1）顾客永远是对的；

（2）及时、快捷、诚恳，表明身份；

（3）带离现场处置；

（4）肯定顾客，欣赏顾客，感激顾客；

（5）准确处置，达成共识。

设想领班B这样处置：领班B在为顾客服务时，也关注着店里每一名导购员和顾客，很快就发现了导购A和顾客间发生的事。B轻盈地来到她们面前，知道了发生的事情，笑盈盈地对顾客说："您好，我是领班B，夹碎蛋塔的责任不是您的，是我们的！"一边说，一边拿起食品夹和托盘，微笑着对A说（实际上是说给顾客听）："我们没有把夹蛋塔的方法告诉顾客，顾客不能把自己喜欢的产品拿起来，就是我们服务的失当！小A，你来试一次，一边夹一边把方法讲给我们听一听，看是不是正确！"这样，轻描淡写地把矛盾的着眼点转移到另外一个话题上去，既掩盖了顾客抱怨的主题，也融洽了气氛，还借机会培训了新员工。这样处理，顾客小A都笑容顿开，面子都顾到了，自然，故事也不会再往下延伸。

设想店长C这样处置：C巡视店里所发生的一切，步履轻盈地就来到了抱怨顾客的面前，一脸灿然和恳切，落落大方地给顾客递上名片，说："您好，我是店长C，请问我怎么称呼您！"顾客说："我姓张！""张大姐，您好，感谢您关临本店，还感谢您帮助我们改进服务，提高服务素质。我想请您到里面我的工作室（或休息室、或饼店休闲区较僻静的地方）谈一谈，您请跟我来！"顾客的目的是要争回面子，讨一个说法。当优雅大气的店长C温言暖语、镇静自若、诚恳邀请时，有着一股无法抗拒的魅力。C请顾客落坐，亲手递上茶水，笑吟吟地请顾客将自己所有的抱怨说完。C并没有去针对整个事件过程来评判，只是对顾客说："好感谢您这么关注我们，关爱我们。事实上，我们饼店能有今天的兴旺，就是因为有好多像您这样热心肠的顾客不断激励。”说着，掏出准备好的一个贵宾卡和一盒精致的点心礼盒，递给顾客：“我们的贵宾卡发放有两种方式：一是消费累积积分，一是对我们饼店有过帮助。今天，您帮助我们提升了服务质量，我按照公司的规定，很荣幸地赠给您贵宾卡和礼品。每年我们还会从持有贵宾卡的顾客中请出一些代表，参加公司举办的联谊活动。”说着又拿出一张贵宾卡登记表：“这张表请张姐帮我填一下，我好高兴能结识您，能成为您的朋友!”

从整个抱怨过程中，我们看到：顾客生气起初是因为A说顾客不会使用食品夹，语气含有指责顾客笨的意味，后来又直接指责顾客动机不良，致使顾客觉得面子和尊严受到伤害。如果处理有效地维护了顾客的尊严，使之受到了礼遇，挽回了面子和尊严，则危机就变成了机遇，即将流失的顾客就变成了忠实顾客。因此，处置此类事件时，彻底摒弃指责，用积极的乐观的心态看待所要的理想结果，则解决投诉就会顺畅得多。

知识要点：当顾客向你投诉时，不要把它看成是问题，而应把它当作是天赐良机，所谓“抱怨是金”。当顾客抽出宝贵的时间，带着他们的抱怨与你接触时，也是免费向你提供了应当如何改进业务的信息。

如果顾客对店铺产生抱怨，除了表明顾客对我们寄予厚望与信任之外，更说明店铺在业务能力方面仍存在需要改进的地方。如果顾客抱怨越多则说明店铺存在的缺点越多，而顾客抱怨的地方正是我们做得不够的地方。

因此，顾客的抱怨是宝贵的信息，它可以指导店长和员工更好地为顾客提供优质服务。

6.3.3 处理投诉的步骤与方法

6.3.3.1 有效处理客户投诉的步骤和方法

正确处理顾客投诉，既可以树立企业形象，更好地了解市场需求，同时也可以发展更多新客户，留住更多老客户，提升销售业绩。有效处理顾客投诉的步骤包括接受投诉、平息怨气、澄清问题、探讨解决采取行动。

(1) 接受投诉

客户投诉处理方法第一步叫做“接受投诉”，要求迅速受理，绝不拖延，这是第一个要素。坚决避免对客户说“请您等一下”，否则你就是在冒险，因为你并不了解这位客户的性格，这个投诉对他生活工作带来多少影响，以及其后客户会有的反应。

投诉处理的目的不仅仅是避免给企业带来麻烦，更重要的是希望通过有效处理投诉，能够挽回客户对企业的信任，使企业的口碑得到良好的维护，有更多的“回头客”，从而化“危机”为“契机”。

(2) 平息怨气

客户在投诉时，多带有强烈的感情色彩，具有发泄性质，因此要平息他们的怨气。在客户盛怒的情况下当客户的出气筒，需要安抚客户，采取低姿态，承认错误，平息怒气，以让客户在理智的情况下分析解决问题。饲料企业的经理人要牢记以下金科玉律“第一，客户永远是对的；第二，如果客户错了，请参照第一条”。

(3) 澄清问题

需要给客户一个宣泄不满和委屈的机会，来分散心里积压的不满情绪，如果放弃这个机会，就不利于投诉最终的处理。用提问题的方法，把投诉由情绪带入事件。

通过提问题，用开放式的问题引导客户讲述事实，提供资料。当客户讲完整个事情的过程以后，客户服务人员要用封闭式的问题总结问题的关键。例："您刚才所说的情况是您在石家庄的用户中有一户向您反映，鸡用料后产蛋率下降了两个百分点并有少数软壳蛋和破损蛋出现，是这样的吗?"

(4) 探讨解决，采取行动

探讨解决是指投诉怎么处理，是退，还是换，还是赔偿。很多客户服务人员往往是直接提出解决方案，而未考虑到当客户失去了选择的余地时，他会没有做上帝的感觉。真正优秀的客户服务人员是通过两步来做：第一步是先了解客户想要的解决方案，客户服务人员主动提出"您觉得这件事情怎么处理比较好"；然后第二步才是提出你的解决方案，迅速对客户投诉的问题进行有效解决。这样一来，不管客户是否已有解决方案的腹案，企业在解决问题时都会居于主动地位。

(5) 感谢客户

感谢客户是最关键的一步，这一步是维护客户的一个重要手段和技巧。客户服务人员需要说四句话来表达四种不同的意思。

第一句话是再次为给客户带来的不便表示歉意；

第二句话是感谢客户对于企业的信任和惠顾；

第三句话也是向客户表谢意，让我们发现问题知道自己不足；

第四句话是向客户表决心，让客户知道我们会努力改进工作。

6.3.3.2　特殊客户投诉的类型

一个讲道理的人在不满的时候可能会变得不讲道理，然而从根本上说，他还是有理智、讲道理的。但难缠的人，具有一种用分裂的破坏性手段使别人注意他的心理需求。这样的人是极其难以沟通的，大多数难缠的客户是因为他们缺乏安全感，实际上他们也有一种被理解、受欢迎、受重视的需求，尽管他们选择了一种不太合适、不太礼貌的方法。难缠的客户类型有以下几种。

(1) 易怒的客户

脾气比较暴躁，难以沟通，因此难缠。

(2) 下流或令人讨厌的客户

饲料（畜牧）企业不会经常遇到，但服务企业经常会遇到。这些人文化素质很差，品行很差，可能就是流氓地痞。但是他在生活当中也扮演着客户的角色。

(3) 矜持的客户

矜持的客户为什么把他叫做难缠的客户呢？一般来说矜持的客户有一些真实想法，他不愿意说出来，这种人很高傲，很难沟通，不太容易接受服务人员的建议。

(4) 霸道的客户

他的难缠，众所周知。

(5) 批评家

什么叫做批评家呢？就是习惯于指责身边的任何事物，他骂来骂去，最后照样买。看待任何产品和服务的时候，都带着批判的眼光，其实属于一种发泄性质。

(6) 喋喋不休的客户

唠唠叨叨，没完没了。

(7) 古怪的客户

他经常会提出一些超出客户服务人员想象的问题，根本就摸不清他的思路。你不清楚他为什么要这么做，他不是正常人的思维。客户服务人员给他提供一种服务，平常人都能够接受，但他不愿意接受。有的时候客户服务人员给他提供一些解决方案，但是他不满意，他一定要提出一些一般人不会提出的要求。

(8) 犹豫不决的客户也是比较难缠的

犹豫不决的客户在投诉的时候，往往会给出很多解决方案，他会反复的推翻，反反复复，犹豫不决。

(9) 酗酒的客户

(10) 爱争辩的客户

6.3.3.3 难缠客户的心理分析

(1) 他们疲劳和沮丧

(2) 困惑或遭到打击

(3) 在保护自我或自尊

(4) 感到被冷落

(5) 不善于说话或对语言的理解能力很差

(6) 心情不好因而在你身上出气

6.3.3.4 常见客户投诉原因分析

(1) 他的期望没有得到满足

(2) 他很累，压力很大或遇到了挫折

(3) 他想找个倒霉蛋出出气

(4) 他总是强词夺理，而从来不管自己是否正确

(5) 你或你的同事对他作了某种承诺而没有兑现

(6) 他觉得如果对你凶一点，就能迫使你满足他的要求

(7) 他作错了事情时，遭到了你或你同事的嘲弄

(8) 他的信誉和诚实受到了怀疑

(9) 他觉得你和你的同事对他没有礼貌或冷漠

(10) 他觉得自己的利益受到了损失

(11) 他觉得你浪费了他的时间

6.3.3.5 难缠客户的应对方法

(1) 说话不触及个人

客户服务人员在自己情绪变得不稳定的时候，就会把矛头直接指向客户本人，不再是就事论事，而是互相之间的一种人身攻击。具体情况如下。

“你怎么这样，我头一回碰见你这样的客户。”

“我也没见过你这样的客户，人家别人什么事都没有，怎么就你这么多事呀?”

“我不是已经跟你说了吗，对不对，我不是已经给你解决了吗，你干嘛还不满意?”

客户服务人员在说话的时候，始终不能触及到个人。因为客户服务人员必须要记住一点，客户不是对你有意见，而是对你的产品有意见，至少是从表面看上去是这样的。

（2）对事不对人，做一个问题解决者

对事不对人就是说，你要做一个问题的解决者，永远提醒自己，我的工作是解决问题，在处理投诉的时候要解决问题。当你把问题解决了的时候，投诉自然就被化解了。

（3）征求对方意见，您看怎样做能让您满意

征求意见是为了让客户感到受到尊重，受到重视，具体如下。

“您看怎么做才会让您满意呀？”

“您觉得怎么处理会比较好啊？”

“您看除了刚才您提的两点以外，还有没有我们双方都能够接受的建议呢？”

征询意见的目的，是了解客户的实际想法。

（4）礼貌的重复

客户坚持他的要求，而这种要求根本就不可能满足时，客户就会不断提出这种要求。这个时候，客户就很容易翻脸。因此这时要避免客户有爆发性的投诉。怎么做呢？做到礼貌的重复。当客户坚持其无礼要求时，你不要跟他说“不行不行”或“你别做梦了”等，不要直接回绝。不断重复告诉他你能做什么，而不是你不能做什么。如果客户放弃了，投诉处理就结束了。如果依然不放弃，就告诉客户，请他原谅，问题需要转由你的上级主管进行解决。

6.3.3.6　避免同顾客产生冲突的方法

（1）对顾客诚信无欺

导购员重要的是要给顾客开朗、坦诚的印象，为顾客服务，要货真价实，不能将次货卖给顾客，耐心介绍商品，如对商品认识不深时不要胡乱作答，可请教其他同事或主管，否则顾客有被欺骗的感觉。也不能催促顾客购买，对挑剔的顾客不能冷嘲热讽，或中止接待，要求退换也不能冷淡对待。

（2）避免顾客等候太久

有些顾客性子急躁，其所选的货物应尽快取给他，并要听清楚其所需，不要拿错。若听不清楚可即时叫其重复，否则，顾客可能会与你发生冲突。

（3）克制情绪

有时因私人事情或家庭琐事而造成恶劣的心情，带到店铺，如遇一些较难接待的顾客时很容易与之发生矛盾，这时要尽量思想集中，稳定情绪，尽快投入工作；如有差错，要主动道歉，及时纠正，和气生财。

（4）虚怀若谷

善意待客，如顾客误解自己，亦应“退一步海阔天空”主动让步，避免争吵，就算有争执发生时，首先要保持沉默，控制自己的过激反应，这样可能发生的冲突就会烟消云散了。

6.3.4　在解决顾客抱怨的基础上，留住老客户

留住一个老客户比挖掘一个新客户更难。每吸引一个新客户的成本，基本上是留住一个当前客户的5～7倍。好好地留住一位顾客，能增加许多新顾客；失去一位老顾客，也会丧失许多新机会。导购员都希望自己的老顾客尽量多，新顾客才能相应地不断增加，要实现这一目标，促销员必须熟悉各种策略，努力实践，学会提高顾客忠诚度，留住老顾客。

6.3.4.1　客户维护的作用

（1）留住老客户可使企业的竞争优势长久

企业的服务已经由标准化细致入微服务阶段发展到个性化顾客参与阶段。10年前，IBM

的年销售额由100亿迅速增长到500亿美元时，IBM营销经理罗杰斯谈到自己的成功之处时说：“大多数公司营销经理想的是争取新客户，但我们成功之处在于留住老客户；我们IBM为满足回头客，赴汤蹈火在所不辞。”又如，号称“世界上最伟大的推销员”的乔·吉拉德，15年中他以零售的方式销售了13001辆汽车，其中6年平均售出汽车1300辆，他所创造的汽车销售最高纪录至今无人打破。他总是相信卖给客户的第一辆汽车只是长期合作关系的开端，如果单辆汽车的交易不能带来以后的多次生意的话，他认为自己是一个失败者。65%的交易来自于老客户的再度购买。他成功的关键是为已有客户提供足够的高质量服务，使他们一次一次回来向他买汽车。可见，成功的企业和成功的营销员把留住老客户作为企业与自己发展的头等大事之一来抓。留住老客户比新客户，甚至比市场占有率重要。据顾问公司多次调查证明：留住老客户比只注重市场占有率和发展规模经济对企业效益奉献要大得多。

（2）留住老客户还会使成本大幅度降低

发展一位新客户的投入是巩固一位老客户的5倍。在许多情况下，即使争取到一位新客户，也要在一年后才能真正赚到钱。对一个新顾客进行营销所需费用较高的主要原因是进行一次个人推销访问的费用远远高于一般性顾客服务的相对低廉的费用。因此，确保老顾客的再次消费，是降低销售成本和节省时间的最好方法。

（3）留住老客户，还会大大有利于发展新客户

在商品琳琅满目、品种繁多情况下，老客户的推销作用不可低估。因为对于一个有购买意向的消费者，在进行购买产品前需要进行大量的信息资料收集。其中听取亲友、同事或其他人亲身经历后的推荐往往比企业做出的介绍要更加为购买者相信。客户的口碑效应在于：1个满意的客户会引发8笔潜在的生意，其中至少有1笔成交；1个不满意的客户会影响25个人的购买意向。

（4）获取更多的客户份额

由于企业着眼于和客户发展长期的互惠互利的合作关系，从而提高了相当一部分现有客户对企业的忠诚度。忠诚的客户愿意更多地购买企业的产品和服务，忠诚客户消费，其支出是随意消费支出的二到四倍。而且随着忠诚客户年龄的增长、经济收入的提高或客户企业本身业务的增长，其需求量也将进一步增长。

250定律

曾获得“世界最伟大的推销员”称号的美国推销专家乔·吉拉德在其自传中写道：“每一个用户的背后都有250个人，促销员若是得罪一个人，也就意味着得罪了250个人；相反，如果促销员能够发挥自己的聪明才智赢得一个顾客，也就同时得到了250个关系。”这就是著名的乔·吉拉德的“250定律”。

人和人之间的交往和联系，是以某种共同的兴趣爱好，或以某种共同的利益为纽带的。某一个交际圈内的所有的人可能是一大群顾客，具有共同的消费需求。所以，促销员从已有的顾客，可以直接或间接地找到更多的新顾客。

6.3.4.2 留住老客户的方法

(1) 让顾客觉得这家店是我的店

很多来店的客人并不是本店的固定顾客，真正的固定顾客大都抱着“这家店是我的店”的想法，换句话说，她们与店里的陈列方式、销售的商品、销售方法、导购和店主等都特别对位，于是很自然地把这家店视为自己的店。

在固定顾客中，有许多人被称为爱好者或者顾客迷，要如何服务才能增加顾客迷？以何种方法才能吸引顾客迷？这些都是值得经营者深思的问题。为此，成功的品牌柜台往往会建立自己的顾客档案，定期与老顾客们联络，提供一些额外服务，从而建立固定的消费群体。

(2) 记住顾客的姓名

“你是前天来过的高小姐吧？”通常听到店主这句话的顾客，都会感到惊讶，甚至会很激动地认为：“原来她们这么关注我。”人的记忆力有强弱之分，但是记住客人的姓名，却是拉拢顾客的最好方法，这个道理店主和其导购都必须了解。

为了记住顾客的姓名，在店内接待期间，可以配合顾客的特征多称呼几次，只要能记住顾客的特征，其称呼自然会深植在脑海中。

与顾客交谈时，任何话题都可以，例如：“高小姐，你今天的精神很好啊。”“今天穿的衣服很时尚啊，在哪买的啊？”

称呼顾客并与之交谈的过程，就是把顾客的特征与其姓名联系起来的记忆秘诀。

当然，在此之前必须问清对方的称呼，不仅应对的导购要记住对方的称呼，其他的导购也要记住，这种全体一致努力的方法，就是赢得更多固定顾客的最有效方法。

(3) 温馨的会员制

会员制是留住固定老顾客的有效形式，通常由店主规定，顾客在门店一次性购买或者累积购买一定数额的商品之后，可以获得一张会员卡，以这张会员卡为凭证，享受一定的优惠待遇。比如，持有此卡者在本店购物享受 9 折、8.8 折或 8 折的优惠，或者享受一定的优先购买权。

店主还可以根据具体情况，对会员进行分级，一般是根据顾客购买商品数额的多少来划分成几个等级，最为常见的是划分成普通会员与贵宾会员。

另外，积分制也是留住老顾客的一种不错的选择，积分制与会员制的不同之处在于，尽管都在积累顾客在店内购物的金额，但是采用积分制的办法不会在商品价格上有特别优惠，而是在顾客的购物金额累积到一定程度的时候，免费赠送或者低价换购一些商品，其实也就是变相的折扣行为，但由于没有明确地表现出可以折扣的优惠，所以店主选择赠送或者低价换购的方式更使顾客心动。

当然积分制也可以像会员制一样分出等级。店主应记住的一件事，在实行积分制的时候要注意将积分规则制定清楚，切忌出现歧义。

店主选择会员卡还是积分卡，取决于来店顾客的实际情况。尽管采用积分卡的形式看起来更有利于店主，但是由于没有折扣，要在原价购买商品到较大数额之后才会有东西赠送，此举不会很受那些关注价格的顾客的欢迎；而会员卡更偏重打折，帮顾客节省开销，店主表面的收入会少一些，但会受到那些注重价格的顾客的广泛支持，店主还可以将两种方式一起使用，例如可以先使用积分卡，当购物累积到一定程度之后，就可以获得一张会员卡，享受会员的待遇。

小贴士

会员卡的制作

会员卡本身就是一件艺术品，应该设计得精致美观且具有收藏价值。会员卡多采用耐久性较好且档次较高的材料，尤其是贵宾卡。

会员卡正面的设计应该体现店的经营风格，突出自己的个性，一般在显著位置标有店的名称以及象征标志、本店的经营理念以及会员编号，如果是贵宾卡的话，不妨在卡片正面印上持卡人的姓名，让持卡人感觉自己是独一无二的。

会员卡的背面可以包括以下内容：专卖店的简要介绍；持有此卡所享受优惠的说明，其中主要内容是享受的折扣优惠以及获得时所应履行的手续；会员卡的有效期；并声明本店保留此卡的最终解释权和终止权等；持卡人的签名；售卡日期；店的联系方式等内容。

积分卡的制作

积分卡的制作情况与会员卡基本上相似，但其选材可以不像会员卡那样精致，可以采用普通易保存的纸张之类。

积分卡的正面设计同样应该体现本店的经营风格，突出自己的个性，一般也应在显著位置标有店的名称以及象征的标志；店的经营理念以及积分卡的编号；而其背面最重要的就是能记录持卡人每次购物的时间、商品名称、购物金额；还有一些积分规则说明，本店的联系方式等内容。

实战技能训练 ▸▸▸

【训练项目】 处理顾客投诉

道具：笔、纸、商品。

参加人数：3人一组。

方法：一人扮演销售人员，另一人扮演顾客，一人观察评价，顾客带着先前购买的商品前来投诉。

规则：分别以商品质量、价格或服务等方面的问题进行投诉，3方角色轮换。

目的：锻炼处理投诉问题的能力。

【训练准备】

设计顾客投诉及接待处理的情景，设计的内容和程序如下。

当客户表示抱怨时，首先看当时的环境是否适合处理抱怨，选择好环境，再进入下列步骤。

任务一：沉着冷静，仔细听清楚客户抱怨的内容，找到客户抱怨的最终原因，针对抱怨给出充分信息。

任务二：了解原因时提一些问题，了解客户的期望值。

任务三：给客户提供更多信息和解决方案，达成协议。

【实施训练】

按照上述程序实施训练。

【训练情况记录】

训练情况记录表

模拟导购员：		观察记录员：
模拟顾客：		目标商品：
接待程序	导购员表现	评价
迎接顾客	沟通能力： 眼神、表情、声音（语气、语态、语速、音量）、礼仪形象等	优点：
顾客投诉接待	处理顾客投诉的环境恰当否？ 顾客情绪和现场气氛掌控情况？	问题：

【训练评价】

参考学习情境1柜台销售综合评价标准。

【改进提升方案】

自我总结。

课后作业 ▸▸▸

为自己制定一份提升计划表，严格实施，并写出实施后的心得体会。

【提升计划】

步　骤	内　　容	时间安排	计划目标	实施标准	自我总结
第一步	认真倾听投诉顾客发泄的能力				
第二步	建立与顾客共鸣的局面的能力				
第三步	探询顾客的真实想法的能力				
第四步	提出解决方案，并落实的能力				

综合练习 ▸▸▸

一、判断题

1. 根据现代推销理念，推销的根本目的就是想办法把产品销售出去。（　　）
2. 根据销售方格理论，解决问题型的销售态度是想方设法把产品销售出去。（　　）
3. 商品陈列面积的大小变化、高低变化会引起销售额的一定变化。（　　）
4. 在柜台销售中，导购员接近顾客的第一任务就是推销商品。（　　）
5. 顾客只要一进入商品销售柜台，就要主动接近顾客，并跟随顾客身后为其介绍商品。（　　）
6. 在顾客同意购买你的商品之前，就假定他已决定要购买，这样做属于强迫推销法。（　　）

7. 一般而言，店铺商品陈列的促销效果是第一天为 60%，第二天为 80%，第三天为 90%，第四天为 100%，也就是说商品陈列的久一些才会收到更好的促销效果。（　　）

8. 推销员对所有的客户都应提供完善周到的服务。（　　）

9. 推销员要提供良好的服务，因此任何时候都不应拒绝顾客的要求。（　　）

二、选择题（说明：4 个答案为单项选择题，其他为多项选择题）

1. 当顾客走进抽油烟机专柜，走近某商品驻足，看了几秒钟，此时导购的正确应对是（　　）。

A. 待机，等候顾客提问

B. 说“欢迎光临，请问有什么需要帮助的?”

C. 微笑着走近顾客，说“你好，你看的这款机型是最新一代职能机型，它采用了……技术。”

D. 微笑着走近顾客，说“这款抽油烟机不贵，才 320 元，现在买还有赠品。”

2. 优秀导购员的素质要求包括（　　）。

A. 积极乐观的态度

B. 以销售为第一的工作热情

C. 丰富的社会常识和产品知识

D. 专业的销售技巧

E. 丰富的心理学知识

F. 相关的市场营销知识

3. 销售人员正确的销售心态包括（　　）。

A. 永远让自己做一个赢家

B. 心存感激

C. 正直善良

D. 坚持忍耐

E. 积极正面的解释方式

4. 柜台销售中接近顾客的方式有（　　）。

A. 赞美接近法　　B. 产品接近法　　C. 提问接近法　　D. 演示接近法

E. 说服接近法

5. 导购向顾客进行产品重点推荐的前提是（　　）。

A. 先让顾客随便看　　B. 刺探顾客的需求

C. 了解顾客的职业　　D. 等待顾客询问

6. 下列接待顾客技巧中哪一种应对技巧运用了“用逆反心理刺探顾客购买意图”（　　）。

情境：顾客浏览了一圈说：“这款机器看上去不错。”导购应对如下。

A. “是不错，如果喜欢我给你试一下。”

B. “想试试吗?”

C. “这款机型是今年的最新设计，我给你试试，省电，噪声又小”。

D. “非常不错，但也有很多人喜欢 C 版机型，您要看看吗?”

7. 客户说：“我从来不用化妆品。”这种异议属于（　　）。

A. 对商品实体的异议　　B. 需求方面的异议
C. 利益方面的异议　　D. 质量方面的异议

8. 下列现象中，属于成交信号的有（　）。
A. 顾客询问新、旧产品的比价　　B. 顾客眉头紧蹙
C. 客户打哈欠　　D. 客户皱眉
E. 客户询问能否试用商品　　F. 顾客反复询问售后服务情况

9. 接待一个难缠的顾客前来投诉时，下列应对方法中不正确的是（　）。
A. 说话不触及个人　　B. 对事不对人，做一个问题解决者
C. 礼貌地重复　　D. 摆事实讲道理，努力维护公司利益

10. 客户说："这种冰箱还可以，但坏了没有地方修。"这种异议是（　）。
A. 价格异议　B. 服务异议　C. 质量异议　D. 需求异议

11. "这种酒有两种包装，你要精装还是简装的？"推销员使用的这种成交方法是（　）。
A. 请求成交法　B. 选择成交法　C. 假定成交法　D. 小点成交法

三、简答题

1. 什么是顾客异议？其产生的原因有哪些？
2. 通过观察顾客的购买信号，对促成交易可带来什么帮助？
3. 什么是著名的"1∶8∶25"销售数字法则？
4. 什么是"250定律"？
5. 处理顾客投诉的五个步骤是什么？
6. 柜台销售中顾客服务的程序有哪些？
7. 在销售方格理论中"解决问题导向型"的销售人员类型是怎样的？
8. 柜台销售中顾客购买心理及行为阶段中，从"注目"开始，到最后的"满足"，中间还经历哪些阶段？
9. 面对面人员销售有哪几种方式？
10. 常见的顾客异议类型有哪些？请任选两种类型的顾客异议，说明应该如何处理？
11. 成交后与顾客保持良好的关系有什么作用？

四、技能题

1. 一位40多岁的先生在抽油烟机专柜转了一会儿后，停留在一款样机前，看了又看。此时接近顾客，设计接近顾客的语句。
（1）使用开放式的问句接近顾客。
（2）设计使用产品接近法接近顾客。
（3）使用赞美接近法接近顾客。

2. 以下是对于购买产品的一些普通异议，列出你对每一种异议的回答。
（1）对广播广告：我看不出你们对于报纸广告有任何优势；
（2）对购药者：我们已经有非阿司匹林止疼药的过多存货；
（3）对房产推销人员：这儿离市区太远了，干什么都不是很方便啊。

3. 情境：本专柜销售A品牌抽油烟机，一对夫妇走过来问B品牌机（竞品）的专柜位置，还问炉具、消毒柜以及C品牌热水器……

下面有三种导购员接待说法。

导购员 1：“B 品牌啊，往左拐……”

导购员 2：“请看我们 A 品牌吧，我们现在最新推出的机型具有……”

导购员 3：“不知道。”

问题：(1) 对上述导购员的做法进行评价。

(2) 对待关注竞争品牌的顾客应采取怎样的策略？

(3) 如果你是现场导购员，模拟一下你的具体做法（语言技巧）。

4. 情境：顾客从竞品柜台又转回到本展台，开始关注一款机型。

问题：(1) 针对上述情况应采取怎样的策略？

(2) 如果你是现场导购员，模拟一下你的具体做法（语言技巧）。

5. 请分析下列对话中哪些地方是成交信号，是哪一种类型的成交信号？

(1) 销售人员：“一般顾客对我们的评价很高！”

顾客：“谁都夸自己的东西好，可是有长处，也有缺点吧！你们的产品到底比别家公司的产品好在哪里？”

(2) 销售人员：“第一……第二……”

顾客：“好啦，我已经明白了，我这个门上的玻璃，能装在自动门上吗？如果不行就给你们算了，你们的价钱还能便宜点吗？”

6. 指出下面的例子使用的是什么成交方法。

(1)“王处长，这种东西质量很好，也很适合您，您想买哪种样式的？”

(2)“刘厂长，既然你对这批货很满意，那我们马上准备送货。”

(3) 一个推销员，到顾客的单位推销化工产品，他认为所推销的产品价格合理，质量很好，断定顾客非买不可。所以，在见到顾客寒暄了几句之后，就把话题转到化工产品上来，立即就问：“老王，我是先给你送 50 吨来，还是 100 吨全部都送来？”

7. 根据案例回答问题

顾客：“听说你们这款机型都是有缺陷的，耗能大，性能也不稳定……”

导购（倾听，待顾客说完）：“谢谢您说出了心里话。其实像我们这样的品牌企业，本来就是行业的领导者，在质量和性能上您尽可放心，我这里有这几年顾客的销售记录和联系方式，如果需要您可以了解他们的使用情况（把资料拿出来）……现在公司正在举行促销活动……”

(1) 本案例顾客提出异议时，采用了哪种缓冲方法，还有哪几种缓冲方法？

(2) 处理异议的程序是什么？

8. 案例分析

某天，一家计算机公司的销售代表接到一个重要客户的总工程师的电话，说其香港分部的电脑出了问题，让销售代表尽快解决。这个总工程师是非常重要的客户，是机构内采购的决策人，年轻而且有作为，很少与厂家打交道，这次主动打电话说明问题一定是很严重。销售代表答应客户第二天上午十点以前去见总工。

时间已经是下午五点了，销售代表立即打电话到客户服务中心要来客户的服务记录，发现客户已经从香港那边投诉过来了，而且公司已经上门进行了维修。第一次没有解决问题之后，公司又从国外请了一个专家来到客户现场，维修的工程师判断是客户的电脑需要升级。客户并不同意维修工程师的观点，因为以前采购的电脑配置更低也没有问题。因此香港分部的客户就将问题反映到总部。销售代表也判断不出到底原因在哪里，但是维修的工程师告诉销售代表只要客户肯升级内存，问题就一定可以解决。销售代表又打电话到香港的客户那里，询问了情况。销售代表与相关的人约好第二天十点三十分举行一个电话会议。

销售代表将维修记录都准备好，计算好需要升级的费用之后才离开了公司。第二天，销售代表准时来到客户的办公室。总工刚介绍完情况，销售代表就将维修记录拿了出来，并简单介绍了己方的观点以及与香港分部之间的分歧。接着，销售代表与客户服务中心的维修工程师、客户的香港分部一起通过电话讨论了情况。客户服务中心的工程师与客户分部之间对于谁应该承担责任还是存在分歧，但是客户服务中心承诺：只要升级内存，问题就一定可以解决。总工一直仔细地听着，几乎没有插话。电话会议一结束，他就向销售代表询问升级的费用，销售代表拿出准备好的报价递给他。总工扫了一眼数字，简单确认了一下，立即表示他们愿意即刻升级电脑。

后来，客户告诉销售代表："出问题是难免的，而且有时很难搞清楚原因和责任。本来我是请你来讨论维修问题的，没想到你已经将问题搞清楚了。我看到你们很认真而且效率很高，态度可嘉。因此我就很痛快地同意支付升级费用了。而且升级费用非常合理和公道。"客户对这家公司的服务赞不绝口，一直在使用他们的电脑。

销售代表成功处理投诉的原因是什么，从中你有哪些启示？

9. 根据下列情景回答问题

销售人员："早上好！欢迎光临！"

顾客："这个笔记本电脑多少钱啊？"

销售人员："这个是价格单。您看，1.8万元。"

顾客："怎么这么贵啊，戴尔同样配置的电脑只要1.2万元。"

销售人员："先生，我们这款电脑与戴尔那款不一样"

顾客："有什么不同啊，配置都是1.6G主频的迅驰处理器，14英寸屏，500G硬盘，2G内存的笔记本电脑。"

销售人员："哦，您看看我们这台电脑的表面，是不是与众不同？"

顾客："看不出来。"

销售人员："这台电脑的外壳采用的是飞行碳纤维，可以抵御100度的高温，一般笔记本电脑都是塑料外壳在摄氏50度就会变形，而且这种材质比塑料的耐磨度好10倍左右，因此即便使用5年以上，既不会因高温而变形，也不会像塑料外壳笔记本那样褪光褪色。""您再试试键盘，"销售人员继续说，"手感不错吧。普通电脑下面都是一片橡胶，如果手指敲在按键的边缘，完全不知道自己是不是按下去了，而且老化之后按键就不会再弹起，手上一点反应都没有，严重的还要花几十块钱更换一个全新的键盘，我们这台电脑的86个按键下面都采用四根银质弹簧设计，很好地解决了这个问题，银质弹簧使用上百万次仍然保持弹性，而且无论从哪个角度按下去都有最佳的手感。"

顾客点点头，轻轻敲着键盘说道："难怪你们的笔记本电脑卖这么贵。"

问题：

上述情景中说了几个重要的产品特性，分别对应的利益是什么？请将案例中所对应的FABE法则的各项填入下表。

产品	F	A	B	E
某品牌笔记本电脑				

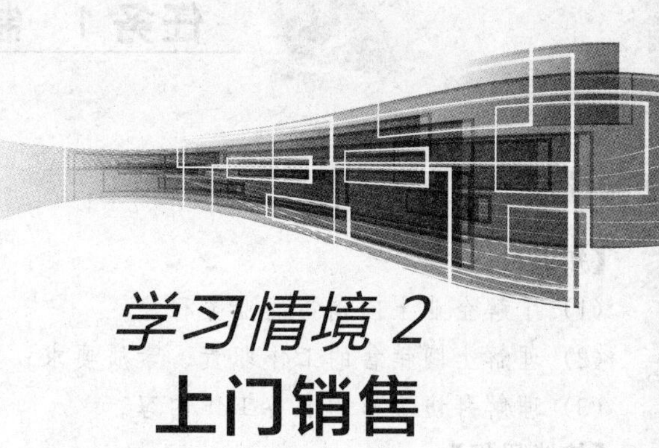

学习情境 2 上门销售

知识目标

(1) 领会和掌握上门销售的业务程序和工作职责。

(2) 领会和掌握销售人员的素质要求。

技能目标

(1) 能够根据销售任务书，以小组为单位收集必要的销售信息，并结合给定的产品信息制定销售计划；收集准客户资料，建立客户档案；制定拜访计划，电话预约客户；做好销售前的其他准备工作。

(2) 能够与准客户见面，熟练进行精彩开场，并自然地转入业务交谈话题。

(3) 能够熟练介绍产品、进行产品的演示、熟练运用方法和技巧说服顾客购买。

(4) 能够识别顾客异议的类型，并较好地处理异议。

(5) 能够观察和识别顾客的成交信号，及时把握成交时机，并能较好地促成交易。

(6) 能够做好成交和未成交后与顾客的分手；建立老客户档案卡，做好账款回收工作。

素质目标

通过挖掘教学内容中的思想教育因素加强学生的社会公德、职业道德的教育；通过客户沟通设计、客户拜访及销售技巧演练提高学生的创新意识、服务意识及文字、语言表达及推销技巧运用能力；通过查询相关信息提高学生的信息获取能力；通过分组教学法提高学生的团队意识。

任务1 制定上门销售方案

任务导入

【知识目标】

(1) 了解企业上门销售的业务程序；

(2) 理解上门销售的工作职责、素质要求；

(3) 理解拜访客户的准备工作内容。

【技能目标】

能搜集分析市场需求信息，制定上门销售方案，并撰写文案。

1.1 任务内容

(1) 上门销售人员素质准备；

(2) 制作上门销售方案。

1.2 任务组织

(1) 将全部学生分组进行训练，3人一组，组成销售团队。

(2) 本环节的任务是，小组成员在组长的组织下，以校内学生需求为目标，以校园为销售场所，通过搜集和分析相关信息（包括产品信息、企业信息、市场信息、目标客户信息、竞争者信息等），进行产品定位、市场定位，上门销售技巧策划等工作，制定本次销售任务的销售方案。

1.3 任务实施

1.3.1 销售人员素质准备

上门销售是专业销售的基本方式。

(1) 专业销售

① 什么是专业销售

专业销售即销售代表以定点巡回、直接销售的方式，运用专业的销售技巧，将产品卖出，并保持不间断客户服务的过程。

② 什么是定点巡回销售

即销售代表在单位工作时间内，较稳定地拜访客户，向其销售产品并帮助客户建立顺畅的销售系统的过程。

③ 什么是P.S.C法则

销售内容包括自己（self）、观念（conception）和产品（product）。运用P.S.C法则就是先销售自己，再销售观念，最后销售产品。

不管您销售什么，您得做到与众不同。销售自己，让客户喜欢您，相信您。要是做不好，那就没有任何理由解释“客户为什么大量购买您的产品”。同时也要销售您的公司，要懂得公司的良好声誉可以减轻客户对陌生销售代表的疑虑。

（2）销售代表基本素质要求

专业销售是一项艰苦的工作，要成为一名优秀的销售人员必须要有四心：爱心、信心、恒心和热忱心。

把热忱心和您的销售工作结合在一起，那么，您的销售工作将不会显得那么辛苦和单调。对销售工作充满热忱的人，不论销售时遇到多少困难，面临多大的压力，始终会用不急不躁的态度去进行。只有抱着这种态度，销售才会成功，才会达成目标。

（3）工作过程和工作内容（表2-1）

表2-1　工作过程和工作内容

序　　号	工作过程	工作内容
1	制定计划	在上级经理的指导下，认真分析市场、产品、客户等信息，制定销售拜访计划
2	访前准备	深入了解和分析行业市场与客户、产品、价格等信息，做好客户预约工作，为拜访客户做好充分的准备
3	拜访客户	从精彩的开场白开始与客户接触沟通，不断寻求与客户建立好感和信任，利用客户熟悉和感兴趣的话题和方式，培养建立和谐的交流气氛，并展示出合作的诚意
4	探寻需求	通过观察、询问，发现潜在客户的主要需求和问题，从而了解客户的需求利益点
5	产品呈现	传送公司及产品服务信息，将产品的特征及特性所转化的客户或顾客的利益提供给客户
6	处理异议	通过与客户的沟通，了解客户对公司及产品的意见，解决客户的问题，满足客户的需求，并达成共识
7	促成交易	适时抓住机会促成交易的实现，实现销售业绩
8	跟进服务	经常联系客户，及时处理来自客户的意见，提高客户满意度，提高公司及产品在客户心目中的地位形象
9	效果评价	拜访结束后总结分析，及时记录拜访结果和调整相关内容，制定下次拜访计划

（4）销售人员的基本职责

① 寻找客户——销售代表应负责寻找和培养新客户。

销售代表的首要职责是建立销售的网络。他要把自己的产品与服务销售出去，必然就要先找到客户并培养这个客户，与客户建立良好的关系。要做好这个工作，销售代表必须明了如下几个问题。

a. 我们的客户是谁？

b. 客户如何分类？分类的标准是什么（如利润、销售量、增长的速度等）？分类的程度如何？

c. 什么样的客户是新客户？

d. 新客户的发展速度如何？

e. 新客户的发展广度如何？

f. 客户的规模达到什么程度？

g. 寻找客户的办法有哪些？适应本区域的是什么？

h. 培养客户的原则是什么？

i. 培养客户的方法主要是什么？适应本区域的是哪些？

② 设定目标——销售代表对各种类型的客户进行合理设定并在他们之间分配有限的工作时间。

销售代表应掌握的问题如下。

a. 现有客户的情况如何（包括销售本产品的情况、该客户的整体营销技能、财务技能、管理技能、竞争技能、资金实力、信用评价、文化特性、销售本产品的积极性等）？

b. 客户根据什么标准进行分类？确定哪几类？

c. 对不同类的客户，分别的拜访频率是多少？

d. 客户的地理位置？拜访路线如何安排最经济？效率又最高？

③ 信息沟通——销售代表应熟练地向客户传播公司产品和服务的信息。

销售代表应掌握如下内容。

a. 什么是信息沟通？

b. 信息沟通的原则是什么？

c. 信息沟通的内容是什么？

d. 信息沟通的途径是什么？

e. 信息沟通的方法是什么？

f. 怎样与客户进行有效的信息沟通？

④ 销售产品——销售代表应把销售艺术运用于与客户的接洽、向客户出样报价、回答客户的疑问等销售过程并达成交易。

销售代表应掌握如下内容。

a. 什么是销售？

b. 销售的原则是什么？

c. 如何与客户出样报价？

d. 如何处理客户的异议？

e. 销售代表如何踢好临门一脚达成交易？

⑤ 提供服务——销售代表应为顾客提供各种必要的服务，即对顾客的问题提供咨询意见，给予技术帮助，安排资金融通，加速交货等。

销售代表应掌握如下内容。

a. 为什么销售代表向顾客销售商品时还需向他们提供服务？

b. 顾客需要我们提供哪些服务？

c. 我们能承诺顾客的服务是什么？

d. 如何提供使顾客满意的服务？

e. 当顾客对服务不满意时的处理办法。

f. 如何向客户催收账款？

⑥ 收集信息——销售代表应进行市场调查和信息收集工作，并认真填写访问报告。

销售代表应掌握如下问题。

a. 为什么销售代表要做市场信息的收集工作？

b. 销售代表应收集哪些市场信息？

c. 销售代表通过什么途径反馈信息？

d. 收集信息对销售访问报告的作用如何？

e. 如何运用销售访问报告提高自己的工作效率？

⑦ 分配产品——销售代表应对顾客的信誉作出评价，并在产品短缺时将稀缺产品分配给顾客。

销售代表应掌握如下内容。

a. 为什么要评价客户的信誉？

b. 评价客户的信誉具体有哪些指标？

c. 对不同信誉等级的客户的处理方法如何？

d. 缺货时，产品分配的标准是什么？

1.3.2　制作上门销售方案

1.3.2.1　认识上门销售方案策划工作

这一阶段是实施销售工作的起点，首先是寻找与任务相关的信息，包括产品信息、企业信息、市场信息、目标客户信息、竞争者信息等，并对信息进行分析，制定本次销售任务的销售方案。（主要内容有 5W1H：做什么、怎么做、在哪里做、什么时间做、谁来做，为什么这么做）

1.3.2.2　制作销售方案的程序

第一步：分析销售任务，设计信息收集的内容和途径，实施信息收集工作，为制定产品销售方案做准备。

第二步：对信息进行分析、整理。

第三步：制定产品销售方案（确定目标市场、目标客户、销售手段和策略等）。

1.3.2.3　销售方案撰写要求

（1）标题：×××人员推广方案

（2）产品及品牌概况

（3）产品定位

（4）市场定位（目标市场、目标消费群体）

（5）销售推广任务

（6）销售工具

（7）品牌优势、产品特性及优势设计

（8）上门拜访客户操作技巧设计

拜访的七个步骤：拜访前准备、开场白、探寻需求、产品呈现、处理异议、促成交易、跟进服务。

拜访客户操作技巧设计：①开场白；②与客户沟通，了解基本需求利益；③产品呈现（现场演示）；④处理异议；⑤促成交易；⑥跟进服务。

（9）仪容仪表设计

（10）进货途径、价格和售价策划

（11）拜访前技能训练方法设计

（12）人员分工和职责

（13）财务预算

案例

天律滤清器外部市场实战销售方案

一、客户经营产品的基本原理

1. 终端客户不满意的几大问题

(1) 产品品质不稳定导致很多车主找麻烦，而厂家不承担责任。

(2) 每家每户都有这样的产品经营，价格过于透明，利润空间小。

(3) 产品不符合该厂定位，但又找不到合适的产品。

(4) 产品型号不全，导致品牌杂乱，产品性能把握不住，编码不一致，经常性的到处调货，使效率减低。

(5) 服务不到位，如送货、产品质量问题没有厂家承担等。

2. 客户最理想经营产品

(1) 品质好，有保障，最好是配套产品。

(2) 价格公道、合理，性价比优越。

(3) 型号齐全，方便经营。

(4) 售后服务要完善。

(5) 形象好，有吸引力，讨人喜爱。

3. 购买天律滤清器的理由

(1) 天律产品比较符合定位在中高档的终端客户。

(2) 价格体系不透明，享有足够的利润空间。

(3) 原厂品质，客户信赖，卖的放心，用得安心。

(4) 产品型号齐全，不用到处调货，提高效率，产品性能比较容易掌握。

(5) 是高档汽车养护中心的必备产品。

二、企业背景的介绍

日本，作为世界滤清器产品的主要生产基地，一直是最高技术水平的领导者，天律滤清器是由位于日本广岛的著名专业滤清器制造商东广工业株式会社在中国的独资企业——和瑞过滤器（深圳）有限公司生产的。东广株工业式会社已有40多年的生产历史，是日本最早使用滤器材的生产厂家之一，为日本汽车工业的发展作出重要贡献，现主要为本田、丰田、三菱、马自达、五十铃、日野、尼桑等车厂指定配套企业。和瑞过滤器（深圳）有限公司在国内为海南马自达、一汽马自达、常丰猎豹等车厂配套。

随着国内汽车滤清器配件市场对高品质产品需求的日益增长及日趋成熟的品牌观念，天律公司于2002年与日本东广株工业式会社强强联手，以高品质、品种齐全、专业的市场拓展及营销模式，全力拓展中国市场。

三、中国汽车滤清器的行业分析和销售渠道

1. 天律产品的定位及针对的客户群体

(1) 高档车高档滤清器消费群体。

(2) 低档车低档滤清器消费群体。

(3) 天律产品的主要消费群体中高档车消费群体高品质的定位。

2. 合作性质

以地区性独家经销代理的形式进行双方合作，发展共同进。

3. 销售渠道

厂家→代理商→终端（用户）。

四、销售十一步

综合国内顶尖营销行业专家几十年的营销经验及我们对全国 30 多个代理商的协助销售经验，我们得出了“销售十一步”，灵活使用这些方法更好地使各位伙伴的销售业绩大大提高。

1. 如何解除客户对我们的不信任

在销售天律产品过程中常见的 12 种快速建立客户信赖感的方法包括：①让自己看起来像行业专家；②要注意基本的商务礼仪；③问话建立信赖感；④聆听；⑤利用身边的物证；⑥使用顾客见证；⑦使用名人见证；⑧使用媒体见证；⑨权威见证；⑩使用一大堆客户名单见证；⑪熟人见证；⑫良好的环境和气氛建立信赖感。

2. 准备

(1) 收集当地所有快修快保、连锁店、修理厂等负责人的名片或电话，及现在经营状况。

(2) 心态准备（好的心态是成功的开始）。

(3) 专业知识。

(4) 物料的准备：解剖样品、1P 正反、6P、速查手册、速查表、合作协议书、名片等。

3. 做拜访计划时应考虑的六大问题

(1) 客户具备购买的条件吗。

(2) 拜访的最佳时间段。

(3) 什么是客户需要的。

(4) 可以帮客户解决哪些问题。

(5) 使用哪些辅助工具和材料能引起客户兴趣并建立信赖感。

(6) 客户可能的抗拒点是什么，有什么解决办法。

4. 开场白

(1)“4P”原则　产品，价格，渠道，促销。

(2)“MP”六大原则　①发自内心真诚地去赞美他；②赞美对方的闪光点；③赞美他某一比较具体的地方；④使用间接赞美；⑤借第三者赞美；⑥及时地赞美客户。

(3)“MP”最经典的四句话　①你真不简单；②我很欣赏你；③我很佩服你；④你很特别。

(4) 三要素　说明拜访的目的、给客户带来的好处、确认客户是否方便谈话。

5. 探询需求

揭示现在该客户存在的痛苦（参考基本原理第一项），加大他的痛苦（扩大伤口，撒把盐）。

探询客户需求有两个基本公式。

(1) NEADS　N：现在使用什么同类产品；E：满意，哪里比较满意；A：不满意，哪里比较不满意；D：决策者，谁负责这件事；S：解决方案，要包括原有满意的地方，解决

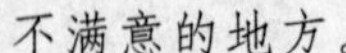

不满意的地方。

(2) FORM F：家庭；O：事业；R：休闲；M：金钱。

(3) 两种提问方法 开放式，封闭式。

6. 说明好处

引导客户自己说出来需要什么产品（参考一基本原理的第二项）。

塑造产品价值的六大方法：①具有专业水准，对自身产品非常了解；②对竞争对手产品的了解；③配合对方的价值观来介绍；④一开始就给对方最大的好处；⑤加大痛苦；⑥可行性。

7. 解除反对

客户抗拒点通常表现为六个方面，也就是六大抗拒：价格（价格问题是销售人员与客户永远的矛盾，客户永远希望以最低的价钱买到最好的产品，企业及销售人员永远希望获得最高的利润）；功能表现、效果问题；售后服务问题；竞争对手会不会更便宜，效果会不会更好的问题；支援（代理商最关心的话题）；保证及保障。

(1) 价格的问题 解除价格贵的19种方法：

①价格是你唯一考虑的问题吗；②太贵了是客户的口头禅；③太贵了是衡量未知产品价格的一种方法；④这个是彼此最兴奋的事，留到最后说，先看适不适合你；⑤以高衬低，找到比我们更贵的；⑥问为什么太贵；⑦说成千上万人都在用的原因；⑧以价格贵为荣，奔驰原理；⑨好贵，好才贵（一分钱一分货）；⑩大数怕算法（每天投资）；⑪塑造价值，产品来源；⑫为省钱而后悔的经历，合理的整体交易；⑬富兰克林法则；⑭你觉得什么价钱比较合适（可浮动）；⑮钱比较重要还是效果比较重要；⑯生产流程来之不易；⑰你在乎价钱的高低吗；⑱价格大成本，可以用较长；⑲很多人后来用了才发现我们的产品很好。

(2) 解除抗拒的八大套路 ① 认同顾客的方对意见；②耐心听完他的方对意见；③确认他的抗拒点；④辨别他的抗拒点是真的还是假的；⑤锁定抗拒；⑥取得客户的承诺；⑦再次确认；⑧以完全合理的解释来解除这个抗拒点。

(3) 处理抗拒的两大忌 ①直接指出对方的错误；②避免发生争吵。

8. 其他拒绝

对现在经营其他品牌滤清器感觉不错的客户，不怎么想换品牌经营，或以考虑考虑为借口等采用拖延战术的客户的应对方法是：揭示痛苦，痛苦加大法；揭示快乐，快乐加大法。

通过问，找出客户对现有产品满意的地方，找出潜在的，现有产品给他带来的负面影响。比如：客户对豹王的产品感觉不错，那就问他：是不是现在利润很小了，是不是有感觉到和一般的小修理厂一样了。给车主的感觉在这里修理车和小修理厂一样，没有安全感。

9. 成交

(1) 三大成交法 假设成交，沉默成交；三个问句成交（你感觉如何、你认为哪一种比较适合你、依你之见是某种比较适合你对吗）。

(2) 九大方式 ①要求成交法。“……好吗？”说完后保持沉默，让对方出声为止。②局部成交法。③二选一成交法。④价格比较成交法（先说贵的，再说便宜的）。⑤承诺成交。

⑥假如成交法。⑦行动介入成交法。⑧试探成交法（问客户今天要成交的话，我做什么）。⑨法兰克福法（对比事情的正反面）。

10. 转介绍

转介绍的技巧

① 在客户介绍之前，要先让客户确认产品的好处。

② 要求客户当场转介绍。你心中很想，客户也愿意，你不说出来，他怎么给你转介绍，这是最好的机会。

③ 让顾客介绍同等级的客户一至三人，千万不要一次要求太多，那样会吓着客户。

④ 转介绍时要向老客户详细了解新客户的确切背景。

⑤ 如能请老顾客给新顾客打电话告知那是最好。

⑥ 在你与新顾客的第一次电话里一定要赞美他本人及他的朋友。

⑦ 约时间、约地点见面。

⑧ 认可你的客户，即使不买也同样可以要求转介绍。

11. 售后服务

（1）80/20 原理。

（2）三种感动的服务　主动帮助客户拓展他的事业，诚恳关心客户及其家人，做与产品无关的服务。

（3）对大客户、在当地比较有影响力的客户，做形象店设计（户外招牌、喷绘等）。

五、推广天律产品时最有价值的几大问题

（1）您好！请问是×××店吗？

（2）你们老板在不在，我找他有点事情要谈。

（3）那你们采购经理或负责这个项目的在吗？

（4）某某老板，您好！久仰您的大名，今天终于见到您了，感到非常荣幸啊！

（5）我是为海南马自达、一汽马自达、猎豹、日本本田、三菱、五十铃等配套生产滤清器的某某分公司。我叫××，今天来主要是想和您请教下汽配终端的行情及市场。不知道您现在有没有时间呢？（给名片，没有时间的话就下次再来）

（6）××老板，您大概什么时候有时间呢？明天这个时间好吗？

（7）您公司现在主要是以快修快保、修理为主是吗？

（8）主要是大车还是小车呢？

（9）维修、保养主要是中高档车为主还是微型车呢？

（10）那相对这些中高档车系贵公司一般用正厂的还是副厂的配件呢？

（11）（假如是主要用高档副厂）那您这边主要是用什么品牌呢？

（12）像三滤这方面呢？主要用的哪个品牌？（三滤一般一个修理厂或快修快保店都会用上两个以上的品牌）

（13）现在经营的过程中觉得这产品如何？（了解现在经营三滤给他带来的好的地方在哪里，坏的地方在哪里）

（14）有没有出现漏油或者导致发动机出现事故的问题？（然后在他不满意的地方加大痛苦）

(15) 好像××家也和贵公司用一样的产品啊。

(16) 那贵公司是靠什么赢得客户的回头率呢?

(17) 没有什么优势的话那不是只有价格压的很低?

(18) 是不是觉得竞争过大,利润空间小,价格透明度过高呢?

(19) 哇,那贵公司的产品基本上在同行没有什么竞争力啊,假如您的竞争对手比较早意识到并加以改进的话,贵公司很难与其竞争啊。

(20) 假如有一个产品能够为您解决这些问题,您会考虑这个项目吗?

(21) 塑造天律产品的企业背景、产品来源、产品定位、销售政策、售后服务等。

(22) 某某老板您看还有没有其他问题需要更进一步了解的呢?

(23) 您觉得满意的话那么我们先拿一部分过来试下好吗?

(24) 那我下午或者明天中午给您送过来好吗?

以上是比较常见的问题,具体还须进一步交流。

实战技能训练 ▸▸▸

【训练项目】 制作上门销售方案

背景:以本次校园销售为背景,进行真实的上门销售活动。

参加人数:3人一组。

任务:通过市场需求调查分析和预售商品的货源等情况调查分析,策划本次销售计划,制作上门销售计划书。

规则:了解真实的市场需求和竞争状况,策划预售产品、进货途径、成本、售价、包装,设计销售人员的形象、推销技巧等。

目的:通过实战训练,提高学生上门销售方案策划能力。

【训练准备】

(1) 小组成员根据此次任务,分析任务目标,进行工作分解。

(2) 明确各任务完成的方式、时间及具体负责人。

任务分解参考如下。

任务一:信息搜集

(1) 需求情况信息。

(2) 货源情况(商品品牌、优势、进货途径、价格、包装等)。

(3) 同行相关信息。

任务二:策划本次销售活动目标定位

市场定位、产品定位、目标顾客定位。

任务三:分析此次销售活动对销售人员的产品知识和销售技能和素质的要求,设计拜访程序和拜访中可能出现的各种情况的应对策略等。

任务四:完成上门销售策划方案的文案撰写

【实施训练】

按照上述任务实施操作,从了解市场信息开始,对各项活动进行策划,并最终形成上门销售策划方案的文案。

【训练评价】

参考学习情境 2 上门销售的总评价标准。

课后作业 ▸▸▸

进一步了解市场需求、产品货源信息和竞争者信息，完善销售方案。

任务 2　拜访客户前准备

任务导入 ▸▸▸

【知识目标】

(1) 了解销售代表出访前的计划和准备工作任务；

(2) 了解销售代表的销售热身运动方法；

(3) 了解开拓准客户的方法；

(4) 了解拜访客户的基本技巧。

【技能目标】

学会搜集信息、预约客户和拜访前的销售热身技巧方法。

2.1　任务内容

(1) 潜在客户信息收集；

(2) 预约客户；

(3) 出访前的计划和准备；

(4) 拜访前的销售热身。

2.2　任务组织

(1) 将全部学生分组进行训练，3 人一组，组成销售团队。

(2) 本环节的任务是，在前面销售方案策划的基础上，组织货源、对商品进行包装、定价，准备销售宣传资料的销售工具，人员销售技巧热身等拜访客户前的各项准备工作。

2.3　任务实施

2.3.1　潜在客户信息收集

2.3.1.1　认识潜在客户信息收集工作

这一阶段是销售方案制定后实施的第一步，任务是通过电话、走访、网络、朋友介绍等方式寻找客户，收集潜在客户信息，经过筛选选出其中的准顾客，并建立准顾客档案，为下一步与准顾客做进一步沟通做准备。

2.3.1.2 客户信息收集工作操作程序

第一步：将目标区域进行划分，设计最合理的走访线路；

第二步：做好走访前的仪容、仪表、心理、沟通技巧、携带的工具等的准备，这也是第一次拜访客户；

第三步：实施走访，收集信息资料；

第四步：整理资料，形成准顾客档案表。

案例

找到有效客户

小赵是长虹化工工程设备公司新进的销售人员。销售部刘经理分配他跟王立负责山西和河北两省的销售，并交代王立帮助他。由于王立也有业绩压力，经常出差，所以很少有时间帮助他。小赵只好按照黄页给化工行业的企业打电话，可两三个月下来丝毫没有进展。

问题分析：小赵的问题是他还没有找到真正的有效客户，所以，这么打电话只能是大海捞针。他应该在广泛收集客户名录的基础上，筛选有效客户名单，再根据这个名单去联系，那他的成功率就会大大地提高。有效客户的标志是有需求、有决策权和有支付能力。

2.3.1.3 开拓准客户

(1) 直接拜访法

(2) 连锁介绍法

(3) 接受前任销售代表的客户资料

销售人员可从前任的销售代表手中接受有用的客户资料，详细地掌握住各项资料的细节。

(4) 用心耕耘您的老客户

日本房屋销售代表的冠军原正文氏70%的业绩来自客户的再购买及介绍。

(5) DM和宣传单的运用

(6) 销售信函

一位寿险经纪人，列出将近300位销售信函寄送给准客户。他不可能每月都亲自去追踪这300位准客户，因此他每个月针对这300位准客户都寄出一封别出心裁的卡片，卡片上不提及保险的事情，只祝贺每月的代表节日，例如一月春节愉快、二月情人节、三月春假……每个月的卡片颜色都不一样，准客户接到第四、五封卡片时没有不为他的热诚所感动的，就是自己不立刻投保，当朋友有人提到保险时都会主动地介绍这位保险经纪人。

(7) 电话

电话最能突破时间与空间的限制，是最经济、最有效率的接触客户的工具。销售人员若能规定自己，找出时间每天至少打五次电话给新的客户，一年下来能增加1500个与准客户接触的机会。

(8) 展示会、促销会等

(9) 扩大人脉

销售基盘就是所谓的人脉。企业的经营也可以说是人际的经营，人脉关系是企业的另一项重要的资产，销售代表的人脉愈广，接触准客户的机会就愈多。

（10）网络查询

当前正处在互联网高速发展的时期，互联网已成为不可或缺的销售工具，比如，可以去相应的网站查找求购信息，从而找到潜在客户；通过关键字查询，用搜索引擎查询潜在客户；去行业论坛也可找到一些潜在客户信息。

通过上述方法搜集准客户资料，将资料填入表 2-2 和表 2-3。

表 2-2　原始工作记录表

第______组　　　　　　　　　　　　　　　　　　　　　　负责人________

时　间	人　员	工作内容	地　点	成　果
				客户信息
				业务订单
				……

表 2-3　准顾客档案表

第______组　　　　　　　　　　　　　　　　　　　　　　负责人________

客　户	地　址	联系方式	主　营	广告需求情况
				牌匾

2.3.1.4　顾客资格审查

（1）顾客需求审查

顾客需求审查就是销售员经过再次的审定以确定顾客是否真正需要销售品，应该说，以市场为导向，以顾客需求为依据，是销售的首要原则。一位优秀的销售员应该善于了解顾客需求，并可以对症下药。

（2）顾客支付能力审查

（3）购买决策权审查

在单个顾客的购买上不存在太大的决策权问题。但以企业为销售对象的时候，选择好具有决策权的人比较复杂，这对销售成功有着十分重要的决定性作用。

（4）购买人资格审查

购买人资格包括营业执照、专营执照、特种行业许可证、企业的等级规定等，以确保互相之间的经营活动受到法律保护。

2.3.2　预约客户

2.3.2.1　认识客户预约工作

这一阶段是根据准顾客档案信息，通过电话方式与客户沟通，征得顾客同意接见，是销售的先行程序。

2.3.2.2　预约客户操作程序

第一步：做好电话预约的演练，注意语言、声音、语气、说话技巧等的热身演练。

第二步：实施电话预约。

第三步：做好电话预约的记录和总结。

您明天有空还是后天有空?

小赵是蓝山果实公司新进的销售员。通过前期的电话交流，小赵让荣华食品公司对经销蓝山公司的产品有了一定的兴趣，于是，小赵决定正式登门拜访荣华公司采购部的李经理。在预约李经理的时候，李经理非常客气地说“欢迎”，说最近一段时间都没空。“李经理，那等你有空的时候通知我一声，可以吗?”李经理说：“行。”但这一等，两个星期过去了，当小赵再给李经理打电话时，李经理已基本把小赵的事忘得差不多了。

为什么会出现这种情况？小赵的问题出在哪里？

问题分析：小赵的问题就出在他未能趁热打铁，乘胜追击。而小赵之所以未能趁热打铁，就在于他征求李经理的一件事，不应该用“您什么时候有空?”这种开放式的问法，而应用“您明天有空还是后天有空?”这种封闭式的选择问句来征求李经理的意见，这样即使他明天和后天都没空，他自己也会找出一个有空的时间来约你。

2.3.2.3 约见客户

在现代生意场上，不提前电话预约就登门拜访，是没有礼貌的行为，因为这样会打乱对方的日程安排，因而变成不受欢迎的人，也达不到自己的目的，因此，销售人员拜访客户一定要通过电话提前预约。

上门拜访，当然希望见到能拍板做决策的人，但是，能做决策的人往往很忙，而且不过问具体事务，所以，第一次拜访的对象多是具体经办人。虽然具体经办人不能最后拍板，但他是一座桥梁，对销售仍具有举足轻重的作用，只有通过他，销售人员和产品才能被决策者认可。因此，对待具体经办人也应给予足够的尊重。

2.3.2.4 与具体负责人的第一个电话

(1) 被拒绝的方式

销售代表第一次与具体经办人通电话，99%的约见要求会被拒绝，被拒绝的理由大致如下。

① 没有时间。“请问您是李经理吗？我是某电脑公司的业务员，我们公司是做电脑……”“对不起，我没空。”对方彬彬有礼地这么回答你。

② 需要时间考虑。“王总，我是某仪器公司的业务员小柯，我星期一传真给您的产品说明书收到了吗?”“收到了，但我们还需要考虑考虑。”

③ 没有预算。“刘总，我是某环保公司的业务员小常。我们公司最近推出了一种新的节能设备……”“对不起，我们今年没有预算了。”

④ 价格太高。“赵总，您好，我是某公司的业务员……”“你们公司我知道，您们的产品确实不错，但就是太贵了，某某公司的产品比你们的便宜很多!”

⑤ 不想换品牌。“刘总，您好，我是某某公司的业务员……”“哦，某某设备我们已经有了，我们用的是某某公司的产品，我们对你们的设备很满意，目前还没有更新的计划。”

每一个销售员每天都会遇到这种拒绝，这些拒绝就像一道无法逾越的屏障让一些销售新人一筹莫展，甚至怀疑自己是不是适合做销售工作，最终默然离开这个行业；但更多的人愈挫愈勇，一旦越过这道屏障，他们就进入了职业发展的快车道。

（2）第一次通话应注意的问题

① 说话的声音要明亮，中气饱满。

② 吐字要清晰，语气要坚决，语速可以稍微快一点。

③ 对自己设计的开场白一定要精益求精。

④ 打电话时要面带微笑，就像与客户在面对面地交流。

⑤ 注意做电话记录，因为销售人员每天要给许多客户打电话，电话记录可以避免到时张冠李戴，出现丢三落四的现象。

2.3.2.5　拜访之前的电话交流

拜访之前的电话交流，主要是了解客户的需求而不是介绍自己的产品，所以要以听为主。在交流中，应多介绍公司的情况以及成功案例，甚至技术方面的问题，先发一些资料给对方，让对方有时间消化；当销售人员正式拜访时，介绍产品就能达到事半功倍的效果。

在拜访前，应与具体经办人多沟通，尽量了解多一些信息，如项目的时间进度安排、项目采购流程、项目决策人的构成及具体角色、预算和竞争对手（这两样信息的获得有时会比较困难）。在交流过程中，应逐渐引导对方把其要求向对你有利的方向转变，特别是把自身产品一些特有的细节在对方脑海中强化，如果这样，就会使得客户将来提出的要求更加具体。

2.3.3　出访前的计划和准备

2.3.3.1　销售代表自身准备

（1）销售代表的仪容仪表

① 着装原则

切记要以身体为主，服装为辅。如果让服装反客为主，销售代表本身就会变得无足轻重，在客户的印象里也只有服装而没有人。正如著名的时装设计大师香奈尔所说：“一个女人如果打扮不当，您会注意她的穿着。要是她穿得无懈可击，您就注意这个女人本身。”

要按 T（时间）、P（场合）、O（事件）的不同，来分别穿戴不同的服装。要根据客户来选择与他们同一档次的服装，不能过高或过低。

无论怎样着装，着装目的要清楚，就是要让客户喜欢而不是反感销售人员。

② 男性销售代表的衣着规范及仪表

西装：深色，最好为深蓝色，如有经济能力最好选购高档一些的西装。

衬衣：白色，注重领子、袖口清洁，并熨烫平整。应至少准备三件以上。

领带：以中色为主，不要太花或太暗，最好准备 5 条以上。

长裤：选用与上衣色彩质地相衬的面料，裤长以盖住鞋面为准。

便装：中性色彩，干净整齐，无油污。

皮鞋：最好为黑色系带式，如有经济能力最好选购一双名牌皮鞋。且要把皮鞋面擦亮，皮鞋底边擦干净。

短袜：最好为黑色，穿时不要露出里裤。

身体：要求无异味，可适当选购好一些的男式香水，但切忌香气过于浓烈。

头发：头发要梳理整齐，不要挡住额头，更不要有头皮屑。

眼睛检查有没有眼屎、眼袋、黑眼圈和红血丝。

嘴：不要有烟气、异味、口臭，出门前可多吃口香糖。

胡子：胡须必须刮干净，最好别留胡子。

手：不留长指甲，指甲无污泥，手心干爽洁净。

③ 女性销售代表的衣着规范及仪表

头发：感觉整洁不留怪发，无头皮屑。

眼睛：不要有渗出的眼线、睫毛液，无眼袋、黑眼圈。

嘴唇：一定要涂有口红，且保持口气新香。

服装：西装套裙或套装，色泽以中性为好。不可穿着过于男性化或过于性感的服装，款式以简洁大方为好。

鞋子：黑色高跟淑女鞋，保持鞋面的光亮和鞋边的干净。

袜子：高筒连裤丝袜，色泽以肉色为好。

首饰：不可太过醒目和珠光宝气，最好不要佩带三件以上的首饰。

身体：不可有异味，选择高品位的香水。

一定要化妆，否则是对客户的不尊敬。但以淡妆为好，不可浓妆艳抹。

(2) 销售代表应该随身携带的销售工具

① 产品目录；

② 已缔结并投入使用的客户名录；

③ 图片及公司画册；

④ 地图；

⑤ 名片；

⑥ 客户档案；

⑦ 计算器；

⑧ 笔记用具；

⑨ 最新价格表；

⑩ 带有公司标识的拜访礼品；

⑪ 空白“合同申请表”、“拜访记录表”等专业销售表格。

对销售工具的准备，我们可遵循丰田公司的基本方针：销售工具不应该是别人提供的，而应是销售代表自己去创造的，这才会体现出自己独具的魅力。

2.3.3.2 竞争品牌的信息收集

① 收集的具体内容；竞争厂商的内部人事调整；竞争品牌的销售政策调整；竞争品牌的产品价格调整；竞争品牌的新产品推出计划（附样品图片)；竞争品牌的促销活动；竞争品牌新的广告活动；竞争品牌新的 POP（附样品)；其他一切竞争品牌的信息。

② 如何搜集竞争品牌的信息：公司内现有的档案资料；请教公司内资历较深、有经验的销售代表；对批发商、最终消费者及其他行业内专业人士进行访问；从竞争对手的销售代

表、年度报告、内部刊物中获悉；收集行业内或行业外商业、贸易报刊的相关文章；从本行业及其他商业组织获悉；在本行业及其他贸易展示会上收集；对各品牌市场表现情况的细心观察。

③ 竞争品牌销售行动分析

对竞争品牌销售代表的行动分析：每月或每周拜访批发商或零售客户的频率？在批发客户或零售客户处停留多少时间？主要与批发客户或零售客户里的哪些人见面？洽谈的内容如何？利用何种形式加强客情关系？与批发客户和零售客户的共同促销活动是否频繁？

对竞争品牌销售策略的分析：集中全力销售何种产品，对我们的影响如何？采用何种销售策略，其效果如何？我们与其对抗的策略是否有力？批发客户对其反应如何？竞争品牌的价格政策及折扣政策如何？批发客户对其反应如何？竞争品牌的售后服务、对渠道客户不满的处理、送货制度如何？竞争品牌对批发客户的销售目标、占有率目标的数字是怎样决定的？

2.3.3.3　客户资料的准备

（1）如何做事实调查

① 事前调查；

② 观察法；

③ 直接询问法；

④ 问卷调查法。

（2）明确您拜访客户的目的

第一次拜访客户的目的有：引起客户的兴趣；建立人际关系；了解客户目前的现状；提供一些产品资料；介绍自己的公司；要求同意进行更进一步的调查工作，以制作建议书；要求客户参观展示。

当然，若是销售的商品不是一个系统产品，销售人员也可以要求提供报价及要求订购。每位销售代表都必须尽可能地增加和准客户面对面的接触时间，并且确认接触、商谈的对象是正确的销售对象，否则所耗费的时间都是不具生产力的。

销售代表在出访前应研究客户的业务状况：包括服务对象、以往定货状况、营运状况、需求概况、资信调查。

销售代表在出访前应研究客户的个人资料：包括姓名、家庭状况、嗜好、职位与其他部门关系。

2.3.4　拜访前的销售热身运动

2.3.4.1　皮格马利翁效应与心理暗示

皮格马利翁是古希腊神话中塞蒲路斯的国王，他非常爱慕一尊少女的雕像，他的热烈期望竟然使雕像成了活人，两人终于幸福地生活在一起。

皮格马利翁效应又称为“标签效应”，含义是：您给自己贴上什么样的标签，您就成为什么样的人。

2.3.4.2　精神电影放映法

销售代表可以用精神电影放映法做这一积极的心理暗示

（1）进行三次深呼吸，每次都要憋气几秒钟。呼气的时候心里默念“放松”，这样可以帮助自己安静下来，以便更容易地将积极的思想形象和情感输入大脑。

(2) 想象自己置身于一个豪华而热烈的庆功宴中，拥有了自己梦寐以求的一切，正迎接着众人的鲜花和掌声；让自己完全沉浸在积极兴奋的理想之中，充分地享受其中的快乐；让自己所有的感觉："视、听、嗅、味"甚至连第六感觉都全部投入进来；让自己充分体验这一满意结果所带的积极情绪，体验其中的自信、满足、充实和爱，以及这一满意结果感带来的一切好的东西。

(3) 慢慢从这一满意结果中走出来，放——松、完——成、输——人。这样就能将希望的种子在自己的头脑中播种完成。这与有时给自己输入消极情绪后，就会使自己沮丧、懊悔、不安和痛苦是同一个道理。

每天早晨，销售人员出访时都要做一遍"精神电影放映"。

通过这一热身运动，让自己充满自豪、喜悦和必胜的心情。同时也可结合"呐喊"术来再次激励自己。如大喊："今天我一定能够做到！今天我一定能够成功！我是最好的！我是最优秀的！"等，并且在每天早晨放一些激动人心的音乐给自己听，如"男儿当自强"、"我的未来不是梦"等。

威廉·詹姆士作为伟大的心理学家，已经向人们证实了："情绪不能立即降服于理智，但情绪总是能立即降服于行动"。所以千万不要小看这个热身运动，要明白一个人不是一个机器，他的超越或失败都与他的心理能否受到激励有关。正如拿破仑·希尔所说："只要头脑可想象的，只要自己相信的，就一定能实现"。

实战技能训练 ▸▸▸

【训练项目】　拜访客户前准备

背景：以本次校园销售为背景，进行真实的上门销售活动。

参加人数：3 人一组。

任务：依据前面的上门销售方案做好拜访客户前各项准备工作。

规则：一切准备工作都是真实的，有成本、有效益的，所以要做好记录。

目的：通过实战训练，提高学生上门销售拜访客户前准备能力。

【训练准备】

明确小组每个成员的任务、完成的时间和方式，做好分工协作。

准备工作参考如下。

(1) 产品的进货、包装、定价；

(2) 准备各种销售工具；

(3) 电话或其他方式预约客户；

(4) 拜访技巧热身训练；

(5) 销售人员仪容仪表准备；

(6) 各项活动财务收支明细账；

(7) 其他。

【实施训练】

按照上述任务实施操作，并做好各项目进出财务账。

【训练评价】

参考学习情境 2 上门销售的总评价标准。

课后作业 ▶▶▶

整理各项工作记录，并对小组整体表现和各成员表现进行评价。

任务 3　拜访客户

任务导入 ▶▶▶

【知识目标】

（1）了解直接拜访客户时赢得客户好感的方法。

（2）了解直接拜访客户时使客户获得安全感的方法。

（3）了解拜访时应对顾客拒绝的方法。

（4）了解销售洽谈中的提问技巧、倾听技巧和说明艺术。

（5）了解销售洽谈中通过应对顾客拒绝促成交易的艺术。

（6）了解销售洽谈中应对顽固客户的艺术。

【技能目标】

拜访陌生客户的能力。

3.1　任务内容

（1）如何做好陌生拜访；

（2）销售洽谈——销售说明艺术运用；

（3）销售洽谈——应对拒绝，促成交易；

（4）销售洽谈——应对顽固客户。

3.2　任务组织

（1）将全部学生分组进行训练，3 人一组，组成销售团队。

（2）本环节的任务是，小组成员依据销售方案策划要求，进行着装，携带产品和相关的销售工具，进行校园的实战销售，完成相关的品牌宣传和推广、销售团队形象推广、产品推销、信息搜集等工作。

3.3　任务实施

3.3.1　如何做好陌生拜访

3.3.1.1　认识陌生拜访工作

与客户预约成功后，就开始第一次对客户的拜访。这个阶段的任务是做好拜访的开场白，利用客户熟悉和感兴趣的话题和方式，建立与客户交谈的和谐气氛，展示合作的诚意，目的是使顾客产生好感和信任；探寻客户的利益需求点，做好产品呈现工作；恰当处理客户的异议，并把握时机促成交易。

“扫楼”

小赵是华阳办公家具公司新进的销售员。这几天他到新落成的写字楼来“扫楼”。他推开一家刚完成装修的公司的大门，里面有几个人正在开会讨论如何置办办公室家具。小赵心里大喜，觉得这是个大好机会，自己一定要抓住。

“对不起，打扰了!”小赵彬彬有礼地说，“我是华阳家具公司的，专门负责代理香港凤凰牌办公家具。这是我的名片。”他把订着名片的资料递给一个看上去像老板的人。

“请问贵公司要更换或添置新的办公家具吗?”小赵又彬彬有礼地问。

对方有人回答:“对不起，我们上星期已经订购了。”

“能问一下你们订的是什么牌子的吗?”小赵马上问。

“好像也是香港的。”对方回答。

对方另一个人马上翻自己手上的文件夹，似乎要找那家香港公司的资料来，小赵显得胸有成竹，马上把话头枪过去:“我知道，肯定是飞天牌!”说着，他指着自己资料上的图片说:“你看看我们的品质，飞天与我们根本不在一个档次!”

有人看了小赵的报价，有些吃惊:“啊呀，你们这种价格……”

还没等对方说完，小赵就打断了他的话:“一分钱一分货!像你们这种公司就该用与你们公司相匹配的家具……”

小赵说着说着，发现对方的人开始不耐烦了，那个看上去像老板的人用冷冰冰的语气说:“谢谢你!你把名片和资料留下，有需要的话，我们会跟你联络。”

小赵只好悻悻地离开了。

问题分析:小赵的问题出在哪里?为什么?

小赵的问题首先是他的观念不正确，他以为自己既然是销售产品的，就要抓紧机会销售，尽可能地多向客户介绍自己的产品，把自己产品的特点和优势讲得清清楚楚，因此，他根本不给客户说话和提问的机会，更不在意客户是否在听，是否有问题要问。

像小赵这种“扫楼”，客人能给你的时间是有限的，你的确要抓紧时间介绍自己的公司和产品。但是，要真让客户与你签合同，首先要了解客户的现状和需求，所以，你更要耐心地听客户在说什么。即使是抱怨你的价格高，你也能根据他们的抱怨了解他们的真正想法，在了解他们的真正想法之后才能作有针对性的介绍。由于市场产品同质化现象越来越严重，你用不着对自己的产品做过多介绍，所以，只要用户在说，你就要注意听。

3.3.1.2 直接拜访客户的技巧

(1) 获得客户好感的方法

① 运用语言的艺术赢得客户好感

不要以为这是小节，一个人的能力往往从说话中表现出来。戴尔·卡耐基说:“有许多人，因为他善于辞令，因而提升了职位。有许多人，因为和人家交谈，使对方获得满意的印象，因而获得了名誉，获得了厚利。”运用语言艺术的技巧如下。

语气要平缓，语调要低沉明朗。明朗、低沉、愉快的语调最吸引人，所以语调偏高的人应设法练习变得低沉、浑厚有力，才能发出迷人的声音。任何一次的谈话，抑扬顿挫，有速度的变化与音调的高低，必须像一个交响乐团，搭配得当，才能演奏出和谐动人的美妙乐章。而同一个内容会因语言语调的不同而产生不同的效果。销售时，语气要和缓，但态度一定要坚决。

运用停顿的奥妙。停顿能整理自己的思维，引起对方的好奇和共鸣，而且还可以观察对方的反应。谈话本身比思想快一些，我们说出来的话很多是未经过整理的，因此更需要适当的停顿，想想自己究竟要讲什么。

词句必须与表情相配合。销售时，单用词句表达意思是不够的，必须加上对每一词句的感受，以及神情与姿态，谈话才会生动感人。只有感动自己才能感动别人。

光用嘴说话是难以造成气势的，所以必须用嘴、眼以及心灵去说话。换言之，必须动用全身所有的器官去说话，才能造成全身锐不可当的气势，融化并说服对方。而这其中最重要的法宝就是自身的真诚与热情。

② 运用倾听的艺术赢得客户好感

人都有发表自己见解的欲望，而倾听成了销售人员对客户的最高恭维和尊重。始终挑剔的人，甚至最激烈的批评者，常在一个忍耐同情的倾听者面前软化降服。善于倾听客户讲话的另一个好处就是可以更多地了解客户的信息以及他的真实想法和潜意识。要想销售成功，听就要占整个销售过程的70%，而说只占30%。

人们通常都只听到自己喜欢听的，或依照自己认为的方式去解释听到的事情，这通常未必是对方真正的意思，因而人在“听”的时候通常只能获得25%的真意。

卡尔·鲁杰司的“积极的倾听”的三个原则如下。

a. 站在对方的立场倾听。每个人都有他的立场及价值观，因此，必须站在对方的立场，不要用自己的价值观去指责或评判对方的想法，要与对方保持共同理解的态度。

b. 要能确认自己所理解的就是对方所讲的。必须有重点复诵对方讲过的内容，以确认自己所理解的意思和对方一致，如“您刚才所讲的意思是不是指……”、“我不知道我听得对不对，您的意思是……”。

c. 要以诚恳、专注的态度倾听对方的话语。销售代表倾听客户谈话时，最常出现的毛病是只摆出倾听客户谈话的样子，内心却迫不及待地等待机会，想要讲自己的话，完全将“倾听”这个重要武器舍弃不用。听不出客户的意图、听不出客户的期望，销售将失去方向。销售人员可从下面五点锻炼倾听技巧。

a. 培养积极的倾听态度。站在客户的立场专注倾听客户的需求、目标，适时地向客户确认自己了解的是不是就是他想表达的。这种诚挚专注的态度能激发客户讲出更多内心的想法。

b. 让客户把话说完，并记下重点。“记住”是用来满足客户需求和客户利益的。在让客户充分表达了他的状况后，销售人员才能正确地满足他的需求，就如医生要听了病人述说自己的病情后，才开始诊断。

c. 秉持客观、开阔的胸怀。不要心存偏见，只听自己想听的或是以自己的价值观判断客户的想法。

d. 对客户所说的话，不要表现出防卫的态度。当客户所说的事情可能对销售造成不利时，不要立刻驳斥，可先请客户针对事情进行更详细的解释。例如客户说“您公司的理赔经常不干脆”，销售人员可请客户更详细的说明是什么事情让他有这种想法。客户若只是听说，无法解释得很清楚时，这种看法也许就不是很正确；若是客户说得证据确凿，销售人员可先向客户致歉，并解释此事的原委。记住，在还没有捕捉完客户的想法前，不要和客户讨论或争辩一些细节的问题。

e. 掌握客户真正的想法。客户有客户的立场，他也许不会把真正的想法告诉销售人员，他也许会找借口或不实的理由搪塞，或为了达到别的目的而声东击西，或另有隐情，不便言明。因此，销售人员必须尽可能地听出客户真正的想法。

掌握客户内心真正的想法，不是一件容易的事情，最好在听客户谈话时，自问下列问题：客户说的是什么？他代表什么意思？他说的是一件事实？还是一个意见？他为什么要这样说？他说的我能相信吗？从他的谈话中，我能知道他的需求是什么吗？从他的谈话中，我能知道他希望的购买条件吗？

若能随时注意几个问题，就必定能成为一位擅听的销售代表。

③ 运用精神目光的交流赢得客户好感

目光要真诚、专注、柔和地平视客户，眼光停留在客户的眼眉部位。千万不要让视线左右飘浮不定，否则会让客户产生不安与怀疑。因为一个不能正视别人眼睛的销售代表常常被理解为诡诈多变，不说实话。

销售人员要学会将关怀和赞赏用眼神表达出来，要学会用眼神与客户交流，使客户从销售人员的眼神中看到自信、真诚与热情。

④ 运用微笑的魅力赢得客户好感

微笑可以使“得者获益，给者不损”。微笑还可以除去两人之间的陌生感，使双方敞开心扉。设法逗准客户笑，只要能够创造出与准客户一起笑的场面，就突破了第一道难关，拉近了彼此间的距离。陌生感消失了，彼此的心就在某一点上沟通了。

⑤ 运用真诚的赞美赢得客户好感

真诚的赞美，于人于己都有重要意义。美国心理学家威廉·詹姆斯说：“人类本性上最深的企图致意是期望被赞美、钦佩和尊重”。渴望被赞美是每一个人内心的一种基本愿望，而赞美对方是获得对方好感的有效方法。

赞美别人是件好事情，但并不是一件简单的事，若在赞美别人时，不审时度势，不掌握一定的技巧，反而会使好事变为坏事。正确的赞美方法如下。

a. 要真诚的赞美而不是谄媚的恭维。与谄媚的恭维不同，真诚的赞美是实事求是的、有根有据的，是真诚的、出自内心的，是为天下人所喜欢的。天底下好的赞美就是选择对方最心爱的东西、最引以为自豪的东西加以称赞。特别是称赞那些成功人士早年的挣扎史和奋斗史，因为这是他们最愿回忆也最自豪的事情。

b. 借用第三者的口吻来赞美。比如说：“怪不得玛丽说您越来越漂亮了，刚开始还不相信，这一回一见可真让我信服了。”这比说“您真是越长越漂亮了”这句话更有说服力，而且可避免有轻浮、恭维奉承之嫌。

c. 间接地赞美客户。比如说对方是个年轻女客户，为了避免误会与多心，您不便直接赞美她。这时，您不如赞美她的丈夫和孩子，而您会发现这比赞美她自己本人还要令她高兴。

d. 赞美须热情具体。赞美别人时千万不能漫不经心，这种缺乏热诚的空洞的称赞，并不能使对方高兴，有时甚至会由于您的敷衍而引起反感和不满。比如与其说“您的歌唱的不错”，还不如说“您的歌唱的不错，不熟悉您的人还没准以为您是专业歌手哩”。

e. 赞美要大方得体适度。赞美要根据不同的对象，采取不同的赞美方式和口吻去适应对方。如对年轻人，语气上可稍带夸张；对德高望重的长者，语气上应带有尊重；对思维机敏的人要直截了当；对有疑虑心理的人要尽量明示，把话说透。

⑥ 通过给对方以自重感赢得客户好感

美国著名的心理学家、哲学家詹姆斯说：“人类天性的至深本质就是渴求为人所重视。“法国哲学家罗西法也告诉我们：“如果您要得到仇人，就表现得比对方优越吧；如果您要得到朋友，就要让对方表现得比您优越。”真心地向客户求教，是使客户认为他在您心目中是个重要人物的最好办法。既然您如此地重视他，他也不会让您真的失望。

⑦ 通过其他各种举止行为赢得客户好感

有素质的敲门。敲门只需用中指和食指请扣门板，发出“当……当当”的声响。意思是“第一声告诉您，我在门口请开门。第二、三声告诉您请快点儿”。敲门的声音不要太轻或太重，要有节奏感。

握手的礼仪。握手讲究四指并拢，手掌伸直，从右向左 45 度倾斜伸向对方。握手时要热情有力，要通过握手迅速传达出您对他的喜欢和爱戴。握手时也不可过分热情，造成用力过猛或上下摇摆不止。握手时男女有别，女士不先伸手的情况下男士也不可伸出手来要求握手，而且握女士手时，男士只可握其 1/4 的手指部分，以表示尊重。

成功的坐姿。坐下时身体要自然收腹挺胸，背部要直，最好是只坐椅子的 1/3，而不可让后背依靠在椅背上。男士双脚放地时可与肩同宽，女士则要双脚双腿并拢向右倾斜着地。

无论男女坐时都最好不要跷腿，即使跷腿也不可将脚尖跷于高处而上下摇摆。总之，销售代表坐时要给予客户谦虚稳重之感。

随时说谢谢。“谢谢”不仅仅是礼貌用语，也是沟通人们心灵的桥梁。“谢谢”这个词似乎极为普通，但如果运用恰当，将产生无穷的魅力。

说“谢谢”时必须有诚意，发自内心，感谢的语调语气中要含有笑意和感激之情。态度要认真、自然、直截了当，不要含糊地吐噜一声，更不要怕客户知道自己在道谢而不好意思。

说“谢谢”时应有明确的称呼，称呼出感谢人的名字，使道谢专一化。如果感谢几个人，最好一个个向他们道谢，这样会在每个人心里都引起反响和共鸣。

说“谢谢”时要有一定的体态，头部要轻轻点一点，目光要注视着要感谢的客户而且要伴随着真挚的微笑，这样在客户心里引起的反响会更强烈。

对道谢者来说，有机会在行动上给客户以回报，也是需要的。这种心愿，在可能时要适当表露。销售人员可以说：“今后，能给我一个回报的机会吗？”“希望在适当的时候让我为您出点力，以表示一份小小的心愿”等。

⑧ 以守时守约赢得客户好感

一旦与客户约定好见面时间或约定好某件事情，就一定要守时守约，恪守“宁可人负我，不可我负人”的原则。

不管是电话里约会还是当面约会，一定要把约会的时间问清楚、说清楚、记清楚。按约定时间赴约时，要遵守一个原则，就是要提前几分钟到，宁可让自己等对方也不能让对方等自己。提前的意义，不仅是使自己心里有充分准备，不至于见面时慌慌张张，而且中途如出了意外，也可有充裕的时间。

迟到的歉疚会使销售人员与对方一见面就屈居劣势。因此，无论如何不要迟到。若万不得已、身不由己，应先打个电话给对方说明理由，这比迟到后再道歉容易得到对方谅解。打电话通知迟到时，说要到的时间应比将实际到达的时间多出十分到二十分钟。因为如果因路上堵车而没有准点到的话对方一定会非常反感，这已是一天中的第二次失约了。相反如果销售人员能提前到达十分钟的话，对方一定会对此非常感激，认为销售人员已经尽全力来弥补迟到的时间，对方就会很容易谅解。

(2) 如何使客户获得安全感

① 进门时的注意事项

进门时不可随手将门关死。特别是男性销售代表向女客户销售时更是如此，否则会使女性心里产生恐惧感，她会怀疑您的动机不良。所以进门后就算外面很吵，会影响到你们的谈话，您也只需将门虚掩一下。

② 接触客户的最佳角度

第一种情况，让我们来设想一下，假如您正在一个柜台前专注地看着一件您喜欢的东西，而这时一个没有经过训练的营业员从柜台里以直线的方向快速向您走来，您会有什么反应？先是一愣，接着本能地向后退一步，用以保护您自己，因为您感到您的安全范围被对方侵犯了，而您也不会去看您喜欢的商品。当小姐问“您要看点什么”的时候，您已经离开了这个柜台。

第二种情况，柜台小姐从你左边或右边以 90 度直角向你，你虽不会感到突然，但你会觉得这个这个柜台小姐傲慢无理、目中无人。因感到被对方轻视，你一样会离开柜台。

第三种情况，如果这位小姐从你背后走来，再突然叫你一声，会惊吓了你，而这时你根本不可能再想商品，就本能地逃开了这个柜台了。

第四种情况，柜台小姐从客户的正侧面以 45 度角由慢变快地走向你，而你用你的余光以感觉到有人向你走来，已经有了心理准备。柜台小姐再将速度由慢变快时你也通常能接受了。这样她就不会侵犯你的安全范围和安全心理了。不难看出，只有这种角度才是销售代表接触客户的最好角度了。

③ 有针对性的寒暄

寒暄是交谈的润滑剂，是建立人际关系的基石，也是向对方表示关注的一种行为。寒暄能使客户产生认同心理，满足人们的亲和要求。

而寒暄的内容与方法得当与否往往是一个人的人际关系好坏的关键，所以要特别重视。例如，与客户见面时说：“你好，王经理。”和说：“王经理，你好！很高兴见到你，看你满面红光，最近有什么好事？”就不大一样了，前者为纯粹的打招呼，而后者就是有针对心的关心了。

④ 成功地利用名片和名字

a. 递名片的方法

呈递名片时要身体前倾、头略低向客户，双手将名片递向客户手中，同时要大声报出自己的名字，而后中肯地说：“以后请你多多关照。”

大大方方的报出自己的名字能使客户的设防心理降低，加之名片又是有身份的一种标志，用以保证客户随时都能找到你，这样客户才会对你产生一定信任感，而愿意与你继续交往。

b. 接名片的方法

客户回赠名片时同样要双手接回名片，并同时将名片大声读一遍，这是对客户应有的尊重和礼貌。即使客户没有回赠你名片，你也要将他报出的名字重复一遍并记牢他。

读完名片后要将名片小心地放到名片夹里，千万不要拿在手中玩弄，也不可将他放置于下身口袋里，更不可让名片遗失在桌上或地上。这个看似小小的失误，却可能让你失去与这个客户做生意的机会。要知道名片是一种“自我延伸”，在某种意义上讲他是客户的化身。对名片的不敬和轻视，就是对客户本人的蔑视。

c. 牢记客户的姓名

在任何语言中，对任何一个人而言，最动听、最重要的就是他的名字。许多人奋斗一生就是为了成功和出名，人对自己姓名的热爱如同对自己生命的热爱。在人们看来姓名不仅仅只是一种人称的符号，更是人生的延伸。

记住客户的姓名并容易地唤出，你已在无形中对客户有了巧妙而有效的恭维。但若忘了或记错了——你将置自己于极不利的地位。

⑤ 就坐时的最佳位置

就坐时要坐在客户的侧面或同侧，并与客户保持一尺远的距离。这样坐是为了让客户感觉你是与他在一起讨论问题，而你又维持了他的安全范围，他对你就不会再存有戒心，要同你对峙的心理也就慢慢消除了。

在你们愉快的谈话过程中，你要想知道对方是否对你还有防范心理，你可以做个小小的测试。那就是将你的身体或坐椅慢慢地向他移近，这时如果他没有一点反应，则说明这时他对你已经完全信任了。反之，则证明他对你的防范心理没有完全消除，需要你在信任度上再进一步加强和调整。

就坐时如果只能坐在对方的正对面，你就要调整你身体的倾斜角度。因为你与客户正面对坐时会给客户以无形的压力，让他感觉你是和他对立的。

3.3.1.3　拜访中如何应对客户的拒绝

（1）正确理解客户的拒绝

一个销售代表的突然来访，他本身就是一位不速之客，因而遭到拒绝是理所当然的。那么，在拒绝中有没有真正的原因呢？心理学家做了一个这样的调查问卷：

A. 有很充分的理由而拒绝

B. 虽然没有明显的理由，但仍能随便找一理由而拒绝

C. 以事情很难为理由而拒绝

D. 记不清什么理由，只是出于条件反射加以拒绝

E. 其他

结果，在收回 387 份答卷中，选择 A 的占 18%，选择 B、C、D 三项的相加可达 69%。所以调查表明，事实上人们并不真正知道自己为什么而拒绝，拒绝只是人们的一种条件反射和习惯而已。

（2）被拒绝时应保持良好的心态

销售代表训练之父耶鲁马·雷达曼说：“销售是从被拒绝开始的！”世界首席销售代表齐藤竹之助也说：“销售实际上就是初次遭到客户拒绝后的忍耐与坚持。”

那么我们应该以什么样的心态来面对它呢？杰克里不斯曾这样说："任何理论在被世人认同之前，都必须做好心理准备，那就是一定会被拒绝二十次，如果您想成功就必须努力去寻找第二十一个会认同您的识货者。"所以，销售中我们应把拒绝看成是我们的路标，一路上数着被拒绝的次数，次数越多心里就越兴奋，告诉自己达到二十次拒绝时就会有一个认同者了。

在销售中，要让自己习惯于在拒绝中找到快乐，习惯于去欣赏拒绝。心里鼓励自己说："被拒绝的次数越多越意味着将有更大的成功在等着我。"在拒绝面前我们要有从容不迫的气度和经验，不再因遭到拒绝而灰心丧气停止销售。因为，我们坚信成功就隐藏在拒绝的背后！

(3) 被拒绝后应做什么

① 需要等待时

在漫长的等待中，与其束手待毙，不如借此机会进一步地了解，以便获取意外的收获。这也许是您了解客户的一个千载难逢的机会。

② 客户不在时

当客户不在或不能接待您时，您要给客户留下商品目录、资料样品等宣传资料，总之能引起客户兴趣的东西。并将写有"未蒙会面，甚感遗憾，希望今后能够给予关照"的名片留下来，而且还要在名片上亲笔写上下一次再来拜访的时间，这样有签字的名片多少会给客户留下一些特别的印象，以促进您下一次的拜访。

③ 客户拒绝时

被客户拒绝后，您更加要保持您的绅士和淑女风范。要微笑地跟客户说："不好意思，耽误您时间了，谢谢您的接待。"并跟客户约定下一次见面时间。如果不能确定具体日期就跟客户说："下一次等您有空，我再来拜访或再来请教。"

离开时要和来时一样恭敬有礼。关门时动作要文雅，声音要轻，并注意在退出门外前要将正面留给客户，以便于向客户再次表示谢意，行礼告辞。

(4) 三分钟坚持术

① 运用三分钟坚持术的原因

当客户拒绝您时不要轻易就表示放弃。您要去寻找客户拒绝您的真正原因，看它是不是真的不可改变。然而大多数情况都并非如此。

比如有人告诉您"他工作忙，没时间"。可您走后他依然只是打牌、聊天、看电视。所以面对客户的"拒绝"您最好不要信以为真，只当成是客户给您的一道"智力题"，他是在考验您，仅此而已。

无论客户找什么原因拒绝您，您需要做的只有一件事就是"请求对方再给您三分钟时间"，并且告诉客户："三分钟一到，如果您还不感兴趣，我无话可说，到时一定会走。"

② 三分钟坚持术的运用方法

"三分钟坚持术"的运用要眼、手、口、心一起配合。眼睛要真诚、坚定、渴望地注视对方；手指做出"三"的字样举到客户的眼前；嘴里要坚定、别无选择地说出："三分钟，只要三分钟，三分钟就好"；心里要相信客户一定会被您的真心所打动，一定会给予您这三分钟时间。只要您能够将这四者配合默契，再顽固的客户也会被您的真诚所打动而给您这"三分钟"的时间，除非他还有三分钟就要上飞机了。

3.3.2 销售洽谈——销售说明艺术运用

3.3.2.1 认识销售洽谈艺术

经过第一次对客户的拜访，可能还有第二次、第三次的拜访，遭遇被拒绝、冷遇等，终于有客户对我们有了信任，对我们的产品感兴趣，愿意与我们做进一步的接触。这就进入到销售工作的谈判阶段，即销售洽谈。在这个阶段销售人员的任务是进一步确认客户需求，做好产品的说明和推介工作，将客户的购买欲望调动起来，处理客户提出的各种异议，准确判断顾客的成交信号，运用成交技巧，促使客户签单。

当通过拜访沟通，客户对我们的产品产生了好感，并对我们产品发生了兴趣（通过顾客的行为判断），销售人员就开始了解顾客的真实需求，并做好本产品的推介工作，将顾客的购买欲望挖掘出来。

诚实待客

一个房地产经纪人对他的客户说："诚实待客是我们公司的一贯宗旨。我们将向您介绍所有房子的优缺点。"

顾客问："那么，这座房子缺点是什么呢？"

房地产经纪人："哦，首先这座房子的北面三千米的地方是一个养猪场。西面是两个污水处理厂，东面是一个化工厂，而南面好似一个酱制品公司。"

顾客问："那么，这座房子优点是什么呢？"

房地产经纪人："那就是，您随时都能断定，今天刮的是什么风。"

问题：在这个案例中，该房地产经纪人的回答体现了他哪些说话特点呢？

参考答案：该房子实际上没有太多优点，而该房地产经纪人巧妙地把房子的缺点和优点结合起来，缩小了缺点。同时，让客户感觉到了他的诚恳。诙谐幽默的语句拉进了和客户的关系。

3.3.2.2 销售说明中的提问技巧

有两个教徒分别请求说："我在祈祷时可以抽烟吗？"和"我在抽烟时可以祈祷吗？"其回答的结果自然大相径庭。这就是不同提问方式的效果差异。对业务员来说，精妙而恰到好处的提问与答话，既有利于行销洽谈，又能促成快速签单。下面就介绍行销洽谈中的 9 种黄金提问技巧，希望能够给广大业务员一些启迪。

（1）单刀直入提问法

这种方法要求业务员直接针对顾客的主要需求和购买动机，开门见山地向其销售，使顾客措手不及，然后"乘虚而入"，对其进行详细劝说。

例：门铃响了，一个衣冠楚楚的男士站在门边，当主人把门打开时，他问道：您家里有高级食物搅拌器吗？这突然一问竟使主人不知如何回答才好，他转过脸来和夫人商量，夫人有点尴尬但又好奇地答道：有一个，不过不是高级的。男士回答说：我这里有一个高级的。说着，他熟练地从提包里掏出一个高级食物搅拌器。接下来，不言而喻，这对夫妇接受了他

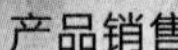

的销售。假如这个业务员改一下说话方式，一开口就说：我是某公司业务员，想问一下您是否愿意购买一个新型的食物搅拌器？可想而知……

(2) 连续肯定提问法

此法是指业务员所提问题便于顾客用赞同的口吻来回答，也就是说，业务员要让顾客对其销售说明中所提出的一系列问题能连续轻松地回答“是”，再等到要求签单时，则已造成有利成交的局面，好让顾客再次作出肯定答复。

例：业务员要寻找客源，事先未打招呼就打电话给新顾客时，可说：很乐意能和您交谈，我想提高贵公司的营业额对您一定很重要，是不是？我想为您介绍我们的某些产品，这将有助于您尽快实现您的目标，日子也会过得更潇洒。你很想实现自己的目标，对不对？若能这样让顾客一“是”到底，签单收费也就为期不远了。运用此法要求业务员要有准确的判断能力和敏捷的思维能力，每一个问题都要事先精心设计，特别要注意双方对话的结构，这样才能使顾客沿着我们的意图作出肯定的回答。

(3) 诱发好奇提问法

见面之初不直接向准客户说明情况或提出问题，而是故意讲一些能够激发其好奇心的话，将其思想引到您可能为他提供的经济利益上。

例：您好！我是××公司业务员，今天专门给您来送存折，您有时间接收吗？这种提问用得最广泛，没有人不感兴趣的。但也应注意，当此法变得危言耸听或近乎要花招时，则往往引起顾客反感，很少获益。

(4) 鹦鹉学舌提问法

就是首先肯定顾客的见解，然后在重复顾客见解的基础上，再用提问的方式说出自己要说的话。如此经过一番劝解，顾客会不由自主地说：是，目前我们的确需要这样产品。这时，业务员应不失时机地接过话头说：对呀，如果您感到使用我们这种产品能节省贵公司时间和金钱，那么还要待多久能成交？这样必能水到渠成，毫不做作，顾客也会自然而然地买下。

(5) 虚心讨教提问法

以求教的方式提出问题，吸引顾客注意，进而促成销售的方法。

例：您就是××经理吧，今天有幸拜访，是想向您讨教几件事。再如某业务员对一个多次拒绝见面的老板递上这样一张纸条，写道：请您给我 10 分钟好吗？我想为一个生意上的问题征求您的意见。纸条诱发了好奇心，也满足了他的虚荣心。结果业务员被应邀进入办公室。

(6) 建议提问法

以向对方提出有益的合理化建议来吸引顾客注意，取得销售机会的方法。

例：您好！我是××公司业务员×××，今天特来拜访并给您带来了我们公司最新的保障计划，我想它对您的家庭非常有益。我曾把该计划提供给像您一样成功的人士，他们都欣然接受了。所以也占用您 5 分钟时间、为您介绍这项计划的内容，就 5 分钟时间，您不介意吧？

(7) 刺猬效应提问法

就是用一个问题来回答顾客提出的问题，再用自己的问题来控制您和顾客的洽谈，把谈话逐步引向销售程序的下一步。

例如顾客：这项保险中没有现金价值？业务员：您很看重保险单是否具有现金价值吗？顾客：绝对不是，我只是不想为现金价值支付额外的金钱。对这位客户，若一味向他销售现金价值，必然会遭到拒绝，这时，你应先向他解释现金价值的含义，提高他在这方面的认识，再见机销售。

(8) 黄金五问法

按照以下顺序逐一向顾客发问，提供五次成交的机会。

一问：您能不能成为我的客户？若不能，则开始第二问：您能不能给我介绍一些客户？又不能，则开始第三问：您能不能成为我的同事？再不能，则问：您能不能给我介绍两个同事？最后可问：我们能不能交个朋友？你若能按次顺序去同顾客交流，一般会取得好的行销效果。当然，在提问时要注意察言观色、灵活运用，不可完全照搬、急功近利，否则，效果就会打折。

还要记住：你所提的问题，必须是顾客能容易接受和回答得上来的问题，这样才能有效避免顾客的拒绝。

(9) SPIN 技巧式提问

有种提问方式叫 SPIN 技巧式提问，该技巧由四个环节组成，实际上就是四种提问的方式：S 就是 Situation Questions，即询问客户的现状的问题；P 就是 Problem Questions，即了解客户现在所遇到的问题和困难；I 代表 Implication Questions，即暗示或牵连性问题，它能够引申出更多问题；N 就是 Need-Payoff Questions，即告诉客户关于价值的问题。

SPIN 技巧和传统的销售技巧有很多不同之处。传统的技巧偏重于如何去说，如何按自己的流程去做；SPIN 技巧则更注重于通过提问来引导客户，使客户完成其购买流程。

下面就重点介绍如何具体运用 SPIN 提问式销售技巧。

第一，询问现状问题。

① 目的

现状问题就是 Situation Questions。在见到客户的时候，如果不知道他处于什么状况，就要涉及现状问题。找出现状问题的目的是为了了解客户可能存在的不满和问题，因为客户不可能主动告诉销售人员他有什么不满或者问题。销售人员只有去了解、去发现，才可能获知客户现在有哪些不满和困难。了解客户现状问题的途径就是提问，通过提问来把握客户的情况。比如可以询问一个厂长“现在有多少台设备，买了多长时间，使用的情况怎么样”之类的问题，用这样一些问题去引导他发现工厂现在可能存在的问题。

② 注意事项

找出现状问题是推动客户购买流程的一个基础，也是了解客户需求的基础。

由于找出现状问题相对容易，销售员很容易犯一个错误，就是现状问题问得太多，使客户产生一种反感和抵触情绪。所以在提问之前一定要有准备，只问那些必要的、最可能出现的现状问题。

第二，发现困难问题。

① 目的

困难问题就是 Problem Questions，它的定位是询问客户现在的困难和不满的情况。例如：您的电脑多长时间会死机？您的电脑输出速度理想吗？现在的输出速度是不是太慢？现在局域网之间是否互相冲突？等等。

② 注意事项

针对困难的提问必须建立在现状问题的基础上。

只有做到这一点，才能保证所问的困难问题是客户现实中存在的问题。如果见到什么都问有没有困难，就很可能导致客户的反感。

问困难问题只是推动客户购买流程中的一个过程。

在传统销售中，所提的困难问题越多，客户的不满就会越强烈，就越有可能购买新的产品；而以客户为中心的现代销售并非如此，它所提的困难仅仅是客户的隐藏需求，不会直接导致购买行为，所以询问困难问题只是推动客户购买流程中的一个过程。

第三，引出牵连问题。

① 目的

在SPIN技巧中，最困难的问题就是Implication Questions，即暗示问题或牵连问题。提出牵连问题的目的有两个。

a. 让客户想象一下现有问题将带来的后果

前面已经提到，只有意识到现有问题将带来严重后果时，客户才会觉得问题已经非常的急迫，才希望去解决问题。引出牵连问题就是为了使客户意识到现有问题不仅仅是表面的问题，它所导致的后果将是非常严重的。

比方说电脑病毒这个问题，在没有爆发之前，客户很可能不会意识到它的严重后果，但是经过销售人员提醒之后，客户就会对后果进行一番联想，于是觉得这个问题非常迫切，应该立刻清除病毒，否则后果不堪设想。

b. 引发更多的问题

比方说很多人早晨不喜欢吃早餐，觉得无所谓。其实不吃早餐可能导致一系列的问题——对身体的影响，对工作的影响，对家庭的影响，对未来的影响……

当客户了解到现有问题不仅仅是一个单一的问题，它会引发很多更深层次的问题，并且会带来严重后果时，客户就会觉得问题非常严重、非常迫切，必须采取行动解决它，那么客户的隐藏需求就会转化成明显需求。也只有当客户愿意付诸行动去解决问题时，才会有兴趣询问你的产品，去看你的产品展示。

② 认真准备

让客户从现有问题引申出别的更多的问题，是非常困难的一件事，必须做认真的准备。还是电脑病毒爆发这个例子——你不可能临时想出很多合适的问题，要提出一系列符合逻辑并足够深刻的问题，需要在拜访之前就认真准备。当牵连问题问得足够多的时候，客户可能就会出现准备购买的行为，或者表现出明显的意向，这就表明客户的需求已经从隐藏需求转为明显需求，引出牵连问题已经成功。如果没有看到客户类似的一些表现，那就证明客户仍然处于隐藏需求的阶段，说明所问的牵连问题还不够多、不够深刻。

第四，明确价值问题。

① 目的

SPIN提问式销售技巧的最后一个问题就是Need-Payoff Questions，我们暂时把这个问题称为价值问题。它的目的是让客户把注意力从问题转移到解决方案上，并且让客户感觉到这种解决方案将给他带来的好处。比如“这些问题解决以后会给你带来什么好处”这么一个简单的问题，就可以让客户联想到很多益处，就会把客户的情绪由对现有问题的悲观转化成积极的、对新产品的渴望和憧憬，这个就是价值问题。

此外，价值问题还有一个传统销售所没有的非常深刻的含义。我们知道，任何一个销售员都不可能强行说服客户去购买某一种产品，因为客户只能被自己说服。传统销售经常遇到的一个问题就是想方设法去说服客户，但是实际效果并不理想。明确价值问题就给客户提供了一个自己说服自己的机会——当客户从自己的嘴里说出解决方案（即新产品）将给他带来的好处时，他自己就已经说服自己，那么客户购买产品也就水到渠成了。

② 益处

a. 帮助解决异议

明确价值问题会使客户从消极的对问题的投诉转化成积极的对产品的憧憬，那么这时一定要尽可能地让客户描述使用新产品以后的美好的工作环境或者轻松愉快的工作氛围。价值问题问得越多，客户说服自己的几率就越大，他对新产品的异议就越小。显然，价值问题的一个重要好处就是它可以让客户自己去解决自己的异议。当运用 SPIN 技巧问完之后，客户的异议一般都会变得很少，因为客户自己已经处理了异议。

b. 促进内部营销

价值问题还有一个非常重要的作用，就是促进内部营销。当客户一遍一遍去憧憬、描述新产品给他带来的好处时，就会产生深刻的印象，然后会把这种印象告诉他的同事、亲友，从而起到了一个替销售员做内部营销的作用。

3.3.2.3 销售说明中倾听技巧的运用

您一定要尝一尝，我加了点砒霜

有一次，一位女主人决定要测验客人是否真在聆听，她一面请客人吃点心，一面说：“你一定要尝一尝，我加了点砒霜。”所有客人竟都毫不犹豫地吃了下去，还说：“真好吃，一定要把做法告诉我。”

我们全都以为别人讲话时我们在好好地听。事实上，我们说话的速度大都是每分钟120～180 个字，思想的速度却要快四五倍。所以我们的注意力分散，常把别人所说的话只听进了一半。以下是几点建议。

（1）全心全意聆听

听音乐时，轻敲手指或频频点脚打拍子，这没有问题，听别人说话时却不好，因为这些小动作最损害别人的自尊心。要设法撇开令你分心的一切——不要理会墙角里嗡嗡作响的苍蝇，忘记你当日要去看牙医。眼睛看着对方，点头示意或打手势鼓励对方说下去，借此表示在用心倾听。要是你轻松地坐着，全神贯注，不用说话也清楚表示你听得津津有味。

（2）轮到你发言时，不要一直说下去

使你觉得自己是世间最重要的人

一位外交官的太太曾细述她丈夫初入外交界带她出去应酬时，她在那些场合多么受罪。她说："我是个小地方的人，而满屋子都是口才奇佳、曾在世界各地住过的人。我拼命找话题，不想只听别人说话。"一天黄昏，她终于向一位不大讲话但深受欢迎的资深外交家吐露自己的问题。他告诉她说："每个人说话都要有人听，相信我，善于聆听的人在宴会中同样受欢迎，而且难能可贵，就好像撒哈拉沙漠中的甘泉一样。"有一位风度很悦人的女性，长得既不美，谈吐又不特别风趣，可是她听你讲话的时候，心却完全集中在你身上，使你觉得自己是世间最重要的人。

这正是一个善于聆听的人所具有的强烈感染力。

(3) 要学会协助对方说下去

试用一些很短的评语或问题来表示你在用心听，即使你只是简短地说"真的?"或"告诉我多一点"也行。

假如你和一个老朋友吃午饭，他说因为夫妻大吵了一顿，他整个星期都睡不好。要是你像少数人一样，怕听别人私事，你可能说："婚姻生活总是有苦有乐——你吃鱼还是五香牛肉?"你这样说，是间接叫他最好别向人发牢骚。

假如你不想浇他一头冷水，那就不妨说："难怪你睡不好，夫妻吵闹一定令你很难受。"他有一舒心中抑郁的机会，心情便会好得多。我们当中很少人能够自我解脱，总是需要把自己的烦恼告诉善于聆听的朋友。

(4) 要学会听出言外之意

一位生意兴隆的房地产经纪人认为，他成功的原因在于不但能细心聆听顾客讲的话，而且能听出没讲出来的话。他讲出一幢房屋的价格时，顾客说："哪怕琼楼玉宇也没有什么了不起。"可是说的声音有点犹豫，笑容也有点勉强，那位经纪人便知道顾客心目中想买的房子和他所能买得起的显然有差距。

"在你决定之前，"经纪人说，"不妨多看几幢房子。"结果皆大欢喜。那主顾买到了他能买得起的房子，生意成交。

即使听自己最喜爱的人说话，也容易只听到表面的含意，而忽略了话中话。"你钱用光了?这是什么意思?全家的人只晓得拼命花钱!"这番气冲冲的抨击话可能与家庭的开支无关。真正的含意可能是"我今天的工作已经把我折腾够了，我正想发脾气。"要是你善解人意，就听得出这番气话隐藏着委屈和挫折。在较为心平气和时，只要稍微说一两句表示关心的话（"你看来很疲倦，今天很辛苦啊?"）就可帮助一个满腹牢骚的人，以不伤感情的方式消气。

(5) 用心听，但不急于判断

我们总是通过制订是非的标准，判断谁是谁非。只判断而不用心听，便会切断许多心灵沟通的途径。心理学家警告说：父母如果从不听孩子分辩，孩子长大后，往往要经过许多年治疗才能恢复自尊。

我们都渴望有人听自己说话，精神病学家的诊所挤满了需要别人聆听的人。在大多数的情形下，人与人不能沟通，因为只有人说话而没有人听。一个挽回家庭关系成绩优良的调解人说："我令一家人言归于好，真不费什么劲。我只是让每个人有发言的机会，别的人都在听——但不准插嘴。往往这是全家人多年来初次细心聆听彼此说话。"聆听是表示关怀的一种方式，一种无私的举动，可以让我们离开孤独，进入亲密的人际关系，并建立友谊。

(6) 不要老是保持沉默

你千万不要以为做一个好的听众，就是静静地坐着，像古埃及的人面狮身像，等着路人猜谜。这种打哑谜的交谈方式是最无聊的。

聆听并不是绝对禁止表达自己的意见，而应该是互相交换观点，各项感官混合运用，用心地听，诚心地沟通。人类就有使用这种言词的天赋，来分享彼此的经验和意见。你必须细心观察，正确判断人与人之间的相处。例如，你可能必须花更多的时间，讲故事给你的孩子听，而不要让妇女联谊会占去你太多时间。或者如果你是一位波音747客机上的副驾驶，那么你可能必须花较多时间和机上工作人员沟通，而不要花太多时间和朋友讨论婚姻问题。

如果你能够以话语或声音，来表达对别人的关注和感激，他们一定会乐意和你相处，为你付出。你最好记住，听别人说话比你自己滔滔不绝地发表高论，更能影响他们。如果你能够用心，并重视和别人的交谈，而且尽可能配合他或她的说话速度和习惯，那么和你交谈的对象一定会感到很满足。如果你能够让一个人无拘无束的在你面前倾诉内心的感受，没有压力，爱说什么就说什么，不想说时就停下来休息，这才算是最成功的聆听。不止如此，这应该是一种爱的表现，也许这才是对这个主题最适当的诠释，爱就是听他说话。

(7) 设身处地的倾听

人人都希望被了解，也期待于表达自己，却疏于倾听。一般人聆听的目的是为了作出恰当的反应，根本不是想了解对方。因为我们常以为天下人都跟自己一样，以己之心即可度人之腹。"聆听"也有层次之分。层次最低的是"听而不闻"，如同耳边风。其次是"虚应故事"，"嗯，……是的……对对对……"略有反应，其实心不在焉。第三是"选择性的听"，只听合自己口味的。第四是"专注的听"，每句话或许都进入大脑，但是否听出了真意，值得怀疑。层次最高的则是："设身处地的倾听"，一般人很少办得到。

某些沟通技巧强调"主动式"或"回馈式"的聆听——以复述对方的话表示确实听到，设身处地的倾听却有所不同。前者仍脱离不了为反应、为控制、为操纵而聆听，有时甚至对说话者是一种侮辱。

设身处地的倾听不只是理解个别的语句而已。据专家估计，人际沟通仅有十分之一通过语句来进行，三成取决于语调与声音，其余六成则得靠肢体语言。所以了解式的倾听，不仅要耳到，还要眼到、心到；用眼睛去观察，用心灵去体会。

3.3.2.4 销售中说明技巧的应用

销售中的说，根据销售的形式可分为当众演讲、演示说明和面谈陈述三种，前两种依靠专业的演示技能与相关人员部门配合，第三种目前是应用最为广泛的一种说明形式。简单地说，销售就是用完整的一段话向客户介绍自己、介绍自己的产品、配合专业形象、产品展示、引导提问与客户达成交易。销售说明主要应用在以下两个方面。

(1) 方案建议

客户愿意花时间与你交谈，一定是客户感到目前这个阶段出现了问题，希望你能给出建议和具体的指导。销售人员进入公司，都需要熟悉产品和公司，产品培训和方案内容都经过了系统的知识类培训，现在对话的说明中，要解决的问题是为销售员建立一个间接建议的思路流程。一般的建议和方案说明流程是按现状概括、原因诊断、聚焦剖析、解决方案来进行的。

那么，每个阶段具体如何说明呢？

在现状概括部分，最好的说明方式就是和客户保持一致，重复客户的原话，如“正如您刚才谈到的……”进行概括总结，而且要条理化，如按“第一……、第二……、第三……”的句型说明。

在原因诊断方面，你应该展现你个人的专业能力或权威感，通常可用“某某权威机构调查表明”或“根据我个人经验而言，这种现象的产生主要是由于……”等句型。

在聚集剖析阶段，应将问题分类、深化，最后总结症状。例如“总之，您目前面临最大的问题是如何在短期内改善销售业绩的不佳。”

在解决方案阶段，对于竞争对手较多的产品，可利用比较说明方法（富兰克林的比较法）来强调自身的优势。在空白纸上划一个“T”字，左列标明自己的产品，右列标明对手的产品。然后横向比较各个功能指标，特别是你在书面写下这些总结性信息时，能让客户感觉到你是代表他把评估写在纸上。让他自己看到哪些地方好，哪些地方不好，这种情形可以让他感觉到你讲的有道理。让客户做选择题，比给客户做是非题效果更好。有人称这样的销售说明方式为“一张纸、一支笔走天下”。对于一般性的产品，使用利益陈述法来打动客户，找出隐藏在产品特征、优势背后的利益，企业客户关心的无非是你的产品能否给他提高收入、降低成本或提高效率。如果你进一步利用产品的特征和优势说明你是如何让客户的以上利益得到满足的，销售成功的概率就会更大。

(2) 异议处理

销售对话中，客户的异议与销售员的异议处理是相互的过程。对手异议的说明和说明的放手也是销售员关心的话题，总的来说，对于异议处理部分的说明，大致分为如下步骤。

① 认同部分。不论客户说了什么话，我们都要认为他是对的。所以，异议处理的第一步就是要学会认同，常用的认同说明语有“那很好”、“那没关系”、“你说得很有道理”、“您这个问题提得很好”等。

② 忽视异议，巧妙地延后处理异议的说明。客户的异议有真正的异议，也有借口性的异议，客户有时不过是为了炫耀自己的学识，接待这类客户，通常可用忽视的方法。所谓“忽视”，顾名思义，就是当客户提出一些反对意见，并不是真的想要获得解决或讨论时，这些意见和眼前的交易扯不上直接的关系，您只要面带笑容同意他，表示认同与赞美即可。如“您真幽默”“嗯！真是高见！”或“这个问题我们以后再讨论，是这样的……”接着说下去。客户在以后时间不再提起，你也不用旧事重提。

③ 举例证实说明。利用第三方的例子进行说明，更加具有说服力。“第三方”并不仅仅指的是老客户或产品使用者，还包括权威的行业分析报告、数据统计等。当出现客户怀疑你说明真实性的情况，一般可使用“感觉……，觉得……，后来……”的说明语句，比如“陈先生，我非常理解您现状的感觉，我有个客户张先生，当他遇到这种情况时候，他一开始也是这样觉得的，后来经过一段时间的使用……”。

④ 补偿说明。当客户提出具有事实依据的异议时，你应该承认并欣然接受，而不应强力否认事实。但记得给客户一些补偿，让他取得心理的平衡。要知道，现实世界中没有一样

十全十美的产品，对于客户而言，当然要求产品的优点愈多愈好，但真正影响客户购买与否的关键点其实不多，补偿法的作用在于能有效地补偿产品的弱点。

⑤ 借力使力说明。这种取自太极拳中的借力使力。借力使力法用在销售上的基本做法是当客户提出某些不购买的异议时，销售人员能立刻回复说："这正是我认为您要购买的理由!"也就是销售员能立即将客户的反对意见，直接转换成为什么他必须购买的理由。

例如，某客户老板："贵公司把太多的钱花在广告上，为什么不把钱省下来，作为进货的折扣，让我们的利润好一些?"

销售员："就是因为我们投入大量的广告费用，客户才会被吸引到指定地点购买我们的品牌，不但能节省您的销售时间，同时还能顺便销售其他的产品，您的总利润还是最大的吧!"

⑥ 价值成本说明。当你感到销售的确是能够为客户改善工作效率、增加收入或者是降低成本时，你就可以选择"价值成本法。"

以上是论述在对话中说明技巧的应用。另外，在说明中，也要特别注意一些具有杀伤力的词语转换，比如将"买"和"卖"换成"拥有"，将"签订合同"换成"接受服务"或"达成合作"，将"合同"换成"协议"；将"但是"换成"同时"或"如果"等。这些都是销售员都应该注意锻炼的细节。

3.3.3　销售洽谈——应对拒绝，促成交易

销售人员对产品进行介绍后，如果客户以一些借口拒绝进货，此时销售人员要对客户的拒绝进行处理，直到客户接受产品。

3.3.3.1　客户的几种拒绝类型及处理方法

销售是一项考验意志的工作，为什么这么讲呢？因为销售员被客户拒绝甚至是扫地出门的情况经常会有。做过或者正在做销售工作的朋友在工作中大概都碰到过下面这样的情况。

业务员："刘经理，您好，我是某公司的业务经理。"

客户："哦，你们公司啊，我知道，我知道，东西很不错，价格也很好，但我们目前没有这方面的需要。这样吧，留个地址和电话，我们下次需要了再和您联系吧。"以上这种情形可以说是被客户拒绝的典型，作为一个业务员面对一而再，再而三的拒绝，自信心无疑会受到打击，影响到工作情绪。

然而这种情况并不是无招化解的，分析一下你的准客户，对症下药，完全可以把这些不利局面扭转过来，使交易最终达成。下面是几种有代表性的化解客户拒绝的方法。

(1) 太极推手型

上述情况的客户就是典型的"太极"高手，他所说的是最常见的推脱话。一旦知道你是做什么的，清楚了你的来意后，马上就开始推脱了。也许他本身是有一定的身份地位，所以它采取的是比较温和的拒绝方式，顾及了销售员的感受，但这种不坚定的推辞也容易使销售员产生错觉。这样的情况下，销售员一定要准确判断客户拒绝的原因并找出先对应的对策。

(2) 需要型

世界上任何需求都是创造出来的。关键是怎么样让客户认识到自己的需求。作为销售员的首要任务就是把这样的需求强化，并让客户强烈地意识到自己对这方面的需求。

（3）没有钱型（或钱不够型）

一般来讲，人都有先看预算再决定花多少钱的习惯。所以，碰到自称没钱的客户，理论上讲还是有希望的。解决的办法主要是要摸清他的真实想法：是真的没钱，还是对产品还有疑问。多站在顾客的角度想想，毕竟掏出真金白银买东西的是客户。

（4）没时间型

这是最常见的一种拒绝办法，常常令销售员产生强烈的挫折感。显然，敢于这样说话的客户是有一定决定权并自信可以对你毫无顾忌拒绝的人，若一开始就被他的气势压倒，在随后的工作中你将始终会有难以摆脱的心理阴影。应对这样的客户，常见的客套话能省则省，应该单刀直入，直奔主题而去。如果能在开始的前三分钟引起他的兴趣，就还有希望。当然如果客户那里是事情繁忙，这样的情况是人家确实没有时间，再啰嗦会引起对方的反感，明智的选择是留下资料和联系方式，另约时间。

（5）一棍子打死型

这样的客户很难对付，人都是“一招被蛇咬，十年怕井绳”，一旦产生了思维定式，就很难改变。面对这样的客户，消极的回答只会引起客户的反感。比如，“我们没有听过这样的情况啊”“其他的客户没有反应啊”“不会这样吧”等。这样讲无异于怀疑客户说话的诚实性。正确的应对方法是：首先要清楚事情的原因，再针对客户最关心的、最怀疑的因素提出解决办法。学会做个认真的倾听者，做客户的“知心听众”，这样才可能赢回客户的信任。

（6）反复考虑型

反复考虑型是销售员经常碰到的客户类型。资料已经反复看了，产品已经反复演示了，好像一切都朝着马上要成交的方向发展，但最后还是拒绝，前面的努力似乎全部付之东流。交易到了这样的关口，客户已经有了明显的购买意图，但如果销售员仅仅出于礼貌说“那就这样吧，您再考虑考虑”，最后“考虑”结果一般是几天后再去时得到的答复是“不好意思，我们已经选择了别家的产品了”，或者是眼睁睁看着客户在隔壁的柜台买了竞争对手品牌的产品扬长而去。

碰到这种情况最好的处理办法是马上回忆一下过去的演示过程或者先前的交流经历，客户需要再考虑肯定是有原因的。在之前的过程中，销售员已经和客户完成了一个互动的过程，客户对产品有一定的了解了，之所以没有下决心来最终决定，是还有某一点没有打动他。所以，这时必须当机立断，采取行动。可以直接询问他到底还有什么疑问，然后马上针对客户的问题拿出解决办法。

（7）永远嫌贵型

调查资料统计过，只有4%的客户在选择产品时候仅仅考虑价格，而有96%的客户是把品质摆在首要位置的。随着这些年来生活水平的提高，人们的消费习惯也在改变，对产品质量也越来越重视了。所以从这个角度来看，抱怨产品贵肯定只是表面现象。

之所以客户这么讲，是客户认为你的产品不值这么多钱，这个评估仅仅是他心里的评估。显然，如果客户不能充分认识到你的产品能给他带来的价值，他当然有理由认为你的产品根本不值这个价钱，永远嫌贵那就是很自然事情了。对这样的客户，和他仅在价格上反复讨论是最不明智的。要知道：他一旦认了死理，无论你出什么价，他都会觉得贵。就价格讨论价格只会形成死结，而且他可以利用你急于成交的心理不断压价，销售员将会处于很不利的地位。正确的应对方法是给客户更多的他自己也认同的利益。

3.3.3.2 处理顾客拒绝的步骤

（1）接受顾客提出的问题

诚恳地接受客户提出的问题，内心认为是合理的，可以理解的。

（2）判断问题类型

判断客户所提出的问题性质属于拒绝的哪一类，并做出是否立即或拖延处理的决定。

（3）回应

就提出的问题做出回应，回应的态度和语气要趋向于成交。

3.3.3.3 客户拒绝处理的方法

（1）忽视不理法

如果客户只是随便提提，并不想获得真正的解决，态度不强烈，这样的情况就可以适当地轻处理。比如，针对“这本字典如果没这么厚我就会买”这样的问题，你只要对对方笑笑就可以了。

（2）回力反弹法

这种方法的原理就像回力棒抛出后会反弹回原地，把客户提出不购买的原因立即转化为购买的理由。

（3）迂回询问法

通过缓和的问话来处理客户的问题。

3.3.4 如何应对顽固客户，逼单成交

3.3.4.1 认识销售洽谈中的逼单

喜欢与签单

在一次销售饮水机的过程中，小王碰到了这种情况：客户张某其实很喜欢这款产品，有意要购买，但就是不速签单，而是在一些细节问题上打转。

问题分析：面对这种情况，小王应该怎么做？

小王要审时度势，解除客户的疑虑，而不要急于谈订单的问题。帮助客户解决一些细节问题，并设身处地为客户着想，一旦细节问题落实了，签单的时候也就到了。

销售洽谈时成交环节常见问题如下：

① 客户很有意向购买我们的产品，然而我们的销售人员还在喋喋不休，等到尝试成交的时候客户在说：我再考虑考虑。结果是客户一去不复返。

② 客户的要求很明确，我们的产品他也满意。在成交那一瞬间，因为价格问题，无法达成一致，不了了之。

③ 客户对我们提供的方案没有大的问题，唯独提出一些瑕疵，而谈到价格问题，或者刁难销售人员，销售人员要么被顾客引导，或者无所适从，导致该成交却没有成交。

④ 客户对我们的品牌和产品很喜欢，而且已经决定购买，但是对价格不满意想要便宜，而我们的销售人员没有把握好自己，价格放的太快，让顾客没感觉占到便宜，导致成交后顾

客到验收产品时鸡蛋里挑骨头，为售后服务埋下隐患。

客户常常对产品没有太多异议却迟迟不签单。这就要求销售人员学会销售洽谈中的逼单。逼单是整个业务过程中最重要的一个环节。所谓的逼单就是让有意向购买的客户快速成交。并不是单纯一个逼字，而是快速，快速的前提也是快速解决客户各种疑问，以快速签单。

3.3.4.2 如何逼单

如果逼单失败整个业务就会失败，逼单要掌握技巧，不要太操之过急，也不要慢条斯理，应该张弛有度，步步为营，要晓之以理，动之以情。以下我们来探讨如何逼单。

① 去思考一个问题，客户为什么一直没有跟你签单？什么原因？很多同事提出客户总是在拖，我认为不是客户在拖，而是你在拖，你不去改变，总是在等着客户改变，可能吗？做业务从来不强调客观理由。客户不签单肯定有你没做到位的地方，想一想？这是一个心态问题！

② 认清客户，了解客户目前的情况，有什么原因在阻碍你？你一定要坚信，每个客户早晚一定会跟你合作，这只是一个时间问题。我们要做的工作就是把时间提前，再提前。原因：意识不强烈，没有计划，销量不好，只是代理，建设新厂房或是搬迁，正在改制，品种单一，客户有限，太忙，价格太贵，对你或是企业不了解、不信任等各种理由。

③ 抓住客户心理，想客户所想，急客户所急，你要知道他究竟在想些什么，他担心什么？他还有什么顾虑。察言观色，客户的态度是否诚恳？客户的拒绝其实是习惯性的拒绝，并不是真正拒绝，客户总是习惯被强迫签单，他们感觉这是理所当然的，客户想：我不能太主动了。所以，你就尽管写合同好了，即使他在阻止你，也是习惯性的。

④ 只要思想不滑坡，方法总比困难多。不要慌，不要乱，头脑清醒，思路清晰。视死如归，正义凛然。有问题我们要去分析、解决，有问题是正常的，好哇！我就是喜欢挑战，很有意思吗，生活充满了乐趣，就像一场游戏。

⑤ 一切尽在掌握中，你就是导演。你的思想一定要积极，譬如太忙？为什么？就是因为有些事情可以用网络去做，可你却偏偏跑腿，发个邮件不就行了吗！你怎么去引导客户将劣势变为优势，将不利因素变为有利因素，与客户“不同求和”。

⑥ 为客户解决问题，帮助客户做一些事情，为客户认真负责，为客户办实事、办好事，让客户感受服务的温暖。

⑦ 征服客户，发扬蚂蟥吸血的叮与吸的精神，这种精神不仅体现在工作时间里，还有业余时间里，一定要有耐心，锲而不舍，百折不挠，用你的执着感动客户，让上帝流泪，“哭泣”，说：“唉，小伙子我真服了你了。你这种精神值得我们的业务人员去学习。过来跟我干吧！我高薪聘请。”

⑧ 能解决的就解决，不能的就避重就轻，将问题淡化，避开。这就要求你头脑一定要灵活。

⑨ 假设成交法，是我们做单常用的方法之一。先让他来参加一下我们的会员服务，先帮助他拍拍照片等。签单是顺理成章的事情。或者在签单以前先填写一下表格，当谈的差不多的时候，要说：我们办一下手续吧，不要说太刺耳的词语。

⑩ 逼单就是“半推半就”，就是强迫成交法，以气吞山河之势，一鼓作气将客户搞定。

让客户感觉有一种不可抗拒的力量。

⑪ 神秘朦胧法，就是“犹抱琵琶半遮面”，不要把产品的好处和服务全部告诉客户，而是神秘莫测，让客户产生浓厚的兴趣，一定要审时度势、机敏灵慧。既要落落大方、振振有词，又要恰到好处戛然而止。美味不可多用啊。为以后工作打下良好的基础。

⑫ 给顾客画一个符合他口味的“个性化大饼”，让客户想象你的产品和服务给他带来的各种好处，让他“想入非非”，最后让他梦想成真。

⑬ 给客户一些好处，我是说促销费，也可是最后的杀手锏，一定要抓住客户心理，怎么说，给谁？谁是重要人物，怎么给？让客户收得舒服、放心。

⑭ 千万不要紧张，成功的时刻接近时，具有顾问身份的你便开始紧张兮兮掌心冒汗而声音也像变了调一样，就是当初顾问般的风采已不复见，而准客户看到眼前所站的只是一位嘴巴喋喋不休，讲起话来声音颤抖，并且言语中带有强烈侵略意味的街头喊卖小贩。一向小心眼的准客户，这时自不愿任人宰割，所以当然就满怀戒心了。这时候的气氛已经全然不同，销售人员先前的努力也全泡汤了，因为准客户为了保护自己，会尽可能的说不。

⑮ 掌握好每一个环节，找到客户信息→电话预约→第一次谈判→跟单→逼单→签单→收款→售后，还有更详细的一些环节，环环相扣，哪一个关键处没有把握好就可能会出现严重的问题，一定要谨慎小心，细致周到，以确保万无一失。

⑯ 你的方案、计划、服务、产品能否解决客户的问题，能否满足客户的需求。

⑰ 学会放弃，当然只是暂时的，以退为进，不要在一些“老顽固”身上浪费太多时间，慢慢来，只要让他别把你忘了。最好建立朋友关系。

在销售即将完成时，也有很多注意事项，具体有以下几点。

① 不露出兴奋或慌乱的表情。不要做一些画蛇添足的发言。保持平和的心态。

② 尽可能在自己的权限内决定事情。一定要让客户感到你已经尽自己最大努力帮助客户争取最多的利益。

③ 设法消除对方不安心理，让其觉得是最好的选择。

④ 早点告辞，以防出现变化。

⑤ 不与客户争论——到了最后阶段，千万不可因客户的挑剔言论与其争论。尊重客户的意见，不当面指出客户的错误。为顾客着想，躲让顾客发言，注意倾听。先回答顾客最关心的问题。

⑥ 解决清楚付款条件、相关证明等一系列问题。

⑦ 如有问题查明原因，及时解决问题，不拖延或敷衍了事，并向顾客道歉。

⑧ 不在顾客发怒时发表个人意见。要始终让顾客感觉到你对他很重视。

实战技能训练 ▸▸▸

【训练项目】　拜访客户，推销商品

背景：以本次校园销售活动为背景。

人数：3 人一组。

任务：根据本次校园销售任务，在前期的销售方案策划、拜访前的各项工作准备基础上，实施校园销售的真实拜访和产品推销活动。

规则：活动为真实操作，要真实记录成本并核算效益。

目的：通过实战训练，提高学生拜访客户的勇气和技巧，提高客户说服能力，树立严谨的工作态度。

【训练准备】

明确小组成员在拜访客户推销产品时的任务分工。

【实施训练】

按照训练规定的时间实施上门销售，做好销售记录。

【训练评价】

参考学习情境 2 上门销售的总评价标准。

课后作业 ▶▶▶

总结本次销售拜访活动心得。

任务 4　销售服务

任务导入 ▶▶▶

【知识目标】

(1) 了解销售服务的概念和意义。

(2) 理解销售服务的原则和策略。

(3) 了解开展销售服务的初步技能。

(4) 掌握客户关怀和关系管理的方法。

【技能目标】

开展售后销售服务的能力。

4.1　任务内容

(1) 认识销售服务的意义；

(2) 销售服务的原则和策略；

(3) 如何开展销售服务工作。

4.2　任务组织

(1) 将全部学生分组进行训练，3 人一组，组成销售团队。

(2) 本环节的任务是，第一做好客户回访工作，第二对前面各项工作（包括方案策划、上门拜访前的准备、销售实施保阶段表现，整个活动中收支情况、团体协作情况等）进行评价总结和汇报交流。

4.3　任务实施

4.3.1　认识销售服务的意义

随着市场进入多元化竞争时代，客户的选择也进入了多样化时期，在竞争日趋同质化的今天，唯一可以让你的顾客将你与其他销售员区分开来的方法，就是与众不同的更好的服务。因此，如何以真诚的人性化服务打动客户，留住客户，就成为销售员的重要工作。

乔·吉拉德

世界著名的销售员乔·吉拉德曾说过："销售游戏的名称就叫做服务，尽量给你的顾客最好的服务，让他们一想到和别人做生意就有罪恶感。"乔·吉拉德是怎样做的呢？

每认识一个新朋友，乔·吉拉德都会将那些潜在顾客及与买车子有关的一切信息，全部记到卡片里面；同时，他对买过车的客户都寄出一张感谢卡。他把这看成是理所当然的事，但是很多销售员并没有这样做。所以，当乔·吉拉德给买主寄出感谢卡，买主对感谢卡感到十分新奇，以至于印象特别深刻。

不仅如此，乔·吉拉德在成交后依然站在顾客的一边，他说："一旦新车子出了严重的问题，顾客找上门来要求修理，有关修理部门的工作人员如果知道这辆车子是我卖的，那么他们就应该马上通知我。我会立刻赶到，设法安抚顾客，让他先消消气，我会告诉他，我一定把修理工作做好，让他对车子的每一个小地方都觉得特别满意，这也是我的工作。没有成功的维修服务，销售也就不能成功。如果顾客仍觉得有严重的问题，我的责任就是要和顾客站在一边，确保他的车子能够正常运行。我会帮助顾客要求进一步的维护和修理，我会同他共同争取，一起去对付那些汽车修理技工，一起去对付汽车经销商，一起去对付汽车制造商。无论何时何地，我总是要和我的顾客站在一起，与他们同呼吸、共命运。"

乔·吉拉德将顾客当作是长期的投资，绝不卖一辆车子后即置顾客于不顾。他本着来日方长、后会有期的意念，希望他日顾客为他不断介绍亲朋好友来车行买车，或顾客的子女已成长者，而将车子卖给其子女。卖车之后，总希望让顾客感到买到了一辆好车子，而且能永世不忘。顾客的亲戚朋友想买车时，首先便会考虑找他，这就是他销售的最终目标。车子卖给顾客后，若顾客没有任何联系的话，他就试着不断地与那位顾客接触。打电话给老顾客时，开门见山便问"以前买的车子情况如何？"通常白天电话打到顾客家里，来接电话的多半是客人的太太，她大多会回答车子情况很好。他再问："任何问题都没有？"顺便向对方示意，在保修期内应该将车子仔细检查一遍，并提醒她在这期间送到这里是免费检修的。他也常常对顾客的太太说："如果车子震动厉害或有任何问题的话，请送到这儿来修理，请您也提醒您先生一下。"

乔·吉拉德说："我不希望只销售给他这一辆车子，我特别爱惜我的顾客，我希望他以后所买的每一辆车子都是由我销售出去的。"

引例说明，作为一名职业销售员，不仅要具备销售的技能和掌握沟通的技巧，还需要树立为客户服务的理念，并付诸行动，才能获得长期稳定的业绩。

4.3.1.1 销售服务的概念

服务是指以无形的方式在顾客与销售员、服务系统之间发生的，可以解决客户问题，满足客户需要的一种或一系列行为。服务可分为两大类，一类我们称作服务产品，它是用于交换，满足顾客核心需求的无形产品。如咨询公司提供咨询服务，快递公司提供货物快速送递等。另一类我们称作客户服务，它是为促进企业核心产品交换（销售）而提供的支持活动。销售服务即属于此类服务。是由销售员向顾客提供额外的利益或帮助，目的是促进销售的成功或销售业绩的持续增长。

4.3.1.2 销售服务的意义

现在各行各业竞争激烈，通过生产技术或工艺制造的差异性越来越少，各公司的产品大同小异，服务越来越成为销售成功的关键。销售服务的意义主要有以下几方面。

（1）销售服务能够全面满足消费者需求

销售的目标是使目标顾客的需要和欲望得到满足和满意。销售服务作为附加产品中的重要组成内容，是核心产品的延伸，形式产品的补充，它使产品的利益得到扩展，有助于使顾客的需求得到更全面的满足，从而赢得顾客的偏爱。

（2）销售服务有助于提高销售业绩

良好的服务不仅可以有效创造差异性，提高顾客的满意度，使成交率提高，还可以赢得顾客的信任，从而建立长期的互信关系。一个得到满意服务的顾客，他通常能成为你的忠诚顾客，不仅会再次向你购买，而且他还能做你的义务宣传员，大大节省你的销售成本，使你的业绩得到持续提升。

（3）销售服务有利于树立企业良好形象

在现代社会中，由于市场竞争日益激烈，消费者的要求也越来越高，能打动顾客的不再只是产品本身，很大程度上是销售员所表现出来的服务热情和能提供的服务内容、服务质量。在外销售，销售员便代表了公司的形象。对客户关怀备至的服务，代表了公司的服务精神。这种精神能在顾客心中留下深刻的印象，可使企业在社会大众中拥有良好的口碑，从而为扩展销售带来机会。

4.3.1.3 销售服务的分类

销售服务按不同标准可分为不同类型。

（1）按不同时机，可把销售服务分为售前服务、售中服务和售后服务

售前服务，是指在销售产品之前为顾客提供的服务。如向顾客提供购买咨询、产品信息等。售前服务是帮助顾客确认需求，激发购买欲望，从而采取购买行为的重要步骤。

售中服务，是指在销售产品的过程中为顾客提供的服务。如向顾客详细解说产品、帮助顾客挑选产品、回答顾客提出的疑问等。售中服务与顾客的购买过程相随相伴，是促成交易的关键一环。

售后服务，是指在销售成功后为顾客提供的服务。如产品的维修和退换、售后的跟踪、投诉处理等。售后服务是使顾客放心购买、免除后顾之忧、赢得客户忠诚的重要一环。

（2）按销售服务的对象不同，分为消费者服务和组织机构服务

消费者服务指为以个人或家庭消费而购买的最终消费者提供的服务，这类消费者专业性较差，受情感因素影响较大，需要销售员提供更多的产品展示、详细讲解、使用示范等更具

形象化的服务，且需要销售员注意在销售时与顾客的情感交流。

组织机构服务指为生产企业、商业企业、政府机构等消费机构提供的服务。这类消费者购买的目的是为了盈利或再生产，他们的购买具有购买者专业性强、购买批量大、购买决策流程复杂等特点，需要销售人员具有更强的专业能力，能向购买者提供准确、充分的理据以帮助顾客进行决策，同时，对售后服务的要求也更高。

（3）按销售服务的性质不同，可分为物质性服务和情感性服务

销售员在开展销售活动时，面对的客户至少有两大基本需要：实际需求及个人需要。实际需求是指能够解决客户工作、生活上的实际问题，提高他们生活素质和工作效率的需求。满足顾客实际需求的服务我们称作物质性服务。如提供安装、维修、培训等服务都属于物质性服务。个人需求是指每位客户都需要获得别人认同，受人尊重，并觉得自己是重要的。为了满足顾客的个人需求而提供的服务我们称作情感性服务，如销售后的回访、各种关怀活动等都是情感性服务。

4.3.2　销售服务的原则和策略

销售的首要目标是创造更多的顾客而不是销售。因为有顾客，才会有销售；顾客越多，销售业绩就越大；拥有大批忠诚的顾客，是销售员最重要的财富。要想留住老客户就必须提供良好的服务，否则，无论产品的质量有多好，客户都很难有真正的满足感，就更谈不上成为忠诚顾客了。什么才是好的服务，让我们看看顾客是如何评价的。同时，我们还应掌握在开展销售服务时要遵守的原则和运用的策略，使服务达到最佳效果。

4.3.2.1　客户对服务的评价标准

良好的服务就是能令顾客满意的服务。那么什么是客户满意呢？所谓客户满意度，就是顾客将预期的服务和接受到的服务相比较，所形成的一种失望或愉快的感觉状态。因此，销售员要提高客户的满意度水平，并长期保持这种水平，需要不断从以下五方面超越客户的期望，增加提供给客户的价值，从而维持与顾客的持久关系。

服务是无形的，顾客对服务质量的感知不仅包括销售员在服务过程中所得到的东西，而且还要考虑他们是如何得到这些东西的，是主观感受和客观感受的结合。经专家研究，顾客对服务质量的评价按相对重要性由高到低，主要从这五个基本方面进行判断。

（1）可靠性　可靠性是指可靠地、准确地履行服务承诺的能力，是客户寻求的基本利益。它通常包括三个方面，一是信息的真实可靠，在正常情况下，客户会认为他们与销售员关系亲近，期望这样的关系给他们带来真实的信息。二是服务的准确无误，顾客期望服务能以相同的方式、无差错地准时完成。三是人的可靠性，顾客期望与一个真诚、可信赖的销售员打交道。

（2）响应性　响应性是指帮助顾客并迅速提供服务的愿望，这需要销售员具有很强的责任感。服务速度是客户经常提出的问题，客户希望能够便捷地并在合理的时间内与销售员取得联系，销售员能迅速及时地解决客户遇到的问题。

（3）保证性　保证性是指销售员所具有的知识、礼节以及表达出自信与可信的能力。保证性包括如下特征：完成服务的能力，对顾客的礼貌和尊敬，与顾客有效的沟通，将顾客最关心的事放在心上的态度。

（4）移情性　移情性是设身处地地为顾客着想和对顾客给予特别的关注和照顾。移情性有下列特点：具有与顾客沟通的能力，能用顾客可以听懂的语言向顾客传达信息；具有情感

敏感性，能有效地理解顾客各种需求，并及时作出回应。

(5) 有形性　有形性是指有形的人员和沟通材料的外表。销售员个人得体的仪表、态度、语言及精美的销售资料能给客户留下良好印象。

4.3.2.2 销售服务的原则

销售服务是为满足顾客期望而做的一系列的活动，要取得预期的效果，销售员需遵守以下原则。

(1) 顾客导向原则　要求销售员处处以顾客为中心，尽力了解客户的需要，一切按照顾客希望的时间、地点、方式、内容和要求提供优质的服务。

(2) 及时性原则　即要求销售员持续地与客户沟通，及早发现顾客的各项需求，并作出迅速回应，帮助顾客快速解决问题。

(3) 个性化原则　服务具有易变性和异质性特点，不同客户对服务的感知和要求不同，这要求销售员具有较强的灵活性，能根据不同的顾客，量身订制不同的服务。这能体现销售员的独特性，有助于留住更多的老顾客，吸引更多的新顾客。

(4) 细致周到原则　在购买过程中，顾客的需求是多样的，如何能通过服务打动顾客，需要销售员细心的观察，真心实意地想对方所想，对顾客体贴入微。

(5) 竞争导向原则　销售员不仅要处处以顾客为中心，还要密切注视竞争者的动向，做到想竞争者之未想，力争做到服务领先，这样才能赢得顾客的信任和忠诚。

4.3.3 如何开展销售服务工作

销售服务的目的是通过为顾客提供满意的服务，满足顾客个性化需求，增加产品的附加值，在与顾客的良好互动关系中培养顾客忠诚。在市场经济迅速发展、市场竞争日益激烈的情况下，销售员的服务活动也必须紧密配合，构成一个有机整体。销售员可提供的服务方式多种多样，内容也很丰富，依照不同的划分标准可以对销售服务进行不同的分类，本任务主要按提供服务的时间顺序，介绍销售服务该如何开展。

4.3.3.1 售前服务

售前服务是指在销售商品之前为顾客所提供的服务。主要是充分研究分析顾客的心理，用各种服务方式激发顾客的购买欲望，是销售活动的重要环节。售前服务的内容多种多样，主要有提供信息、产品定制、加工整理、提供咨询、接受电话订货和邮购、提供多种方便等。其具体内容如下。

(1) 提供信息

向顾客提供商品和服务的信息可以起到引导消费、刺激购买欲望、促进销售的作用。提供信息的方式有很多种，如寄送广告、提供样品、试用品和产品说明书等。

广告是广告主借助一定的宣传媒体将有关商品或服务的信息传递给受众的一种有偿宣传方式，一般广告的制作都较精美，在传递产品信息时具有艺术性和形象性特点，因此，借助广告向顾客传播产品信息是一种十分有效的手段。但要注意的是销售员在使用广告向顾客提供信息时要注意频率和针对性，要分析顾客接收、消化信息的习惯，适时寄送广告，且应根据不同顾客的需要，寄送合适的产品广告。

样品和试用品也是传播信息和刺激需求的有效手段，销售员可通过赠送试用品或样品展示，吸引顾客的兴趣，使顾客通过直观的接触更深入地掌握产品信息，从而激发购买欲望。

产品说明书同样能向顾客提供丰富的产品信息。它不仅能够“说明”产品，而且能说明产品的使用方法、安装方法，甚至能说明简单故障的维修处理方法、保修项目和保修期限和调换商品的规定等。因此销售员应用好说明书，增加顾客对产品的信任感，从而加强顾客的购买信心。

(2) 定制产品与加工整理

销售服务的宗旨是满足顾客需求，随着追求自我的风尚日盛，顾客的需求变得千差万别，越来越讲求个性化，在购买前让顾客参与产品的设计或提供按照顾客要求定制产品的服务，使制作出来的产品真正满足顾客需求，成为销售员有效激发顾客购买欲的重要手段。此外，随着科学技术的进步，也使这种定制化成为可能。

(3) 提供咨询

一位被唤起需求的消费者会去寻求更多的信息，以便对产品和不同的品牌有更深入的了解，从而作出购买决策。顾客获得信息的来源主要分为以下 4 种。

① 经验来源。即顾客本人在处理、检查和使用该产品所获得的经验。

② 个人来源。即顾客的亲友、同事、熟人提供的信息。

③ 公众来源。即大众传播媒体，如报纸、杂志、电视、电台等传播媒介的宣传和报道。此外，还包括消费者评审组织的评价。

④ 商业来源。即产品的生产者和经销商所提供的信息，包括广告、产品说明书、产品包装上印制的产品说明、销售人员的介绍等。如果顾客仅从前三种途径获得信息，销售人员较难影响顾客的购买决策。因此，销售人员应当积极地为顾客提供咨询服务，耐心细致地解答顾客所关心的各种问题，熟练地介绍本产品性能和特点，这样才能掌握信息提供的主动权，有效促成顾客的购买行为。

(4) 接受电话订货和邮购

在现代化社会中，人们的工作趋于紧张，生活节奏加快，为了节省精力和时间，常常不愿亲自去商场购物。通信技术和互联网的飞速发展，使顾客在家中通过网络获得信息和订购商品成为可能，为了方便顾客，满足顾客便捷性要求，销售员应提供电话订货和邮购服务，这样既能扩大销售半径，增加销量，又能更好地为顾客服务，有效提高信誉。

(5) 提供多种方便

销售员应当认真分析顾客的各种售前服务需要，为顾客的购买活动提供方便。除了前面所述的方法外，还应该根据需求的变化和客户提出的新要求，开发多种方便顾客的售前服务。如：开设专业讲座、技术培训班，帮助顾客掌握有关的技术资料和方法，从而让顾客感受到拥有产品的美好生活；向顾客提供有关的配套加工服务，使顾客对购买充满信心；还可以提供售前的产品测试、免费试用等。总而言之，销售员不能固守传统，而应因时因人而变，在顾客购买前，以自己真诚的服务赢得顾客的信任。只有这样，才能使销售活动得以进一步推进。

4.3.3.2 售中服务

售中服务是指销售员在销售过程中所提供的服务。是销售员在销售现场，与顾客进行充分沟通，深入了解顾客需求，协助顾客选购最适合产品的活动，售中服务贯穿整个销售过程，是销售活动的主要组成部分。售中服务的形式多样，主要有帮助顾客挑选产品、商品示范、协助完成售货服务、财务服务及各种代办服务等。其具体内容如下。

(1) 帮助客户挑选产品，当好参谋

每位顾客都希望买到称心如意的产品，但是由于缺乏相关知识，又往往不知如何挑选产品。因此，帮助顾客挑选产品就成为售中服务的重要内容。帮助顾客挑选产品主要有四项内容：热情周到地为顾客介绍产品性能、质量、用途、保养等知识，帮助顾客充分了解产品的特点；为顾客在同类产品之间作比较，使顾客明确各产品的优点和缺点，以便进行选择；耐心地解答顾客提出的疑难问题；针对不同顾客的特殊要求，为其推荐产品，做好参谋。

一般消费者的产品知识较缺乏，需要销售员与顾客充分沟通，深入了解顾客的实际需要，然后根据顾客的需求，详细、周到地向顾客讲解产品的特点、性能、用途、保养等知识，才能使顾客更清楚地认识到产品的优点，和购买的必要性，从而作出正确的购买决策。比如，保险公司险种繁多，顾客若不了解每个险种的特点、保障的范围，保险金的计算方式和缴付方式，就难以作出购买决策，或犹豫不决，或作出错误的决策，到头来觉得上当受骗，甚至对保险公司不信任或对保险代理不满，严重的还会退保。因此销售员在销售过程中，不要只看重成交，而应耐心细致地介绍产品，使顾客深入了解产品，进而买到真正需要的东西。这样做有助于赢得顾客的信任，不但能激发顾客产生购买欲望，而且还可能获得重复购买的机会。

有些顾客因缺乏消费知识，需有购买欲望，但总是难于决策。这时销售员就要及时了解顾客的真实想法，给顾客提供专业的分析，帮助顾客在同类产品之间作比较，从而使顾客对不同产品的优缺点有更充分的认识，以便作出正确的购买决定。比如，购买化妆品的顾客，因不知道选择何种色彩系列的彩妆而犹豫不决，这时销售人员就要凭借自己丰富的经验和专业知识，根据顾客的肤色、肤质、着装的色彩偏好及顾客需出席的场合，帮助顾客对不同系列的彩妆进行比较，选出最适合顾客的产品。

无论销售员的介绍多么细致，顾客总是会有各种担心和忧虑，因此及时发现顾客的疑难问题并耐心地解答，也是帮助顾客挑选产品，从而促成交易的重要服务内容。销售员应在介绍完产品后，主动询问顾客，了解顾客有哪些担忧和疑问，并耐心地解答，以消除顾客的疑虑。比如，在销售化妆品时，有的顾客经销售员的介绍对产品已很认可，但仍犹豫不决，其中原因可能是担心频繁地使用化妆品会损伤皮肤，这时销售员就应对顾客的担忧表示理解，并对产品的质量进行再次保证，最好能提出有力的证明消除顾客的顾虑。同时还可以介绍一些卸妆和皮肤保养的专业知识给顾客。综上所述，所谓耐心解答就是当顾客有顾虑时，销售员要先表达对顾客的理解，然后详细解释和提供印证，最后还可以提出补充的解决办法。

在销售活动中，有的顾客与销售员建立了互信关系，他们会根据自己的实际情况提出一些特殊要求，希望销售员能帮助提供专业建议。这时，销售员应先感谢顾客对自己的信任，然后根据顾客提供的资料和提出的要求，为顾客度身订做一到两个解决方案或产品组合方案，以便顾客能从中进行挑选。为有特殊要求的顾客提供建议时，关键要注意与顾客充分沟通，并且尊重顾客的选择，不要把自己的兴趣爱好强加于顾客，有必要时可多作解释。

(2) 商品示范

无论销售员的解说多么清晰，仍然需要运用一些视觉和触觉的道具来为你所说的提供佐证，这样，顾客才能对产品的性能、功用、特点有更直观深入的认识。因此需要销售员在销售过程中，为顾客做现场的操作示范、表演或请顾客当场试用。通过示范，让顾客亲眼看一看、亲手摸一摸、亲身用一用，可以使顾客亲身感受商品的魅力，从而激发购买的欲望。因此，商品示范也是售中服务中重要的一项。

(3) 迅速完善的售货服务

顾客决定购买销售员的商品以后，销售员就要提供售货服务，售货服务主要指销售员在顾客确认购买后，为顾客代办各种购买手续的服务。主要包括：检查产品、计价、收款、包装、交代保用事宜等。售货服务的要求一是迅速，即服务要及时、快捷，购买决定一经做出，即马上行动；二是准确，要求交货前检查产品，保证产品质量、规格、数量准确无误，同时计价、收款等不可出错；三是周到，要主动帮助顾客处理各种代办事务，清晰准确地交代各项保用事宜，要多为顾客着想，为顾客提供方便，满足顾客各种特殊的、合理的要求。

信誉是销售成功的基本保证。售出产品的质量可靠，可以减少售后服务工作量，提高销售信誉，消除顾客购后的不满意感，增加顾客信任度。因此，产品出售前的质量检查是销售服务的主要内容。这要求在产品交给顾客之前，销售员应先行检查一遍，核实产品的包装和质量是否完好，产品有否过期，产品的型号、颜色、种类、数量等是否与顾客指定购买的一致。这项工作一定要细致，否则，一次的错误，不仅会带来顾客的不满，而且会失去顾客的信任，由此带来的损失是不可估量的。

计价、收款是售货服务的重要内容。销售员在服务时要求计价准确快捷，尤其在交易笔数多时，应当着顾客的面一笔一笔计算清楚，做到当面唱算，并请顾客复核，力图使顾客放心。现金结算的商品在收款找款时要唱收唱付，当着顾客的面把钱、票点清，把找款交到顾客手中。通过其他方式结算的商品，要向顾客交待清楚，做好代办服务。

顾客确定购买产品后，为了方便顾客，销售员通常应该帮助顾客把相关文件（如保险合同等）或所需产品包装好。包装服务在销售中具有重要意义：第一，有利于保护商品，避免损坏和丢失，保证商品使用价值的正常发挥。第二，便于携带，方便顾客，体现销售员对顾客的关心。第三，起到美观的作用。良好的包装能增加产品的附加值，使顾客对商品留下良好印象，可提升购后满意度。第四，印有企业名称和产品商标的包装物可以扩大宣传效果，随着顾客的流动起到活广告的作用。

商品包装应注意以下事项。

① 包扎产品时，要当着顾客的面检查商品的质量和数量，看清有无残损和缺少，包装要轻拿轻放，表现出对产品的爱护。

② 尽量按顾客的要求包装，如因产品特性不适合按顾客要求包装时，要向顾客耐心解释，得到顾客理解再行包装。

③ 包装要美观，产品包装好后应亲自送到顾客手里，或帮顾客放进包里，同时交代清楚携带的注意事项。

很多企业都提供保用服务，以备在货品有损毁、有瑕疵或其他问题时，给顾客提供保障。在完成交易之际，向顾客详细说明相关服务的条款和注意事项，既能体现销售员的专业性，又能让顾客感受到销售员的诚信和周到，所以清楚交代保用事宜是减少误解、减轻售后服务压力的有效手段。服务的关键是销售员要熟悉所有货品的保用条款，并能清晰讲解，保证顾客充分享受到公司提供的保用服务。

(4) 财务服务

财务服务指销售人员在财务结算上通过运用商业信用职能为顾客购买本企业产品提供方便。提供财务服务的目的是解决顾客购货资金存在的困难，使顾客的未来购买计划转变为即刻的购买行动，使潜在顾客转变为现实顾客。

财务服务主要有两种形式：一是延期付款，二是分期付款。延期付款指顾客购买产品时不当场付清货款，而是在双方协商规定的以后某个日期内一次性付清。分期付款指顾客购买产品时不须一次付清全部货款，而是按双方规定的条件先支付部分货款，余下部分在一定时期内分数次还清。

值得注意的是，为了保证企业利益不受损失，销售员在提供财务服务时，必须考察采用延期付款或分期付款的顾客是否具备良好的信誉，有无按期付款的能力，如果是工商业客户，还要考察它是否具有法人资格。必须在取得可靠保证后才能签订延期或分期付款合同。

(5) 各种代办服务

代办服务指销售员代替顾客办理各种按照常规由顾客自行办理的事务，比如代办包装、托运、各种购买手续、合同等。

顾客在购买过程中往往会遇到一些按常规需自行解决而自己又难以解决或办理起来较为繁琐的事情。如果销售员能够充分利用自己各方面的有利条件帮助顾客解决难题，就会推动顾客购买，扩大销售，甚至赢得顾客的忠诚。例如，消费者购买汽车后，还要专门抽出工作时间到车管所办牌照，既麻烦又耗时。如果销售员能提供代办上牌服务，就能给顾客节约大量的时间，简化了购买手续，有利于激发顾客的购买欲望，对促成顾客购买起到一定作用，同时销售员还可能因此赢得良好的口碑。又如，在一些特殊的日子里，有的顾客想在你这儿购买产品寄给远方的亲朋好友，但可能碍于精力和时间限制，始终没法寄出，销售员就可以主动提供代办服务，帮助顾客办理托运或邮寄。这样不仅能促成顾客的购买，还能赢得顾客的好感，为建立持久的客户关系打下基础。

4.3.3.3 售后服务

售后服务是指在产品出售后所提供的服务。良好的售后服务，一方面能够提升顾客的满意度，加强客户和销售员之间的信任关系。作为回报，这种信任和信赖关系的建立将导致顾客重复购买和未来业务关系的巩固，使销售员的业绩持续提升；另一方面，良好的售后服务也是树立良好声誉的方法，因为满意的顾客通常是潜在新顾客最好的信息源。一些满意的顾客相信，他们对销售员的售后服务最好的回报方式，是向销售人员提供其他有可能对产品或服务感兴趣的人的名字。顾客和提供售后服务的销售员之间融洽的关系，对顾客之间的相互参照是卓有成效的。有时候，可以采用介绍信的形式或由顾客打电话给预期客户进行介绍。因此，售后服务还可以提供潜在的贸易机会，毕竟在销售过程中没有比满意顾客的证词更好的支持了。

售后服务不限于行业，也不拘泥于形式，它有着广泛的内容和未被开拓的领域。就当前发展而言，主要包括以下几个方面。

(1) 运输服务

由于现代生活节奏的加快，购买者越来越不愿意花大量时间进行购物，送货上门、提供运输服务成为吸引顾客购买的重要服务项目之一，销售员应从顾客的需求出发，做好此项工作。送货的形式有自营送货和代营送货两种，自营送货是销售员自备运输工具亲自给顾客送货，如保险代理人亲自把保单送到顾客手中。代营送货是销售员委托固定的专业运输单位统一送货，如通过快递公司把产品寄送给顾客。送货上门服务对于销售员和企业来说并不是很困难的事，但却为顾客提供了极大的便利，有利于增加顾客的购买量和重复购买率。

(2) 质量保证服务

任何产品在使用一定时间后，都免不了出现故障，影响使用效果。质量保证服务是指企业抱着为顾客负责宗旨，对售出产品的功能或使用价值的圆满实现提供技术保证。保证服务做好了，就可以使顾客安心地购买、使用商品，从而减轻顾客的购买压力，让顾客感到放心、满意。质量保证的常见形式有：包换、保修、定期检修、抽样巡回检修等几种。

(3) 安装服务

随着科学技术的发展，商品中的技术含量越来越高，一些商品的使用和安装也极其复杂，顾客依靠自己的力量很难完成，因此就要求企业提供上门安装、调试的服务，保证出售商品的质量，使顾客一旦买好就可以安心使用。这种方式有效地解除了顾客的后顾之忧，大大方便了顾客。值得注意的是，如果不是由销售员亲自安装，为了保障安装服务的质量，销售员在协助提供安装服务时，要挑选技术熟练、具有良好职业道德的施工人员，且事前应与施工人员进行充分沟通，尽力做到一切从顾客出发，一切为顾客着想。这样才能收到良好的服务效果。

(4) 技术培训、指导和咨询服务

顾客在购买产品后，可能不熟悉产品的操作方法，或不了解产品，从而容易出现使用不当导致产品功能得不到发挥或造成事故，也可能出现一些简单故障而不懂排除。这都会造成产品使用失败，甚至导致顾客不满。因此，销售员应为顾客提供指导和咨询，帮助顾客掌握使用方法和简单的维修方法。针对不同的购买对象，销售员应提供不同的培训内容。如对一般消费者，可教会其产品使用、保养和简单故障排除的方法；对组织购买者，可就产品设计原理、结构、特征、用途、安装调试技术、使用方法、检测和维修技术、保养知识等进行培训。务必使顾客购买后能保证产品的正确使用，真正帮助顾客解决问题。

(5) 功能配套服务

现代科学技术迅猛发展，产品更新换代很快。有些产品在顾客购买时还是功能先进的产品，过不了多长时间就有更完善的产品。顾客可能会因此产生遗憾和懊悔之心。销售员可根据顾客的需求，在产品更新换代之后为原售出的产品提供功能配套服务，使之具有换代产品的功能，或使原有产品最完善。例如，为汽车提供改装或加装新设备服务，为电脑提供软件升级服务等。

(6) 备品配件供应服务

备品配件是产品易损部位的零部件或配套耗材。一件价值昂贵的产品可能会因一个小零件的磨损而失去使用价值。因此销售员应做好备品配件供应的服务。保证顾客在期望的使用期内能正常使用产品。否则，顾客可能会产生上当受骗之感，从而对企业、对销售员失去信任，甚至可能因此会永远流失。

(7) 接待顾客投诉和回访用户

一个销售员要面对各式各样的客户，每日进行着庞大复杂的销售活动，虽然总是努力为客户着想，不断改进工作，尽量避免问题的发生，但是即使是最优秀的销售员也不可能保证永远不发生失误或不引起客户的投诉。当客户不满意时，他可以说出来，也可以一走了之。如果客户不说出来，销售员很难发现他们不满的真正原因，可能连消除不满和误解的机会都没有，客户就流失了。但是投诉的客户却给予了销售员解释和弥补的机会，据调查，如果投诉问题得到解决，将会有60%客户会继续向你购买，而若能迅速解决投诉的问题，将有90%～95%的客户愿意成为你忠诚的客户。因此，客户投诉从表面上看是个麻烦，其实是给销售员一个难得的挽留客户和完善服务的好机会。所以，客户投诉并不可怕，关键是如何对待投诉，变威胁为一种消除客户不满、改善与客户关系的机会。

实战技能训练 ▸▸▸

【训练项目1】 销售服务技巧训练

背景及要求：以本次校园销售为背景，在前面已经开展了一系列的销售活动基础上，对前期的客户满意情况及潜在需求情况进行回访，对相关信息进行整理分析，为后面的销售工作提供参考。

人数：3人一组。

规则：要真实操作，信息资料要有来源、有记录、有整理、有结论。

任务：掌握销售服务的意义和技巧。

【训练项目2】 销售活动总结汇报

任务：将本次校园销售活动的各项工作情况进行评价总结。

人数：3人一组。

内容：(1) 商品的品种、价格、品质等方面选择的评价；

(2) 进货途径的评价；

(3) 小组成员团结协作的评价；

(4) 财务明细总结；

(5) 心得体会。

方法：将总结汇报内容制作成PPT形式，每组选出一名代表交流汇报。

【训练评价】

针对学生在学习情境2上门销售活动中的总体表现，参考下列评价标准进行评价。

项目名称	项目权重　40%	小组	成绩	
学生姓名	指导教师			
考核项目/%	评价标准	分值	考核点得分	考核方式
实训态度(15)	态度端正，不做与实训无关的事，努力完成实训任务。	15～12		
	态度较端正，不做与实训无关事，实训任务完成较好。	11～9		
	有玩手机、睡觉现象，实训任务基本完成。	8以下		
方案设计质量(30)	1. 该阶段的产品信息充分 2. 充分融入该阶段的销售技巧	30～26		
	1. 该阶段的产品信息较充分 2. 融入该阶段的销售技巧	25～21		
	1. 该阶段的产品信息基本充分 2. 基本融入该阶段的销售技巧	20以下		
技能操作(30)	能够将该阶段的销售方法和技巧充分合理、自然、流畅地运用	30～26		
	能够将该阶段的销售方法和技巧较合理、自然地运用	25～21		
	基本能够将该阶段的销售方法和技巧进行运用	20以下		

续表

考核项目(%)	评价标准	分值	考核点得分	考核方式
团队协作(25)	宽容对待他人意见和建议,耐心帮助他人	25～20		
	能接受他人意见和建议,帮助他人	19～10		
	较能接受他人意见和建议,基本不帮助他人	9以下		

课后作业 ▶▶▶

总结本次校园销售活动的心得体会。

综合练习 ▶▶▶

一、选择题

1. 下列问句中属于选择式提问的是（　　）。

A. 您今天下午还是明天上午有空？

B. 您知道华泰证券吗？

C. 您现在打算投资多少金额呢？

D. 您现在在哪家证券公司投资呀？

2. “三分钟坚持术”运用的背景是（　　）。

A. 拜访客户的热身准备时　　B. 客户对我们产生信任时

C. 客户接受产品时　　D. 客户拒绝销售人员拜访时

3. 下列属于假装聆听的描述的是（　　）。

A. 左耳进右耳出，心不在焉，根本没往心里去

B. 感兴趣的就关注，对自己有利的就关注

C. 全神贯注、积极思考

D. 不但全神贯注，而且能够站在对方的角度体会和感受，能听出弦外之音

4. 下列不属于对男性的赞美的是（　　）。

A. 努力过程　　B. 工作成果　　C. 保养　　D. 气度信用

5. 下列潜在客户的挖掘属于原有客户转介绍的途径的是（　　）。

A. 随时在各种场合结识陌生人

B. 参加各种聚会和团体

C. 陌生电话和陌生拜访

D. 父母家人、亲戚朋友、同学邻居、老客户等所引荐的客户

6. 个人形象中，最重要的一点是（　　）。

A. 男性西装、衬衫、深色皮鞋是基本的装备，必须干净整洁

B. 女性穿职业套装，重要场合最好是裙装

C. 体现自己的专业形象，体现自身的职业特点

D. 头发要经常清洁

7. 属于在客户拜访开始阶段的技巧的是（　　）。

A. 突出自我介绍　　B. 围绕客户的话题

C. 赞美客户　　D. 注意聆听

8. 下列哪一项属于合格营销人需要具备的条件（　　）。

A. 学习相关知识　　B. 坚持忍耐的作风

C. 培养良好习惯　　D. 保持积极心态　　E. 正直善良的品德

9. 在拜访客户时赢得客户好感和信任是拜访成功的第一步，下面哪些做法是赢得好感的做法（　　）。

A. 语气要平缓，语调要低沉明朗　　B. 运用精神目光的交流

C. 真诚的赞美　　D. 给对方以自重感　　E. 认真倾听

10. 良好的习惯包括（　　）。

A. 终身学习的习惯

B. 时间管理的习惯

C. 模仿成功者的习惯

D. 目标管理的习惯

11. 下面哪些服务属于售后服务的内容（　　）。

A. 提供信息　　B. 财务服务　　C. 运输服务　　D. 功能配套服务

12. 与客户建立伙伴关系的方法有（　　）几种。

A. 加强社交往来　　B. 增加财务利益　　C. 加强客户关怀　　D. 强化结构性联系

二、判断题

1. 推销员对所有的客户都应提供完善周到的服务。（　　）

2. 推销员要提供良好的服务，因此任何时候都不应拒绝顾客的要求。（　　）

3. 顾客流失是激烈的竞争导致的，推销员也没有办法阻止顾客的离去。（　　）

4. 赞美也是客户关怀的一种手段。（　　）

三、简答题

1. 上门拜访客户的工作程序。

2. 解释说明什么是 P. S. C 法则。

3. 上门销售中客户资格审查的内容有哪些？

4. 购买人资格审查内容有哪些？

5. 解释“皮格马利翁效应”和“精神电影放映法（心理暗示法）”。

四、技能题

1. 拜访客户时如何使客户获得安全感？

2. 拜访客户时哪些做法可以使客户获得好感？

3. 结合实际问题说明“刺猬效应提问法”。

4. 解释“三分钟坚持术”的运用方法，什么情况下运用？怎么运用？

5. 案例分析

某天，一家计算机公司的销售代表接到一个重要客户的总工程师的电话，说其香港分部的电脑出了问题，让销售代表尽快解决。这个总工程师是非常重要的客户，是机构内采购的决策人。年轻而且有作为，很少与厂家打交道，这次主动打电话说明问题一定是很严重。销

售代表答应客户第二天上午十点以前去见总工。

时间已经是下午五点了，销售代表立即打电话到客户服务中心要来客户的服务记录，发现客户已经从中国香港那边投诉过来了，而且公司已经上门进行了维修。第一次没有解决问题之后，公司又从国外请了一个专家来到客户现场，维修的工程师判断是客户的电脑需要升级。客户并不同意维修工程师的观点，因为以前采购的电脑配置更低也没有问题。因此香港分部的客户就将问题反映到总部。销售代表也判断不出到底原因在哪里，但是维修的工程师告诉销售代表只要客户肯升级内存，问题就一定可以解决。销售代表又打电话到香港的客户那里，询问了情况。销售代表与相关的人约好第二天十点三十分举行一个电话会议。

销售代表将维修记录都准备好，计算好需要升级的费用之后才离开了公司。第二天，销售代表准时来到客户的办公室。总工刚介绍完情况，销售代表就将维修记录拿了出来，并简单介绍了己方的观点以及与香港分部之间的分歧。接着，销售代表与客户服务中心的维修工程师、客户的香港分部一起通过电话讨论了情况。客户服务中心的工程师与客户分部之间对于谁应该承担责任还是存在分歧，但是客户服务中心承诺：只要升级内存，问题就一定可以解决。总工一直仔细地听着，几乎没有插话。电话会议一结束，他就向销售代表询问升级的费用，销售代表拿出准备好的报价递给他。总工扫了一眼数字，简单确认了一下，立即表示他们愿意即刻升级电脑。

后来，客户告诉销售代表："出问题是难免的，而且有时很难搞清楚原因和责任。本来我是请你来讨论维修问题的，没想到你已经将问题搞清楚了。我看到你们很认真而且效率很高，态度可嘉。因此我就很痛快地同意支付升级费用了。而且升级费用非常合理和公道。"客户对这家公司的服务赞不绝口，一直在使用他们的电脑。

销售代表成功处理投诉的原因是什么，从中你有哪些启示？

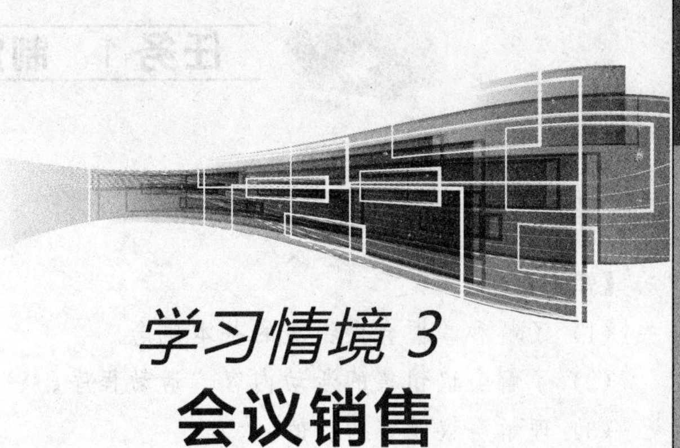

学习情境3 会议销售

知识目标

（1）领会和掌握会议销售的业务程序。

（2）领会和掌握会议销售人员的素质要求。

技能目标

（1）能够根据会议营销任务，以小组为单位收集必要的信息，并结合小型新产品信息特点制订会议销售计划；收集准客户资料，建立客户档案；制订拜访计划，电话预约客户；做好会议销售前的其他准备工作。

（2）能够在会议销售现场，熟练地进行精彩的PPT演示，树立专业形象，拉近与顾客的距离，争取在有限的时间内进行销售。

（3）能够妥善处理好成交或未成交顾客的关系；建立老客户档案卡，做好售后服务工作。

素质目标

通过挖掘教学内容中的思想教育因素加强学生的社会公德、职业道德的教育；通过会议销售的设计、会议主持和演说、会后服务等演练提高学生的创新意识、服务意识及文字、语言表达能力；通过查询相关信息提高学生的信息获取能力；通过分组教学法提高学生的团队意识。

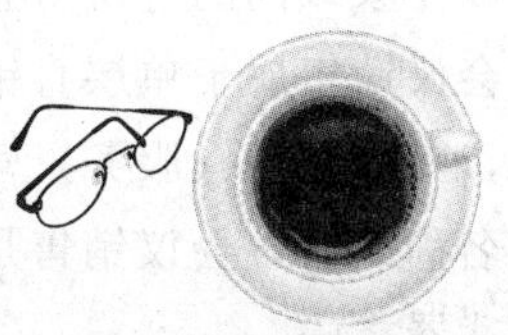

任务1 制定会议销售方案

任务导入 ▸▸▸

【知识目标】

（1）了解和掌握会议销售的基本概念。

（2）了解会议销售的活动内容、活动程序。

（3）理解会议销售的目的。

（4）了解制作会议销售方案的内容。

【技能目标】

能制作会议销售方案

1.1 任务内容

（1）会议销售人员素质准备；

（2）制定会议销售方案。

1.2 任务组织

（1）将全部学生分组进行训练，3人一组，组成销售团队。

（2）学习情境3的总任务是，小组成员在组长的组织下，自选销售品牌，进行会议销售的方案策划、PPT演讲稿制作及会议的接待主持等内容的仿真模拟训练。本环节的任务是，学生小组收集相关资料，策划会议销售的主题，活动目的、活动内容、流程等，制定会议销售方案，撰写文案。

1.3 任务实施

1.3.1 会议销售人员素质准备

1.3.1.1 认识会议销售

（1）什么是会议销售

所谓会议销售，是指寻找特定顾客，通过亲情服务和产品说明会的方式销售产品的销售方式。会议销售的实质是对目标顾客的锁定和开发，对顾客全方位输出企业形象和产品知识，以专家顾问的身份对意向顾客进行关怀和隐藏式销售。

会议销售属于单层直销，目前名称还不统一，有称科普（体验）营销的，有称数据库营销的，有称亲情（服务）营销或顾问营销的，不一而足。其中，用的最多的是会议销售。但不管名称如何，会议销售是国人自改革开放以来，结合自身实际创造的、有着巨大销售力的销售武器之一。

(2) 会议销售的产生

营销的核心就是在消费者心目中建立对品牌的信任，并长期维护这种信任，在竞争日益激烈、市场高度同质化的今天，仅靠产品本身往往难达到这一目的，还要与消费者进行针对性宣传，提供真诚的服务，有效地营销策略都是极具个性化的，只有精确地锁定目标消费者，并与之开展一对一的沟通，满足消费者差异化的需求，方能提高满意度，增强品牌忠诚，使企业得到长期的发展。

会议销售正是建立在一对一互动沟通基础上的一种整合服务营销体系，主要是通过建立消费者资料库，收集目标消费者的资料，并且对这些资料进行分析、归纳和整理，筛选出特定的销售对象，然后利用会议的形式，运用心理学、行为学、传播学等理念，与消费者面对面地进行有针对性的宣传、服务，以便达成销售的一种营销模式，它涉及了信息的收集和有效化处理、目标人群的前期联系、现场的组织及跟进服务等方面。

会议销售的前身就是活动营销，活动营销分室内与室外，会议销售就是室内活动营销，室内活动营销具体讲是把消费者从室外请进室内进行宣销的过程，而这个过程的演变是由于市场环境的变化而来的。会议只是此种营销模式的形式而已，会议销售核心是品牌与消费者之间的、消费者与消费者之间的深度互动式的沟通，会议销售的最终目的是通过向消费者提供全方位、多角度的服务以便与消费者建立长久的、稳固的关系，从而提高消费者满意度和忠诚度。

近几年来，由于市场竞争越来越激烈，广告、促销的市场效果逐渐下降，消费者越来越成熟和理智，消费者不再盲目地相信一些夸大其词的宣传，而是注重产品是否具有卓越的功效及能否提供优良的服务，在这种背景下，会议销售以其针对性的服务、准确的宣传和较强的隐蔽性更好地适应了形势、满足了市场，渐渐流行起来，一些会议销售操作较好的品牌，一次会议就能销售数万元、甚至数十万元。目前，会议销售模式已引起整个行业的普遍重视，一些奉行传统营销模式的企业纷纷开始运作会议销售。

1.3.1.2 会议销售的产品定位

会议销售要取得成功，必须要做好两件事，也只需要做好这两件事。一是选对产品，策划到位；二是做好人的工作，激励到位。究竟什么样的产品才适合做会议销售？又该怎样策划会议销售的产品？

适合做会议销售的产品经过策划，必须具备“准、强、新、高、大、广”六大要素。

第一，产品定位一定要准。产品定位，主要是指设定的目标消费人群，就是产品要卖给谁的问题。会议销售就是集中销售，虽然强调一对一的服务，但还是一对多的集中营销，需要目标人群的集中教育和说服。

第二，产品功效一定要强。会议销售企业选择的产品，要有明显的效果，这样才能不断刺激消费者的心理欲望，从而形成之后的重复性购买和对产品的忠诚度，以保持强劲的生命力。

要进行长久的产品营销，企业想要有较长的生命力，产品质量必须过硬，这一点非常关键。通常优秀企业的做法是通过广告传播手段获得企业、产品的知名度，形成品牌，深入人心；另外就是不惜代价获得某个权威机构、特殊研究机构的鉴定或证明，这样才能面对消费者更加有说服力。

第三，产品概念一定要新。功效那么神，没有强大的概念支撑怎么行？招呼顾客来参会，没有概念讲什么？以保健品为例：大凡保健品不外乎三大类，一是营养补充剂，如维生素、钙之类；二是中草药，如人参、枸杞、灵芝、虫草、苦瓜、苦荞之类；三是现代高科技产品，如核酸、肽和功能纺织品“睡眠系统”之类。

要做会议销售，第一类首先要放弃，因为功效既不够神，概念也不够强。第二类有些可以做，但概念上不免要往现代生物高科技上靠。第三类则天生适合做会议销售的尤物。

蜂胶的概念相对较强，是介于第二类和第三类之间的一个特殊品种，也是会议销售做得比较成功的一种，灵芝、虫草虽然也很神奇，但概念贫乏，所以比蜂胶低了一个层次。

第四，利润空间一定要高。只有充足的利润空间才能弥补围绕会议销售运作的各项费用开销，会议销售强调的是细节操作，如何赢得消费者就在于每个细节上对消费者的服务水平怎样，一套优质的服务是需要较大的成本投入的。在当今产品高度同质化的情况下，只有创新才能赢得市场，而创新也需要较高的成本投入，因此只有高价格才能有利于会议销售型企业的持续发展。

第五，产品包装一定要大。产品包装要精美，或用蓝、银灰等冷色显示高科技、高价值，或取红、黄、橙等暖色传递亲和力和喜庆感，关键是包装一定要大。一瓶装 180 粒加一个小木块样子的小纸盒，绝对不如把它分成三瓶，一瓶 60 粒，做成一个宽宽扁扁的大盒子的销售效果好。

包装大还有一个意思，就是一个包装的用量要大。如果是保健食品，一个包装起码要够两个月的服用量，起推最少是半年的服用量。如果是功能纺织品之类，最少要够用 50 年不坏才好。

第六，适用范围一定要广。会议销售与传统销售渠道相比，主要有四项费用：人力资源投入、数据库开发维护、会议场地的租赁和服务平台的建设。每一场活动都有固定的费用投入，如果没有大量、广泛的目标人群，就无法发挥其人群集中的爆炸效应，也无法支撑其机制的良性运转。因此，会议销售的产品在功能选择上一定要适宜高度集中的人群，产品的适用范围一定要广泛。

此外，做长线的企业的产品除了需要有过硬的质量，还需要有一定的文化内涵，这样才可以做成品牌。有文化内涵是指要卖产品以外的东西。现在的产品已经相当同质化，但产品文化是可以无限延伸的。

会议销售产品定位

一家知名公司拟采用会议销售的方式来推销产品，该公司产品一大堆，有补维生素的，有补钙的，还有补膳食纤维的，人群定位不“准”，什么人都需要；功效诉求不“神”，不是用来解决要命的大问题的；概念不“强”，不过是些对人体健康有益的普通营养素而已；价格不“高”，一盒几十元到百余元；包装不“大”；裤兜就能塞下，用量十天半个月。结果一场活动下来销售额不过几百元。

案例分析：上述就是产品定位失败的案例。因此，对于会议销售产品的定位，必须具备“准、强、新、高、大、广”六大要素。

案例思考：运用你之前所学的市场营销的相关知识，试分析该如何策划会议销售的产品？

1.3.2　制定会议销售方案

1.3.2.1　认识会议销售方案策划工作

会议销售方案是会议营销的重要组成部分，是活动的有力指导。其内容主要包括市场背景分析、会议主题、会议目的、会议程序、销售人员角色分配及角色任务、目标客户、会场地址和会议时间、会议操作的技巧等。

1.3.2.2　制定会议销售方案的要素

做好一份优秀的会议销售策划方案，首先要把会议销售的几大要素列出来，也可以说把重要的内容先勾画出来，然后再根据具体情况进一步地去充实它，这些要素包括以下几点。

(1) 市场背景分析

要做当地市场背景分析，这要求活动的策划者要对目标市场的情况有充分的了解，包括经济发展、市场容量、目标顾客的消费习惯及喜好，还有会议活动创意的理论基础，即利用了顾客的哪些心理和消费的特点，或者有哪些的优势能对消费者产生足够的刺激，否则消费者不参与，会议就会失败。这是整个会议活动方案的由来，也可以说是活动为什么能做的原因。

(2) 制定会议的主题

会议的主题就是招牌，有个好的主题可以决定消费者参与的热情程度，利用人的好奇，趋利等心理特点，目的是调起目标消费者的胃口，把她们吸引过来。

《财富》的全球性财富论坛

美国《财富》杂志每年举办全球性的财富论坛，参加者都是《财富》所评选出的世界500强企业的董事长和总裁。这么多世界著名企业所参加的会议本身就是一个极富吸引力的亮点，再加上主办方每次所选择的会议地点都是世界经济所关注的焦点国家或地区，所讨论的话题也都围绕着全球所关心的焦点经济问题而展开，因此，吸引了全球的目光。而《财富》也因此既获得了良好的声誉，获得了不菲的收益。

案例分析：从上述的案例可以看出，会议本身就是一个广告，会议的主题，就是一个产品的核心卖点。一个有好主题的会议，就是一个稀缺的产品，会吸引众多消费者前来关顾和消费。

找准并确定一个好的会议主题可以采用以下方法。

① 以社会热点问题和事件为主题。社会热点问题和事件是所有人都关心和谈论的，社会大众都想对相关问题和事件了解更多，一些大众媒体也都会对此进行报道。然而大众媒体的报道往往只是涉及表面，不够深入，满足不了大众的求知欲望和猎奇欲想。这时，如果召集问题或事件的相关人员进行深度访谈或讨论，并将内容、结果及时告知大众，将会引起社会轰动效应，对主办企业来说，也将是一次很好的宣传机会。

② 以社会上存在争议的问题为主题。以社会大众、某些群体所争议或存在争议的问题为会议主题，同样可以引起人们的关注，而且存在的争议，也正是会议所要宣传的卖点。

③ 以行业内共同关心的问题为主题。一个行业所共同关心的问题包括这个行业的动态、发展、问题、竞争、人员等方面，特别是在经济性领域，行业内一个简单的问题或事件往往能引起整个行业的反响或震动。而就这些问题召集业内人士举行高峰论坛或研讨会等，讨论行业发展的前景、发展中的动力或阻力、企业间平等竞争、价格战等问题、商定行业通则、经营规范等，往往能吸引众多的目光，特别是在社会大众较为关心、联系比较密切的行业，这样的会议经常能够令所有人瞩目。

④ 以行业内存在争议性的问题为主题。行业内所存在的具有争议性的，大家都比较关心的，暂时没有解决或解决得不彻底、不完善、没有得到行业认可的问题，如果就这类问题召开会议，研讨解决之道，必将引起行业的关注。而对问题的解决和完善，也将起到整合产业、企业自律、规范市场、良性竞争、共同做大做强市场的效果。

⑤ 以特定人群所关心、需要、正在议论的话题为主题。特定人群是指社会上某些共通性比较强、人群特征比较强烈、相对数量比较小的群体。特定人群的消费特征、喜好、收入水平等基本相同。

⑥ 根据某种或某几种产品的特点、属性确立主题。企业在新产品上市或是产品性能有重大改进等事件发生时，往往要召开新闻发布会，或是召集有关方面专家、媒体记者等进行产品论证会和产品功能研讨会，以期通过权威认证获得消费者的认可，起到教育消费者、促进销售的作用。

注意，在确定主题的时候，一定要对目标顾客进行细分和再细分，从而使具体的相关人员更集中，目标更准确，策划更到位，会议的效果才会更好。

(3) 策划活动的目的

只有明确了活动的目的，才能找到努力实现的方向，不要见别人怎么搞，自己也照搬，品牌和品牌不一样，不同的公司之间差别也很大，要根据自身的实际情况，弄清自己的目的，是要实现现场销售？还是打造品牌？还是要实现多个目的？总之要确立好适合自己的会议目的，才能使会议活动发挥最大作用，否则就会像射箭找不到靶子一样，射到哪里得到什么样的结果，可能连自己都不知道。

(4) 策划会议的内容和程序

这是会议活动中的关键，这里包括的方面很多，如果没有很好的筹划，很可能会直接导致会议的失败，按时间顺序可以分为会前、会中和会后三个阶段。

实战技能训练 ▶▶▶

【训练项目】 制作会议销售方案

背景：模拟会议销售活动，小组自行模拟品牌及会议销售的目标。

人数：3 人一组。

方法：收集相关资料，策划会议销售的主题、活动目的、活动内容、流程等，撰写会议销售方案。

规则：团体协作完成资料收集和策划案撰写。

目的：锻炼资料搜集、方案策划和撰写能力，锻炼团队协作能力。

【训练评价】

参考学习情境 3 会议销售的总评价标准。

课后作业 ▸▸▸

利用互联网搜集与会议销售相关的内容，拓展视野。

任务 2　会议筹备

任务导入 ▸▸▸

【知识目标】

(1) 了解和掌握会前内部和外部的准备工作内容。

(2) 了解和掌握会前准备的操作步骤。

(3) 懂得会议选址的重要性。

(4) 掌握会场布置的方法。

【技能目标】

能根据会议销售方案，制作会议电子演示稿（PPT）及会议演说稿。

2.1　任务内容

(1) 认识会议销售的准备工作；

(2) 会前准备的操作步骤。

2.2　任务组织

(1) 将全部学生分组进行训练，3 人一组，组成销售团队。

(2) 本环节的任务是，学生小组根据所制定的会议销售方案，做好会前的各项准备工作。准备工作的内容：会场选址、会场布置、客户预约、收集资料、电子演示稿 PPT 制作。

2.3　任务实施

2.3.1　认识会议销售的准备工作

2.3.1.1　会前的内部准备工作

① 会前要制定好会议的日期以及会议的主题（一般情况下要根据产品的特点以及节日

内容而定，偏重于感情色彩较浓的内容，以便于我们在会场营造会议气氛，拉近距离，消除顾客防御心理）。

② 提前将会议精神贯彻到每一位营销员心里，以便于按主题开展工作。

③ 根据会场的容量，定出邀请到会人数，以及该场会议的预期销售额与个人销售任务。

④ 将出席会议的主讲专家的特长交代给每一工作人员，给工作人员信心和强力包装邀请专家，这有利于促进销售、增加销售谈判的话资与信心。

2.3.1.2 会前的外部准备工作

① 会务组必须在会前协调好相关会议事宜，每天公报准备进度（包括场地的敲定、备货、相关教学设备、礼品、会场用品等，绝对不许出错）。

② 每一个员工再明确会议精神。

2.3.2 会前准备的操作步骤

2.3.2.1 确定会议主题

见制作会议销售方案的内容。

2.3.2.2 选准会场

M公司会议销售的会场选择

M公司要选择销售会场，于是把这个任务分配给了策划部。策划部很快就开始了紧锣密鼓的工作。他们首先收集了大量的会场信息，然后经过筛选，列举出了一部分可供选择的会场清单。对这些会场进行分类之后，派员工去会场进行现场考察，主要包括：会场设施、服务设施、住宿、餐馆、会议地点工作人员、安全、费用等，经过考察，做出详细的考察报告，然后通过对会场进行评估，很快就选择到了合适的会场。

案例分析：选择一个合适的会场是会议销售的前提，进行会议销售必须为与会者提供一个合适的现场环境，因此，进行会议销售会场的选择至关重要。

选择一个能让会议组织者和与会者都能满意的会议场所非常重要，面对众多的场所，到底怎样去选择呢？

（1）列出可供选择的清单

必须制作一个会议场所清单，清单上需注明会议要求的所有重要条件。如果清单设计得合理，表明了会场条件的好坏，将大大便于各个场所的比较和选择。

（2）选择合适类型的场所

选择适合的会议场所，必须依据当地可提供的会议资源状况及该会议的程序、预计的与会人数、与会人员的背景情况，以及最重要的会议目的、目标和与会者的编好等因素综合考虑。选择场所时可考虑会议中心、商务型酒店、度假型酒店、高等院校、疗养地和主题公园。

（3）现场参观注意事项

在考虑去做现场参观之前，先检查一下是否已具备了前提条件：报价方接受和同意会议明细表中各项事宜；报价方应是后选名单中较好的一个；对报价方拟定的合同条款基本接受。

（4）亲临现场实地考察

实地考察主要包括以下内容：会场设施、服务设施、住宿、餐馆、会议地点工作人员、安全、费用等。

（5）根据考察情况对会议地点进行评估和确定

根据实地考察的情况对会议地点进行评估，如果各方面条件都符合会议要求，就可以定下来；如果某些条件不符合要求，则与会议地点方商谈改进意见，以达到要求标准；如果改进后仍达不到要求标准，则进行重新筛选和考察。

2.3.2.3　布置会议现场

K公司会议销售的会场布置

K公司召开一次“养生推介会”，在主席台前悬挂的主横幅是：“古法养生推介会”，副横幅是：

（1）“传承古法养生文化，促进全民身心健康”；

（2）“弘扬古法养生文化，迎接2008背景奥运”；

（3）“抨击保健品行业不正当行为，还健康产业一个绿色的空间”等。在入门处和墙的两面张贴着公司的宣传海报、易拉宝等，与主题横幅形成呼应。

案例分析：会议现场布置是会议销售的一个重要环节。会议现场布置一定要突出会议的主题，引起与会人员的兴趣，还要营造出喜庆的氛围。

会议营销现场的布置方式如下。

（1）宣传输出

选择会场中活动面积较宽阔的一个角落，用于摆放公司企业文化易拉宝，让顾客充分了解公司与产品等各方面的信息，从而更加相信公司、相信产品。

（2）座位布置

为达到场地的最大利用率，一般选择长条桌，整个会场排成井字形，摆放距离要适中，会场中间要留出通道，便于来往活动。在长条桌两侧放置座位，员工自行合理安排顾客座位，便于员工与顾客相互交流、沟通。

（3）会场设施

需要有相应大小的投影屏幕。会场灯光音响必须事先调好。视听效果是现场调动顾客注意力的有效手段之一，声势和气氛几乎都是靠视听效果烘托渲染的，能否在现场制作出沸点效应也与之有着直接关系。

实际操作中，一定要做好签到区、测试区、条幅、投影屏幕、样品展示、礼品区、售货区、顾客区、主持人区、展板陈列区、专家咨询处等。

2.3.2.4 收集顾客资料

X公司顾客资源

X公司2003年在全国推出夕阳美太极功夫扇活动，公司要求每位营销员都必须学会太极功夫扇，并且在三个月内每位业务员必须找出100个跟自己学太极功夫扇的意向顾客。X公司北京市场积极投身于这种大型的文化宣传活动，短短3个月200多名员工利用自己在这3个月时间收集的资料，在12的促销中创下了划时代的历史记录，实现了1个月750万元的佳绩。

案例分析：顾客资源是整个营销过程的重要环节，只有找到顾客以后才可以开展电话邀约、拜访、销售等活动。如何寻找顾客资源，如何正确有效地开发利用顾客资源是做会议销售必备的前提条件，也是做会议销售的公司长期坚持不懈的奋斗目标。

会议销售收集顾客资料的方法如下。

(1) 对顾客群体进行分析

(2) 收集资料

根据几年来会议销售在国内市场里的运行模式来看，收集档案资源有以下几种途径。

利用公共场所：在公共场所可以以赠书，测血压、测血糖等公益活动，有奖知识竞赛，陪同晨练，发单；科学普及收集；赞助老年活动；顾客转介绍；媒体互动性收集：答题式互动，征文式互动，活动参与性互动，新闻式互动；合作联盟收集。

2.3.2.5 筛选顾客资料

M公司顾客资料筛选

M公司进行顾客资料筛选时制作了这样的表格工具：

姓 名		性别		卡号	
家庭住址				电话	
其他联系方式					
阳历生日		年 月 日		特殊爱好	
阴历生日		年 月 日			
身体状况					
家庭组成					
所属区域					a b c

案例分析：通过表格工具对顾客进行筛选，使顾客资料一目了然，使企业的数据更加准确和精确，从而降低后续工作的成本。

顾客资料筛选的步骤如下。

(1) 顾客资料筛选的方法

顾客资料筛选要由粗到细，分层次、分步骤地进行。

① 初步判断目标顾客的有效性，即顾客登记是否完整，能否迅速地找到顾客，然后再将有效的顾客划分类别保存入档。

② 由业务代表电话沟通时确认顾客信息的真实性。

③ 由业务代表在多次沟通后，划分出会前 a、b、c 类目标顾客。

a 类：在预热过程中已有购买意向。

b 类：在预热过程中虽未有购买意向，但具备较明显的购买条件。

c 类：在预热过程中虽不具备形成购买的所有条件，但有产生购买的可能。

④ 在会议结束后确认，根据售前登记记录对未产生购买的顾客进行资料去留判定。

a、b 类顾客在会上未产生购买的可保留。

c 类顾客可根据会场反映的实际情况有选择地保留。

将需要保留的顾客资料保存在数据库“预热过程目标顾客栏”中。

⑤ 对于已产生购买的目标顾客，要根据购买情况和售前记录划分顾客类型进行登记，并提供相应的服务。对会议中产生购买的顾客一般可进行 2 类划分，应分别提供服务以确保对顾客忠诚度的培养。

(2) 分类整理

① 将理想的准顾客档案按照人口学特征进行分栏填写。

② 将理想的准顾客按照社会群体分栏填写。

③ 录入数据库。

④ 对数据库经常进行整理和更新。

2.3.2.6　对顾客进行会前预热及邀请

(1) 会前预热的重要性

会前的预热是会议销售前期阶段的重要工作，预热的好坏将直接影响到所邀请日标顾客的质量，对会中的销售也有着直接的影响。

对已经预热的准顾客进行邀约，是会前需要做的最后一项工作，也是对营销前段工作成绩的一次实际检验。因此，一定要对邀请工作进行细致的研究，以确保邀请成功率。

(2) 会前预热邀约的方式

预热的方式可以通过电话沟通预热、上门沟通预热、健康讲座预热以及检测预热。电话沟通预热的内容与步骤是：确认对方身份；表明自己的身份；提示对方与我们以前的接触，使其产生回忆；关心式的沟通，从中了解企业尚未了解到的信息，寻找对方的利益点；找到利益点后，突出利益点，提供利益点，提出上门拜访的要求；约定上门时间。电话预热之前工作人员应做好充分的准备。对目标顾客预热时需要的工具有：企业形象宣传手册；公司主要荣誉资料汇编画册；公司与名人相关联的画册；产品介绍画册；企业内部编印的报纸。

进行电话邀约时，应首先确定电话邀请的目的，激起顾客的需求，做好充足的邀约准备，注意邀约方法。

2.3.2.7　制作邀请函

如何才能制作一份内容完美的邀请函呢？

制作的邀请函一定要有吸引力，震撼力，与众不同，有权威性还要体现公益性。

送邀请函前与准顾客做好充分的沟通，还应备好配套资料。

2.3.2.8 制作演讲稿

2.3.2.9 会议主持热身准备

实战技能训练 ▸▸▸

【训练项目】 PPT 电子演示稿制作及会议演讲热身训练

背景：以小组会议销售方案的要求为背景。

人数：3 人一组。

方法：收集图片等资料，制作 PPT 演示稿和 Word 演讲稿，以小组为单位模拟主持热身练习。

规则：团体协作完成资料收集和 PPT 演示稿制作，每个组员分别独立进行演示稿的操作讲解。

目的：锻炼 PPT 电子演示稿制作及演示讲解能力。

【训练评价】

参考学习情境 3 会议销售的总评价标准。

课后作业 ▸▸▸

利用互联网搜集与会议销售相关的内容，拓展视野。

任务 3 会议的接待和主持

任务导入 ▸▸▸

【知识目标】

(1) 了解会议迎宾接待工作的内容。

(2) 了解会议主持人工作的任务。

(3) 了解会议现场与客户接近并建立亲和力的策略。

(4) 了解成功会议销售的重要环节。

(5) 了解如何在会议中通过有效地沟通实现成功销售。

【技能目标】

能够做好会议现场操作（来宾接待——迎接、引导入座、奉茶、沟通；会议主持——语言、表情、肢体动作、技巧、主持风格、现场调控能力等）。

3.1 任务内容

(1) 做好迎宾与接待工作；

(2) 认识会议销售的主持工作；

(3) 如何接近顾客并建立与顾客的亲和力；

(4) 把握成功会议销售的三个环节；

(5) 如何通过会议实现成功销售。

3.2　任务组织

(1) 将全部学生分组进行训练，3人一组，组成销售团队。

(2) 本环节的任务是，模拟会议销售现场进行接待主持和现场演说，熟练地、清晰地将产品和企业信息传达给客户，激发客户的兴趣和购买或合作欲望，实现企业的营销目的。

3.3　任务实施

3.3.1　做好迎宾与接待工作

控制好会议现场应努力做好迎宾与接待工作、操作好会议的主持工作、成功接近顾客并建立良好的关系、把握会议的三个环节、化解顾客的异议，最终通过会议成功进行销售。控制好会议现场要完成6项工作内容，依次是：做好迎宾与接待工作；认识会议销售主持的操作工作；如何接近顾客并建立与顾客的亲和力；把握成功会议销售的三个环节；如何通过会议实现成功销售。

做好会议销售的迎宾工作

M公司召开会后总结大会，认为这次会议销售的不成功之处有以下几点。

一是企业人员职责分工不明确，每个人没有起到应有的作用，以至于冷落了部分顾客；

二是会前检查不仔细，忘记准备会议顾客签到表，以至于临时手忙脚乱，影响了工作；

三是销售代表对顾客不够热情，以至于场面显得有点冷场，没有营造出气氛；

四是现场沟通不到位，没有激起顾客强烈的购买欲望。

总之，这次会议是一次失败的会议，没有起到很好的营销效果。

案例分析：通过上述案例可以看出，会议销售的迎宾和接待工作是非常重要的。隆重而热烈的迎接仪式能在骤然之间唤起人们的自尊，热情体贴的服务才能使人们感受到被重视的愉快，从而为销售做好充足的准备。

迎宾接待工作是会议现场成功的第一步，要做好迎宾接待工作必须做好以下几点。

① 对会议工作人员职责进行分工（大厅迎宾、签到员、引导员、销售代表等）。

② 会议开始前对准备工作进行一次全面、详细的检查。如果发现有考虑不周或者不到位的情况时要及时补救。

③ 迎接顾客入场。

④ 会中要进行介绍。人员介绍看起来好像很简单，可能平时不受到重视，但这是一个非常重要的环节。主要包括以下三个内容：介绍的顺序、自我介绍、递名片。

3.3.2 认识会议销售的主持工作

会议主持人的任务

A公司在进行会议销售的过程中，会议上出现了不同意见的争议。此时主持人小王感到有些欣慰，因为对于从事主持工作的他来说，如果会议上出现这种现象是一种好现象，说明与会者抱着负责的态度，也说明会议上的民主气氛比较浓。但是，小王也明白，对于这种现象必须加以正确的引导，否则将事与愿违。于是他先鼓励大家讲话，即使是刺耳的话也让大家讲完，不满的牢骚也让大家发泄。等到大家说得差不多了，小王开始发挥自己的角色，对大家的意见进行说服，并且拿出令人信服的论据来证明自己的观点，说服对方改变态度。后来，小王对大家的意见进行归纳、提炼，从中总结出合理的、有益的部分，形成自己的观点。这样，即使原来持不同意见的人，也会在心理上产生“认同”，进而接受了小王的主张。最后小王又对大家进行了点拨。整场会议下来，小王就像舵手掌舵一样驾驭着全局。

案例分析：从上述案例可以看出主持人的任务是把整场会议连成一体，一气呵成，让顾客跟着他的形象语言、声音语言、肢体语言，在主持人设计好的购买通道中“纵横驰骋”，全部达到设定的目的地。

作为主持人该如何操作会议销售的主持工作呢？

（1）明确会议主持人的工作

① 控制会议的气氛。召开一个会议，会议主持人应认真地肩负起最大的责任，他应能很好地掌控全局，应能有效地观察到所有参会者及其反应，决定整个会议气氛的基调。

② 控制会议时间、推进会议的进程。会议过程中，尽量不要拖延；发现会议误入歧途或有一些拖延时，会议主持人应立即以最快的速度调整到正常的议程中。

③ 协调发言。协调参会者的发言是会议主持人的另一项非常重要的工作，只有协调好参会者的发言，才能更好地将整个会议引向一个良好的进程。

④ 观察参会者的反应并给予及时的反馈。观察参会者的反应并给予反馈，有助于整个会议的顺利进行，同时还能很有成效地和参会者进行有效地沟通，从而为高效率的会议奠定坚实的基础。

⑤ 做讨论的总结。

⑥ 跟进会议的决定。会议主持人应认真地对会议高度负责，应及时地对整个会议的决策和结果进行跟踪，以达到预期的目标。

（2）会议现场的控制

做好会议的准备之后，会议主持人可以开始回忆。在会议过程中，每个人都希望会议能顺利地进行，但是经常会有一些意想不到的问题出现，这就需要会议主持人有效地控制会议的现场。

3.3.3　如何接近顾客并建立与顾客的亲和力

建立与顾客的亲和力

在 L 公司举行的联谊会优美的旋律下，销售员小张注意到一位女士，他从内心深处感觉到是一位准顾客，于是想与她共舞一曲，可惜“她”的身边已经有一个“他”。如何实现这个心愿而不得罪那位护花使者呢？于是小张对那位绅士说：“先生，您的舞伴真漂亮，如果您不介意，我可以请她跳一曲吗？”

案例分析：在上述案例中，营销员就是利用了赞美接近的方法。卡耐基在《人性的弱点》一书中指出：“每个人的天性都是喜欢别人的赞美的。”现实的确如此。赞美接近法是销售人员利用人们希望赞美自己的愿望来达到接近顾客的目的。

如何做到有技巧地接近顾客和建立亲和力？

（1）有技巧地接近顾客

① 接近的第一印象原则

接近的目的：引起顾客对销售人员及产品的注意，提高顾客对销售人员及产品的兴趣。

第一印象的作用：晕轮效应。即顾客对营销人员的第一印象影响到产品及整个销售过程的依赖及评价的一种心理现象。

塑造令人难忘的第一印象：具备良好的风度和品格，态度适中、热情、友善和诚恳，真挚的微笑，把握主动权、取得威信，丰富的各方面的知识、充满自信，良好的心理素质、能承受挫折与失败。

② 接近的方法

销售以引起顾客注意为开始，以最后满足顾客愿望为结束，接受是销售行为的开始，也是营销人员与顾客正是沟通的开始。不同的顾客，心态也各不相同，销售人员要根据不同的人、不同的场合使用不同的接近方法，这里介绍几种较常用的接近方法。

直接接近法：较为普遍的一种方法，就是销售人员直接进行自我介绍。

利益接近法：就是营销员利用向顾客点明可能为他所提供的好处和利益来引起顾客注意和兴趣的方法。

提问接近法：向顾客提出其感兴趣的问题，发动心理攻势，迅速抓住顾客注意力、兴趣和参与意识。

好奇接近法：利用顾客好奇心，引起注意和兴趣。

震惊接近法：销售员用某种令人吃惊或震撼人心的事物来引起顾客注意和兴趣的方法。

赞美接近法：利用顾客求荣心理引起注意和兴趣的方法。

（2）与顾客建立亲和力

① 思考同步：设身处地替顾客想，沟通起来就容易发现顾客的顾虑和利益点，同时也可以避免不必要的冲突。

② 语调和语速同步：相同的交流频率，是保持沟通的基础条件。人使用 5 种表象系统

与外界接触，这5种表象系统式：视觉、听觉、触觉、嗅觉和味觉。影响力及说服力的发挥主要使用三种：视觉、听觉和触觉。同时也把人分成了三种类型：视觉型的人、听觉型的人、感觉型的人。不同类型的人的特征如下。

视觉型的人：说话的语速较快、音调较高、讲话时肢体语言丰富、讲话时胸腔起伏明显。

听觉型的人：语速比视觉型的人慢，语速适中、语调具有变化且较丰富，对声音敏感，怕噪声。

感觉型的人：说话时会思考，说话缓慢、音调低沉、说话时停顿较多、视线向下看。

③ 生理状态同步：运用镜面映现法则，你的姿势、表情要尽量使对方看你的感觉像镜子中的自己一样，这样可以在潜意识中淡化对方的警戒心，拉近与对方的距离。

④ 语言文字同步：在与顾客沟通过程中，如果用心观察、倾听，你可能会发现该顾客习惯于某种语言表象系统，那么你也应该尽量使用该种语言表象系统。

另外，应尽量使用对方的口头禅，会让对方在不知不觉中对你产生亲切感。

⑤ 合一架构法：即在与顾客交流过程中，如果需要发表不同意见，不要使用“但是”、“可是”做转折词，因为对方会有思维惯性。

⑥ 实在无法沟通：如果实在无法和某位顾客建立亲和力，甚至无法沟通，可以把这个顾客转给同事处理，在这一点上其实是相互的。

3.3.4 把握成功会议销售的三个环节

3.3.4.1 专家演讲

专家演讲是会议销售的重要环节之一。这个环节是进行科普宣传，建立核心传播观念的重要过程。为了将这一环节做好，要把握好演讲的内容，引导顾客关心自身健康，初步建立产品与健康之间的关联。

（1）内容

①知识性：提供给顾客健康知识、疾病知识、产品知识和保健知识；②科学性：有科学依据、数据，如资料摘自哪个文献；③趣味性：与健康长寿有关的故事或事例；④生动性：加入顾客受益的具体事例；⑤非商业性：专家不要以公司工作人员的身份出现。

（2）注意事项

专家演讲稿的内容务必根据实际情况经过反复推敲。评价一篇演讲稿成功与否的关键是看它是否将复杂的科学道理用深入浅出的语言表达完整了，看它所涉及的内容是否是普通顾客关心的内容，看它对建立产品保健观念的说理是否透彻。

（3）专家形象包装

首先，专家的名头要有一定的权威，即：专家必须在当地有较高知名度和地位，必须以原职位形象出现而不能以本公司专家形象出现；其次应着西装、扎领带，看上去精神矍铄、持重健康，有专家的气质；第三是演讲声音要洪亮，语言流畅。这样的专家留给人的总体印象是自信、权威、有号召力。

（4）现场控制

①由专人配合播放幻灯片，整个讲座过程中会场要关灯，只留一盏灯照在专家附近；②事业代表停止一切主动服务，维持本桌顾客秩序，保持现场肃静。

3.3.4.2　顾客发言

（1）目的　利用顾客口碑宣传，用事实证明价值，消除顾客的疑虑。

（2）技巧　①现场点名法。也就是在会议现场通过提名让顾客上去发言。②现场抽取法。以抽取现场幸运观众的形式，把老顾客以幸运观众的形式请到台上来，然后通过主持人现场采访引出典型顾客的发言内容。③推荐法。根据参会顾客和会场气氛的实际情况，业务代表可以将顾客直接拉上讲台。

3.3.4.3　咨询、促销

（1）组织方式　按坐位依次进行；按顾客序号进行；分组抽取进行。

（2）检测的目的　利用仪器帮助顾客发现健康隐患，使顾客开始关心自己的健康问题。

（3）检测人员岗位要求　以规范性和准确性为先导。

① 体重身高：虽然是普通项目，但要以专业人士的行为标准来进行，给人以标准和规范的印象，如要抬头挺胸。此外还要有专业的纪录，不要大声公布顾客体重。

② 测血压：要迅速准确，同时对不同情况要给顾客进行科学的讲解。如有顾客提出上次的血压没有这么高，可以说今天现场气氛热烈，您受到了影响，血压高一点是正常的。测血压是检测的最后一项，工作人员一定要检查顾客的表格是否填写完整。

（4）专家咨询的目的　一对一、有针对性地进行细致入微的讲解；按照一定顺序帮助顾客接受专家的咨询。

（5）促销的目的　是对整场联谊会效果的最后提升，要排除顾客的疑虑，实现销售。

3.3.5　如何通过会议实现成功销售

在会议销售整个操作流程中，销售沟通的技巧和策略是整场会议销售成功的关键，也是整个会议销售的核心和灵魂所在。沟通技巧在整个会议销售的操作规范中更是占据了举足轻重的作用。

如何在会议中通过有效地沟通实现成功销售？

对决定企业成败的细节管理而言，会议销售企业更要注重抓好沟通技巧管理。

（1）调查研究，心有顾客——沟通的准备

心中要有客户，首先要进行沟通的细致充分的准备活动，要研究客户，了解客户，心中有底才会出现一拍即合。做好沟通的准备，市场调查研究很重要，摸清企业的真实想法很关键。

（2）想客户所想，急客户所急——沟通的关键

想客户所想就是真正站在客户的立场上想一想，现在真正有钱的企业不多，企业有钱日子好过的找到广告公司的不多，多半是企业困难，不搏一下不行的才找上门，这时他们想什么？想如何用最少的钱做更有效的广告。所以，省钱、效益就是客户所想，先不要考虑广告公司得到多少利益，先想一想如何为客户省钱，如何为客户赚钱。

（3）先做朋友，后做生意——沟通的人情味

会议销售的基础是要建立顾客档案，并建立有效地沟通机制。顾客档案主要是个人的志趣、爱好、重要的纪念日等。建立顾客档案，与顾客成为朋友不是以金钱为手段，是靠人情打动，人都是有感情的。营销员在销售总是很急于成交，如果顾客有不同的意见一时很难接受，左解释右解释，一副非要顾客接受不可的架势，反而容易导致顾客的反感，只有让顾客在接受你得服务和企业后，购买产品才会水到渠成。

实战技能训练 ▸▸▸

【训练项目】 会议现场主持与演说

背景：以小组会议销售方案的要求为背景。

人数：3人一组。

方法：根据前面准备好的演说稿，进行会议现场的主持及演说。

规则：每个组随机抽取一名成员，代表本组完成会议现场的主持和演说模拟。

目的：锻炼会议现场气氛掌控和现场演说能力。

【训练评价】

参考学习情境3会议销售的总评价标准。

课后作业 ▸▸▸

总结训练心得。

任务4 会后服务

任务导入 ▸▸▸

【知识目标】

(1) 了解和掌握售后回访的工作重点。

(2) 掌握售后受理投诉的方法和技巧。

(3) 掌握对顾客进行管理和增进关系的方法。

【技能目标】

能做好会后服务管理工作。

4.1 任务内容

(1) 如何进行售后的回访；

(2) 如何处理售后投诉；

(3) 如何进行会议服务管理。

4.2 任务组织

(1) 将全部学生分组进行训练，3人一组，组成销售团队。

(2) 本环节的任务是，掌握回访的方式与回访之前、之中、之后的工作要点，掌握售后受理投诉时的方法与技巧，能够对顾客进行管理并增进关系。

4.3　任务实施

4.3.1　如何进行售后的回访

做好会后服务要完成3项工作内容，依次是：售后回访、处理客户投诉和顾客档案管理。

售后的回访主要有2种形式：电话回访和上门回访。电话回访是会议销售中售后服务最常见，也是最主要的沟通联系顾客的方法之一。它的主要优点是方便、快捷、省时、灵活；上门回访是服务人员直接到顾客家里为顾客提供服务的方式。它的主要优点是可以缩短电话回访的心理距离，使彼此能充分了解、沟通，也是和顾客增进亲切感、建立亲密关系的关键环节。

4.3.1.1　电话回访时的技巧

（1）回访的内容

询问客户服用产品的情况，用法用量、有无效果、病情有无好转、有无不良反应等，有何意见反馈；询问客户最近的健康情况、饮食睡眠、相关病症的治疗发展等；询问客户最近的工作生活状况和业余活动、兴趣爱好、参加哪个团体、计划到哪儿旅游等；询问客户家人子女的工作学习生活状况、兴趣爱好、家庭特点等。

（2）回访的技巧

注意自己的音质。语音清晰优美，悦耳动听，往往给客户赏心悦目的感觉，这样的电话，客户经常会很耐心地听下去，而冷冰冰的声音、模糊不清的声音往往会失去一个客户。要做到语音清晰的要点，就是保持嘴到话筒之间的距离。一般来讲距离10厘米为宜，说话声音小的人可以小于10厘米，否则大于10厘米。习惯大声讲话的人打电话要有意识地把声音降低一些，但是说话声音低的人不要勉强大声说话，应尽量离话筒近一点，切忌大喊似的和对方通话。同样，除非讲秘密的事情，否则不要用特别小的声音打电话。

传递给客户的情绪要饱满热情，充满关切。一方面要求我们打电话前充分调动积极的情绪，不要在情绪低落时打电话；另一方面如果声音太低或离话筒太近，以及说话没有感情，没有抑扬顿挫，客户也会有冷冰冰的感觉。

说话语速尽量放慢，语气温和。多听少说，多让客户说话。不要占用客户太多时间，以免引起反感。注意电话回访时间，尽量避开客户休息时间。如遇本人不在则应向其家人询问并保持同等的尊重和礼貌。结束时务必有祝福语，如祝您健康长寿。及时记录回访内容加以总结提高。

4.3.1.2　上门回访的技巧

事先必须和客户预约好时间，避免唐突访问。

让客户对自己产生好感的方法如下。

① 注意仪表风度，穿着修饰。

② 注重商务礼仪，站有站相，坐有坐相。

③ 注意上门时间，千万不能以自己的工作方便来考虑，必须要配合客户的时间，避开客户的休息时间。

④ 发挥笑容的魅力。美国成功学家戴尔·卡耐基说过：只要有办法使对方从心底笑出

声来，彼此成为朋友的路就展现在眼前，对方与你一起笑，意味着他承认并接纳你。

⑤ 巧用赞美。留心观察，赞美客户是最好的话匣子，是建立亲密关系的法宝。只要你的赞美有根据（可以是他的气质，也可以是他家里的摆设），自己发自内心喜欢并羡慕对方，对方埋藏于内心的自尊心被你所承认，那他一定会很高兴。

⑥ 丰富的专业知识，塑造专业形象。自信通常和人的知识分不开的，只有具备了丰富的产品和医学知识，才能更自信地出现在受访者面前，从而赢得受访者对你的信赖。

⑦ 敏于世故，学会察言观色。注意受访者的“情绪”。如果上门时觉察到受访者陷于情绪低潮，注意力无法集中，对交谈没有兴趣，你最好体谅受访者的心境，另约时间回访。

⑧ 带点小礼物上门。如给受访者家中有小孩的受访者带点糖果，玩具会马上赢得受访者的好感。对受访者家人保持同等兴趣，切忌单独和客户神侃而忽视了其家人，别忘了你忽视的家人也许是有实际购买决定权的人。促使受访者介绍新客户时应注意必须是让老客户出于自发的动机，自然而然地推介。

学会利用上门时机搜寻有价值的信息，寻找3A级客户者。判断客户的经济实力或有无可能成为忠实客户很难通过与客户的简单接触作出结论，但通过观察对方的室内装修，有无高档家具电器等细节却较易作出判断。在已购买的客户中必定有少部分会是你的潜在3A级客户，这种客户的特点是购买力特强，社会关系广泛，转介绍潜力很大，极易成为你主要收入的保障者。一旦发现这种客户，需要销售人员投入更多的精力，全方位了解这种客户，以便投其所好，快速建立亲密关系。谨慎收受客户馈赠。

在回访过程中有一些销售人员会因为提供优质的服务而获得客户的信赖和喜欢。客户为了表达内心的感激（动）而向销售人员赠送礼物，如一件丝巾或一瓶化妆品，这会是情理之中的事。但记住，千万别给客户留下贪小便宜的印象！这也许会葬送你销售的大前程。时时刻刻我们都要记住，提供全方位的优质服务是每个人的义务。学会婉言谢绝是聪明的做法，除非你不接受会伤害到客户的自尊心。即使收受客户馈赠，也要牢记一个原则，就是客户是绝对的出自感激之心，而你也必须付出加倍的服务或在适当的时候回赠客户。在客户家中逗留时间不宜过长，避免浪费对方过多时间引起反感。道别时和上门时一样重要。有很多销售人员容易忽视道别时的艺术，往往导致收场工作不好而流失客户。一个专业的销售人员都是力求善始善终。收拾好自己的座位、茶杯，帮客户清理卫生，感谢客户的接待，真诚的祝福语，以及出门时轻轻关门等细节都是回访中很重要的工作之一。善始善终是再次上门的基础。越是条件艰苦越要创造拜访机会。事实上酷暑难耐的正午、大雪纷飞的冬日当你如约出现在客户门前的时候，是你赢得忠实客户的最佳时机，因为他们已经没有理由不被你打动。及时记录回访内容，加以总结提高。

4.3.2 如何处理售后投诉

4.3.2.1 处理顾客投诉与抱怨的程序

(1) 建立客户意见表（或投诉登记表）之类表格。接到客户投诉或抱怨的信息，在表格上记录下来并及时将表格传递到售后服务人员手中，负责记录的人要签名确认，如办公室文员、接待员或业务员等。

(2) 售后服务人员接到信息后即通过电话、传真或到客户所在地进行面对面的交流沟通，详细了解投诉或抱怨的内容，如问题产品名称规格、生产日期、生产批号、何时使用、问题表现状况、在使用此品牌前曾使用何种品牌等。

（3）分析这些问题信息，并向客户说明及解释工作，规定与客户沟通协商。

（4）将处理情况向领导汇报，服务人员提出自己的处理意见，申请领导批准后，要及时答复客户。

（5）客户确认处理方案后，签下处理协议。

（6）将协议反馈回企业有关部门实施，如需补偿的，通知仓管出货，如需送小礼物的，通知市场管理人员发出等。

（7）跟踪处理结果的落实，直到客户答复满意为止。

4.3.2.2　处理客户抱怨与投诉的方法

此处见学习情境 1 内容。

4.3.3　如何进行会议服务管理

服务管理模式

A 公司是一家保健品销售公司，成立不久，就因为其高价值的产品及卓越的服务管理模式而使公司获得了巨大的发展。A 公司非常重视服务管理，上下一心，从领导到专家，再到基层员工，上行下效，齐心协力，把顾客服务做到了极致。领导常常根据不同的时期、不同的保健品类，制定不同的售后策略，协调各方面的关系，以确保服务目标的实现，并且还经常召集老顾客进行座谈、举行联谊会、组织旅游等，拉近顾客与公司的关系，防止顾客的流失；组织专家定期对顾客进行服务指导，为顾客配备合理的配方，本着一切为了顾客着想的观点，时时关心着顾客，赢得了顾客的满意；员工更是通过真诚、全方位、细致、超预期的服务，建立了同顾客之间的亲情关系，赢得顾客的长期信任。

案例分析：从上述案例可以看出，对于从事会议销售的企业来说，不能单纯地把服务看做是某个部门的事，事实上，售后服务是项庞大而又细致的系统工程，无论是公司领导、专家还是员工，每一个人投入精力的多少，都直接影响着服务质量的优劣。要想让顾客真正得到优质的服务，就必须树立以顾客为中心、全员参与的意识，同时还应分清角色，分摊责任，各司其职。

该如何进行服务管理呢？在工作中如何增进客户关系呢？

4.3.3.1　会议服务管理工作的内容

会后服务管理工作包括 3 个方面。

（1）领导——全方位优质服务的龙头

工作职责如下。

① 制定短、中、长期售后服务策略，协调各方关系，确保优质服务目标的实现。

② 定期组织召开老顾客座谈会、联谊会，增进顾客对企业的了解、信任和亲密感。

③ 公司领导定期拜访重点顾客，让特殊的顾客感受到特殊的待遇。

④ 组织荣誉顾客观光旅游。

⑤ 在特定的节日（教师节、建军节等）组织特定的顾客（如老师、军人）开展有特别意义的活动。

（2）专家——健康知识的权威

工作职责如下。

① 正确指导顾客服用产品的用法、用量，及时根据顾客本人病情、用后反应等作出正确的调整建议。

② 及时收集顾客服用过程中的有效反应，消除顾客对产品的疑虑，坚定顾客服用的信心。

③ 为顾客提供最佳的健康配套方案，如治疗、饮食、生活上的组合方案等，帮助顾客早日恢复健康。

④ 定期拜访重点顾客或有抱怨的顾客，解决顾客关心的实际问题。

⑤ 利用自身专业优势，说服现有顾客转化为忠诚顾客。

（3）员工——传递服务的亲善大使

工作职责如下。

① 通过真诚、全方位、细致、超预期的服务，建立同顾客之间的亲情关系，赢得顾客的长期信任。

② 及时发现并向公司提供来自顾客对开展优质服务的有价值的信息或创意，以便主动出击。

③ 及时向顾客传递企业或产品的相关动态信息，定期做好顾客回访，全面掌握顾客服用的情况，为制定服务策略提供决策依据。

④ 向顾客提供各种亲情服务如生日祝福、替老人买米等，激发老顾客自发地介绍产品的积极性，让其带来更多的顾客。

4.3.3.2 增进客户关系的方法

（1）制定增进客户关系的工作目标

确定增进客户关系目标，系统评估客户对公司的价值和贡献，评估客户关键人对公司的价值。

① 确定客户关系关键人员定位；

② 确定要跟踪的客户项目名称列表；

③ 根据公司资源和核心能力确定为客户提供的产品、技术和服务内容范围；

④ 根据竞争态势，明确我们要达到的市场排名和市场份额；

⑤ 确定市场的投入产出经济指标估算。

（2）选择增进客户关系的工作任务

根据增进客户关系的工作目标，透过系列客户关怀行动和其他针对客户的个性化服务措施，让客户充分了解公司对客户的价值和贡献。

① 根据不同活动内容和目的，拟定不同的人员组成、目标和分工；

② 明确市场和销售费用预算；

③ 选择增进客户关系的行动。

亲情服务：根据客户的基本信息选择出特定的客户列表，在客户的生日或在重要节假日，寄送本公司的贺卡、小礼品等，以示祝贺；派代表参与客户的周年庆典等重要庆祝活动等，增进与客户关系。

产品推荐：根据对客户分析得到的各类客户群体的特征，针对不同的群体，宣传公司提供的最适合该类客户的各项服务产品。

客户俱乐部：如果客户群非常集中，单个客户创造的利润非常高，而且与客户保持密切的联系非常有利于企业业务的扩展。企业可以采取以会员的形式和客户进行更加深入的交流。作为忠诚计划的一种相对高级的形式，通过互动式的沟通和交流，可以发掘出客户的意见和建议，有效地帮助企业改进设计，完善产品。同时，用俱乐部这种相对固定的形式将客户组织起来，在一定程度上讲，也是有效狙击竞争者进入的壁垒。

优惠推荐：根据对客户分析的结果，针对不同的客户群体，制定不同层次的优惠政策，主动推荐给客户。

针对群体的活动形式：研讨会、交流会、学术研讨、行业考察、培训安排、旅游等。

个性化的服务措施：服务热线、技术支持、客户需求研讨、客户需求评估等。

联合推广：与社会组织、机构、合作公司、内部渠道成员的联合活动等。

公关活动：行业或产业高层公关、高层论坛、高层聚首安排（如GOLF）等。

④ 事件活动组织。事件活动可以是商业和公益两种性质，目的是在目标市场中形成影响。活动成功的关键是抓住社会热点，制造轰动效应。难点是如何利用公司和社会免费资源，花小钱办大事。具体操作程序：市场沟通障碍分析，确定市场难点；客户关注点分析，确定社会热点、活动主题；结合公司资源和社会免费资源，确定活动性质；根据公司市场能力，确定活动范围；计划并实施。

（3）制订客户关怀计划

通过制订客户关怀计划与客户深入沟通，倾听客户的意见，随时关注客户的新需求，解决客户的难题，关注企业客户资源的动态变化，挖掘客户更多更深层的应用，为客户提供更多更新的应用，保持长久关系，争取实现经营客户和持续销售的目的。

（4）客户关怀的评估

① 客户关怀策略评估。在客户关怀及管理工作中的总体战略以及文化、架构、渠道、方法等方面的综合能力，包括，规划及目标、客户分析方法、渠道建设与整合、机构及职位设置等指标。

② 客户关怀实施评估。在与客户建立双向互动的关怀体系时，在客户关怀策略的执行方面以及针对客户关怀策略的指引所采取的有效方法等方面的综合能力指标，包括：系统实施、流程规划、运营管理、投资回报等指标。

③ 客户关怀效果评估。客户认知度、客户满意度及客户忠诚度综合评价指标，包括：认知度及社会形象、问题解决度（客户满意度）、客户忠诚度、企业价值等指标。

实战技能训练 ▶▶▶

【训练项目】 增进与老客户的联系

人数：3人一组。

方法：设计老客户管理方案，并模拟一次增进与老客户联系的回访活动。一人扮演销售人员，一人扮演客户，一人观察评价。销售人员拜访客户，赠送礼品或赠送服务，同时与老顾客进行情感沟通。

规则：销售人员在沟通中要热情、真诚；互换角色进行训练。

目的：锻炼与老客户的联系沟通的能力。

【训练评价】

针对学生在学习情境3会议销售活动中的综合表现，参考下列评价标准进行评价。

<table>
<tr><td>项目名称</td><td></td><td>项目权重</td><td>40%</td><td rowspan="2">小　组</td><td colspan="2" rowspan="2">成　　绩</td></tr>
<tr><td>学生姓名</td><td></td><td>指导教师</td><td></td></tr>
<tr><td>考核项目/%</td><td colspan="3">评价标准</td><td>分值</td><td>考核点得分</td><td>考核方式</td></tr>
<tr><td rowspan="3">实训态度
(15)</td><td colspan="3">态度端正，不做与实训无关的事，努力完成实训任务</td><td>15～12</td><td rowspan="11"></td><td rowspan="11"></td></tr>
<tr><td colspan="3">态度较端正，不做与实训无关事，实训任务完成较好</td><td>11～9</td></tr>
<tr><td colspan="3">有玩手机、睡觉现象，实训任务基本完成</td><td>8以下</td></tr>
<tr><td rowspan="3">方案设计
质量(30)</td><td colspan="3">1. 该阶段的产品信息充分
2. 充分融入该阶段的销售技巧</td><td>30～26</td></tr>
<tr><td colspan="3">1. 该阶段的产品信息较充分
2. 融入该阶段的销售技巧</td><td>25～21</td></tr>
<tr><td colspan="3">1. 该阶段的产品信息基本充分
2. 基本融入该阶段的销售技巧</td><td>20以下</td></tr>
<tr><td rowspan="3">技能操作
(30)</td><td colspan="3">能够将该阶段的销售方法和技巧充分合理、自然、流畅地运用</td><td>30～26</td></tr>
<tr><td colspan="3">能够将该阶段的销售方法和技巧较合理、自然地运用</td><td>25～21</td></tr>
<tr><td colspan="3">基本能够将该阶段的销售方法和技巧进行运用</td><td>20以下</td></tr>
<tr><td rowspan="3">团队协作
(25)</td><td colspan="3">宽容对待他人意见和建议，耐心帮助他人</td><td>25～20</td></tr>
<tr><td colspan="3">能接受他人意见和建议，帮助他人</td><td>19～10</td><td></td><td></td></tr>
<tr><td colspan="3">较能接受他人意见和建议，基本不帮助他人</td><td>9以下</td><td></td><td></td></tr>
</table>

课后作业 ▶▶▶

总结训练的心得体会，为自己设计职业素质提升计划。

综合练习 ▶▶▶

一、分析简答题

1. 适合做会议销售的产品应具备哪六大要素？
2. 会议销售方案的内容包括哪些？
3. 会议销售现场迎宾接待工作的内容。
4. 会议销售中专家的职责是什么？
5. 会议销售中领导的职责是什么？
6. 会议销售中员工的职责是什么？

二、选择题

1. 会议销售如何做好迎宾接待工作？（　　）

A. 会议开始前对准备工作进行一次全面、详细的检查

B. 迎接顾客入场

C. 会中要进行介绍

D. 对会议工作人员职责进行分工

2. 会议主持人工作的任务包括（　　）。

A. 控制会议的气氛

B. 控制会议时间、推进会议的进程

C. 协调发言

D. 观察参会者的反应并给予及时的反馈

E. 做讨论的总结

F. 做出跟进会议的决定

3. 成功会议销售的三个环节是什么（　　）。

A. 会议接待

B. 顾客发言

C. 咨询、促销

D. 专家演讲

4. 如何在会议中通过有效地沟通实现成功销售？（　　）

A. 调查研究，心有顾客——沟通的准备

B. 想客户所想，急客户所急——沟通的关键

C. 先做朋友，后做生意——沟通的人情味

5. 会议销售售后回访的主要方式有（　　）。

A. 电话回访　　B. 电子邮件　　C. 上门回访　　D. 邮寄信件

综合测试 ▸▸▸

一、案例分析题

某厂开发的新产品——气功激发仪，在某商场柜台摆放了 3 个月无人问津。忽然有一天该商品被顾客抢购了 198 个。产品由滞转畅的原因是推销员不仅向顾客介绍商品的性能，而且现场进行表演，在一位患肩周炎的老人身上具体示范。奇迹发生了，当即这位老人的胳膊不仅能抬起，而且伸直弯曲也不疼。围观的顾客无不为之折服，纷纷解囊争购这种产品。

问题：

(1) 一个理想的销售人员应具备什么素质？

(2) 柜台销售中如何使用欢迎语迎接顾客？

中国人寿保险公司业务员李波，通过陌生拜访的方式结识了客户计算机程序开发员小王。在经过几次拜访后，小王终于购买了一份健康保险。在小王签署保险协议书和转账合同的第二天，李波给小王致电，先感谢小王对他的信任，然后告知小王签署的保险协议书和转账合同已经交回保险公司，公司将在七天内签发保单，请小王放心。并顺便提及小王购买的险种这段时间非常热销，称赞小王的眼光。五天之后，李波亲自带着报单登门拜访。因为保险条款非常专业，李波应小王要求逐条解释条款，直到小王彻底弄清自己享有的权益和应付的义务。此后，李波经常与小王联系，在节假日和小王的生日，李波都会给小王寄贺卡。在每年交款期之前，李波定会通电话作善意提醒。一次，小王因得阑尾炎住院手术，李波得知后当即探望，并为小王办理住院费用报销手续。小王和李波逐渐成为好朋友。后来小王把李波推荐给自己的朋友和同事，他们中很大一部分也都成为李波的客户。

1. 好的售后服务技巧，在交易成功之后从（　　）开始。
A. 致谢电话、致谢信
B. 送货
C. 产品安装
D. 产品使用
2. 李波为小王所作的售后服务包括（　　）等举措。
A. 致谢电话，告知客户保单的状态
B. 亲自递送保单，并确保客户清楚自己的权益和义务
C. 与客户保持联系，保证每年续交保费，从而保证客户利益
D. 客户发生紧急事件时，确保客户获得所享权益
3. 在销售过程中，（　　）是对销售最好的支持。
A. 推销人员积极的推销
B. 精美的产品外观设计
C. 满意顾客的证词
D. 产品使用效果的书面统计
4. 良好的售后服务能够带来的好处包括（　　）。
A. 保证顾客的满意度
B. 将导致重复购买和未来业务关系的巩固
C. 仅适合于一小部分产品的销售
D. 提供潜在的贸易机会

二、情景模拟题

根据下列情景回答问题

一名顾客来到了小郭的品牌空调，小郭热情上前招呼顾客，可顾客却毫无反应。顾客走近一台样机，若有所思，小郭走上前说："你看的这款是本季的新款机型，要我给您介绍一下吗?"顾客冷冷回答："我随便看看。"小郭亲切地说："没关系，您现在买不买没关系，可以先了解一下我们的产品，对以后的选择还是有帮助的，来，我先给您介绍一下我们的产品。这款机有一个特别突出的新设计，不知您注意到没有，在这里……如果您对耗电要求很高，这个设计就特别适合您。普通家庭每个月可以节省10元左右，您对节能节电有特别的要求吗?"顾客点头。于是小郭又对产品的其他亮点进行介绍，同时观察和询问的顾客的想法。

问题：

1. 从购买意图看，上面的顾客属于哪一种？除了这种以外，还有哪几种的购买类型？
2. 对于下列购买意图的顾客该如何接待，请设计语言技巧。

一名顾客来到了小徐的服装店，小徐上前招呼顾客。小徐在和顾客的交谈中发现顾客性格比较开朗，十分容易相处，对小徐介绍的服装感到满意，也没有否定小徐对店中服装做出的描述评价。小徐觉得这个顾客是有心来自己店买服装，她应该好好抓住这个机会，努力向顾客介绍自己店里的服装，促成交易。小徐在和顾客交谈的过程中，了解到顾客想买一件上衣。小徐根据顾客的年龄、相貌和经济等特征，把今年新出的一种上衣拿出来给顾客看，接着说："这是今年新出的一款上衣，它的款式设计是来自巴黎著名的服装设计师A，这件上

衣挺适合您的，它仿佛就是为了适应您的行为举止和气质而设计出来的，价钱也十分合理，我们店讲的是一分钱一分货。”顾客这时开始认真地检查这件上衣，小徐立即向顾客做出服装的质量保证，还告诉顾客该店还包括服装的售后服务，从而打消了顾客对服装质量的疑虑。在做了一系列引发顾客兴趣的努力之后，小徐决定进一步激发顾客的购买欲望。双方展开了一场心理战。顾客突然间抱怨服装的颜色过时了，小徐毫不紧张，答到：“您的记忆力的确很好，这种颜色几年前已经流行过了。但是如今又有了这种颜色回潮的迹象。”顾客想了想后，对小徐的态度明显好转。小徐抓住这一有利时机，对顾客说：“同志，现在您如果花几分钟把购买手续办一下的话，这套服装就是您的了。”顾客犹豫了一下，便点了点头。几分钟以后，顾客带着新上衣高兴地离开了小徐的服装店，小徐顺利地促成了这笔交易。

问题：

1. 小徐用的是什么成交方法？除了这种成交方法还有哪几种成交方法？

2. 柜台销售中接待顾客的工作程序有哪些？

顾客走进展厅环顾展台上的产品，导购员立即停下手上的工作上前进行讲解：“看看吧，各种款式都有，还有各种价位的，我们现在正在搞活动，消费满 500 元就可以获得赠品。”顾客：“我自己随便看。”之后，顾客在前面走着环顾产品，导购就跟着顾客走……

问题：

1. 上述导购接近顾客的时机是否正确，应该选择什么时机接近顾客？

2. 接近顾客的方式有哪些？接触顾客第一秒的任务是什么？

场景：暑假某日，刚开店铺打扫着卫生，走进一对母子，想买一台 4000 元以下的笔记本电脑，不过店面当时有好多 4500 元以上价位的电脑积压。

店员的销售过程如下。

店员：你好，欢迎光临联想专卖店，请问你们是想买台电脑吗？

妈妈：嗯，我们随便看看。

店员：我们现在正执暑假期间，有几款电脑正在搞活动，不仅价格比原来便宜了好多，而且还有礼品赠送。

妈妈：哦，哪几个款式的电脑在做促销呢？

店员：台式机和笔记本都有，请问你们主要是想买台式机还是笔记本。

儿子：笔记本，我要带到学校里面用。

店员：哦，你们可以过来看看这台 z460。

妈妈：哇，怎么这么贵啊，5499 元。

店员：嗯，那是原先的价格，你看一下现在的促销价是 4859，便宜了 600 多元呢。

妈妈：可还是贵啊，我们就打算买台 4000 元左右的。

店员：请问一下你们买电脑主要是用来做些什么呢？

儿子：查资料，看电影，玩游戏。

店员：那你玩不玩一些大一点的游戏呢？

儿子：玩的。

店员：如果你要玩一些大一点的游戏，肯定要买一台配置好一些的电脑才行，那样玩起来要顺畅，画面也要清晰，要不然配置低了可能效果就不好了，玩起来也卡，就像那边也有几台 3000 多元的电脑，但是要玩一些大点的游戏，可能就会卡了。我可以装个游戏给你试试看两台电脑的性能差距……

儿子：真的是有好大的差距啊，妈，就买这台了。

妈妈：能不能再便宜点啊，再便宜点就买这台了。

店员：这已经是最低价了，要在平时的话这台电脑要卖5000多元呢，现在是暑假促销期间才有这么大的优惠，而且我们还有好多礼品要送给你们呢。

妈妈：……

店员：你们再对比下看看这台电脑和三四千元的电脑，外观上和它的材质上也是有很大的区别，一分钱一分货，三四千元的电脑就是一般的工艺塑料，而这台电脑外壳是钢琴烤漆，键盘这面是拉丝金属的，它耐磨耐压，两台电脑不仅仅是配置上的差距。这个价已经是物超所值了。

儿子：妈，就买这台了，就贵几百块钱。

妈妈：好吧好吧，那你再多送我们点什么就买这台了。

店员：我再多送你们套30元的清洁套装吧，清洗电脑更方便。

妈妈：好的，谢谢了。

问题：

1. 销售人员推荐了产品的哪些优势？

2. 在进行产品优势推荐之间了解到了顾客的哪些信息？

3. 如果你是销售人员，你认为在进行产品说明时，还应该说明哪些内容才能让人感觉专业一些，使说明更让人信服？

导购与顾客已经沟通了一会儿之后，顾客问："同样容量的产品，你们的耗电量不比别人低，又没什么名气，可价格为什么比别人高呢？"导购："您这个问题提得好，要不我还没机会跟您讲。价格高是因为我们最关键的零件所使用的是全铜的，机箱后的焊点就是最好的证明。我这里有工具，我给您打开看一下就知道了。"说着拿出螺丝刀去开机箱后座，待顾客看完之后，进一步说明："我们之所以名气不大是因为我们一直把资金投入到技术研发上，很少打广告，我们希望在产品质量和性能上胜人一筹，回报顾客。"

问题：

1. 本案例顾客提出异议时，采用了哪种缓冲方法，还有哪几种缓冲方法？

2. 处理异议的程序是什么？

参考文献

[1] 韩伟．现代销售学．北京：科学出版社，2004.

[2] 刘文广，张晓明．企业市场营销实务．北京：高等教育出版社，2003.

[3] 王培志．市场营销学案例教程．北京：经济科学出版社，2002.

[4] 杨华．金牌销售员直销话术．北京：中国民航出版社，2004.

[5] 崔玉华．实用销售技巧．上海：上海财经大学出版社，2008.

[6] 侯东．家电应该这样卖．北京：中国宇航出版社，2009.

[7] 盛安之．销售的45个黄金技能．北京：企业管理出版社，2008.

[8] 付晓明．超级销售细节训练．北京：北京科学技术出版社，2004.

[9] 周隆．销售技术．北京：中国财政经济出版社，2005.

[10] 劳动和社会保障部职业技能鉴定中心．营业员操作技能考试手册．北京：中央广播电视大学出版社，2005.

[11] 杨勇．市场营销：理论、案例与实训．北京：中国人民大学出版社，2006.

[12] 屈冠银．市场营销理论与实训教程．北京：机械工业出版社，2007.

[13] 张秀云．金牌营业员培训教程．北京：京华出版社，2006.

[14] 肖建中．导购营业员十项全能训练．北京：北京大学出版社，2005.

[15] 谭一平．现代销售实务与案例分析．北京：中国人民大学出版社，2008.

[16] 麦德思销售顾问中心．广告业务员销售方法与技巧．广州：广东经济出版社，2005.

[17] 麦德思销售顾问中心．医药业务员销售方法与技巧．广州：广东经济出版社，2005.

[18] 麦德思销售顾问中心．汽车业务员销售方法与技巧．广州：广东经济出版社，2005.

[19] 麦德思销售顾问中心．房地产业务员销售方法与技巧．广州：广东经济出版社，2005.

[20] 麦德思销售顾问中心．保险业务员销售方法与技巧．广州：广东经济出版社，2005.

[21] 冠长华．卖场岗位综合实训．上海：上海财经大学出版社，2006.

[22] 盛安之．服务的59个满意法则．北京：企业管理出版社，2008.

[23] 金泽灿．服装销售细节大全．呼和浩特：内蒙古出版社，2009.

[24] 冠长华．卖场岗位综合实训．上海：上海财经大学出版社，2006.